KB148858

TRUMP UNIVERSITY

WEALTH BUILDING 101

Your First 90 Days on the Path to Prosperity

Edited by Donald J. Trump

TRUMP UNIVERSITY **WEALTH BUILDING 101**

This Korean translation is published
under license directly from
John Wiley & Sons, Inc., Hoboken, New Jersey, U.S.A.

보통사람들의 **부자되기 90일**

보통 사람들의 **부자되기 90일**

Trump University Wealth Building 101

초판인쇄 2009년 1월 15일
초판발행 2009년 1월 21일

지 은 이 도널드 트럼프Donald J. Trump 외
옮 긴 이 이 근애

펴 낸 이 권 기대
마 케 팅 배 혜진, 김 형열
펴 낸 곳 도서출판 베가북스

출판등록 제 313-2004-000221호

주 소 (121-843) 서울시 마포구 성산동 51-12 법정빌딩 4층 403호
주문전화 02-322-7262 문의전화 02-322-7241
팩스번호 02-322-7242 이 메 일 info@vegabooks.co.kr
블 로 그 http://blog.naver.com/vegabooks.do

I S B N 978-89-92309-19-6 03320

| 도널드 J. 트럼프 지음 · 이근애 옮김 |

C O N T E N T S

C O N T E N T S

4단계 "보스"가 돼라 : 사업으로 부자 되기

5단계 부동산으로 부자 되기

6단계 월 스트리트에 투자하라 : 주식으로 부자 되기

7단계 내 재산은 내가 보호

F O R E W O R D

읽기전에 한마디

여러분이 이 책 *《보통사람들의 부자 되기 90일》*에 제시된 전략들을 성심성의껏 활용한다면, 여러분은 반드시 부유해질 것이다. 만약 이 책을 여러분 삶의 일부분으로 만든다면, 여러분은 부자가 될 거란 얘기다.

내가 이토록 자신 있게 말할 수 있는 이유는 이 책이 트럼프 대학의 출판물과 강좌의 근본핵심을 그대로 담고 있기 때문이다. 여기서는 경험이 풍부한 전문가들이 실용적이며 이미 효과가 입증된 가르침을 제공하고 있다. 어떤 단체들은 단지 희망만을 판다. 그러면서 그 희망을 뒷받침할 만한 입증된 전문지식은 제시하지도 않는다. 대가를 지불하고 얻은 조언이 입증된 바도 없고 효과도 없다는 사실을 여러분이 깨닫기 시작할 때 즈음이면, 그들은 여러분에게 더 비싼 제품을 팔려고 든다. 그런 단체들은 단지 약속을 남발할 뿐, 약속을 지키지는 않는다.

도널드 트럼프 회장이나 나는 결코 그런 것을 용납하지 않는다. 우리는 "성공 방법"에 대한 정보를 밑천으로 정말로 순수한 취지에서 트럼프 대학을 세웠다. 수강생에게 단계별로 실행에 옮길 수 있는, 실효성이 입증된 조언보다 더 효과적인 정보가 또 어디에 있겠는가?

이것이 배움에 대한 도널드 트럼프의 철학이다. 그는 학생들이 미래의 애매모호한 시점이 아니라 공부를 시작하는 바로 그 순간부터 성공을 맛볼 수 있도록 가르침을 줄 수 있는 교육기관을 만들겠다는 사명감을 안고 노력하고 있다. 이 책의 집필에 참여한 전문가들은 여러분들이 의미 있는 성공을 달성하는 데 도움이 될 실용적이고 효과가 입증된 단계별 조언을 제시한다.

이 책으로 어떻게 부자가 될 수 있을까?

당연한 질문이다. 이제 내가 하나의 로드맵을 제시하겠다.

——— 1단계 (제1–3장)_ 미스터 트럼프로부터 "내 안에 있는 트럼프"를 풀어놓는 법을 배운다. 먼저 제1장에서 부에 대한 트럼프의 견해를 엿보고, 제2장과 3장에서는 "부자의 마음가짐"을 습득하고, 성공을 부르는 습관을 배운다.

——— 2단계 (제4–6장)_ 부에 대한 각자의 꿈을 실현시킬 계획을 세운다. 여기서는 자신의 재정적 미래상을 그리는 법을 배우고, 그런 미래상을 실현하기 위해 도구, 인적 자원, 물적 자원 등을 조합해 활용하는 법을 배운다.

——— 3단계 (제7–9장)_ 나의 재정 상황을 한번 깔끔하게 정리한다. 부자와 그렇지 않은 사람 사이를 구분 짓는 아주 중요한 7가지 실천행동을 배우고 익힌다. 부채를 청산하고 부를 극대화하는 습관을 들여라.

4 · 5 · 6단계에서는 부자가 되기 위해 활용할 세 가지 방법을 제시한다. 각자의 관심사, 강점, 야심에 따라서 세 가지 중 한 가지만 활용할 수도 있

고, 두 가지나 세 가지 모두 활용할 수도 있다.

——— 4단계 (제10-12장)_ 개인 사업은 부자가 되는 데 아주 좋은 방법이기 때문에 이 단계에서는 창업과 사업체 인수의 비결, 그리고 사업체를 성공적으로 운영하는 방법을 익힌다.

——— 5단계 (제13-15장)_ 부동산은 여전히 부의 튼튼한 기반이다. 트럼프 대학의 교직원들의 단계별 가르침을 통해 부동산 투자를 어떻게 시작하며, 현금 수입과 장기적 가치 상승을 위해 보유부동산을 확장하는 법을 배운다. 부동산을 통해 상당히 큰 부를 얻고 유지할 수 있다.

——— 6단계 (제16-17장)_ 주식과 채권에 투자하는 기본 법칙을 익힌다. 그러고 나서 최고의 투자자들이 하듯이 분산투자를 통해 균형 잡힌 포트폴리오를 형성하는 방법을 배운다. 은퇴자금을 불리는 기법을 통해 각자의 안정된 미래를 획득하라.

——— 7단계 (제18장-20장)_ 마지막 단계인 7단계에서는 어렵게 번 돈을 여생 동안 보존하고 불리는 방법들을 익힌다. 세금을 최소로 줄이고, 유산 상속계획으로 이익을 내고, 세금징수원들부터 자산을 지켜라.

트럼프 대학은 여러분의 부자 되기 수단

자, 이제 책장을 넘겨 부자가 되는 길로 들어서기 전에, 여러분에게 한 가지 중요한 이야기를 꼭 하고 넘어가자: *상당한 부를 축적하려면 지속적으로 새로운 정보를 입수해야 한다는 것이다.*

재산을 늘리는 것은 결코 정적인 활동이 아니다. 끊임없이 새 지식과 새 기술을 배우고 활용해야 한다. 예를 들어, 몇 년 후면 투자대상에 영향을 미칠 새 법이 제정될 것이다. 부동산의 경우, 새 담보대출이 등장해서 부동산 취득을 위해 자금을 조달할 수 있는 효과적인 새 길이 열리거나, 또는 넋을 놓고 있는 사람들에게 상당한 위기가 닥칠지도 모른다.

배우고 활용할 새 전략이란 항상 존재한다. 이 책이 인쇄에 넘어갈 시점인 지금쯤은, 저당권이 상실되어 매물로 나온 부동산에 투자하기에 딱 적절한 때이다. 트럼프 대학에서는 바로 이런 수요에 발맞추어 '경매 부동산 코칭 프로그램' 이라는 새로운 강좌를 개설했다. 하지만 경매 부동산의 붐은 6개월 만에 끝날지도 모른다. 하지만 그렇게 된들 무슨 상관인가, 그때에는 배우고 활용할 또 다른 전략이 존재할 것이니까 말이다.

부자 되기는 껑충껑충 뛰는 말에 앉아 움직이는 물체를 맞추는 것과 상당히 비슷하다. 그렇기 때문에 여러분을 위해 트럼프 대학이 존재하는 것이다. 우리는 융통성도 있고 신속하게 움직이기 때문에, 고급 강좌를 제공하는 기존의 다른 기관들보다 더 빨리 재테크 추세를 예측하고 즉각 지침을 내놓을 수 있다.

그러니 여러분 모두 이 책에 제시된 조언들을 실천해서 부자가 되기를 바란다. 그리고 동시에 트럼프 대학에도 지속적인 관심을 가지길 바란다. 그러면 늘 새로운 지식과 기법들을 흡수하게 될 것이다.

부자가 되기 위해 새 지식과 새 기법을 습득하고 활용한다면, 절대 잃을 일은 없을 것이다.

뉴욕에서

■ 트럼프 대학교 총장 마이클 섹스턴

P R E F A C E

서문

나는 비즈니스를 하는 사람에게 교육이 얼마나 이로운지를 사회초년생 시절에 깨달았다. 자신이 종사하려는 일에 대해 배울 수 있는 것을 하나도 빠짐없이 배우면, 비즈니스를 할 때 따라오게 마련인 위험이 눈에 띄게 줄어든다. 교육을 많이 받을수록 그만큼 더 유리한 입장에 선다. 여기서 교육을 많이 받았다는 말은 단순히 정규 교육을 많이 받았다는 뜻이 아니라, 해당 분야에 정통하여 만반의 준비를 갖추었다는 뜻이다. 나 역시 그런 이유로 이만큼의 성공을 이루어냈다.

트럼프 대학Trump University은 나의 비즈니스 지식을 사람들과 나누고자 2005년 5월에 설립한 독특한 온라인 교육과정이다. 많은 이들이 시간과 장소의 제약 없이 실용적으로 '성공하는 법'을 배울 수 있는 교육과정을 바라고 있다. 나는 진심으로 교육의 힘을 믿고 교육이 진정 성공의 발판임을 믿기 때문에, 교과과정을 계획하고 *《보통사람들의 부자 되기 90일》*과 같은 책을 출간하는 일에 적극적으로 관여하고 있다. 내가 지은 아파트와 사무실에는 특정인들만 입주하지만, 트럼프 대학은 누구에게나 열려 있다. 모든 이에게 공평한 기회를 주자는 취지이다. 성공하고 싶다고 해서 모든 사람이 내가 그랬듯이 하던 일을 그만두고 경영대학원에 입학할 수는 없는 노릇 아닌가. 시간적으로나 금전적으로 여유가 없는 사람도 있다. 또 누구에게나 인맥이 있는 것도 아니다.

나는 트럼프 대학과 이 책 *《보통사람들의 부자 되기 90일》*이 앞으로 여러분에게 자기 자신의 성공 수기를 쓸 수 있도록 돕게 되기를 바란다. 내가 이 책의 기고가들을 초빙해 이 책을 함께 집필한 것도 바로 그런 바람 때문이었다. 대단히 뛰어난 전문가들이 공동 집필에 참여했다. 그 중 몇몇은 트럼프 대학에서 가르치고 있고, 모두 실전을 바탕으로 한 풍부한 지식을 갖고 있으며 현재 성공적인 사업체를 운영 중이다. 여러분은 이들에게서 스스로 부를 쌓는 법을 배울 수 있을 것이다.

이 책을 가장 잘 활용하는 방법을 살짝 귀띔해드리고 싶다. 이 책에 소개된 멋진 아이디어라든지 그 상세한 내용을 하나에서 열까지 모두 이해하려고 머리를 싸맬 필요는 없다. 이 책은 7개의 간결한 단계로 구성돼 있다. 앞으로 90일 동안 7단계를 차근차근 밟아 나가는 데 집중해보라. 그렇게만 한다면, 내가 장담하건대, 이 책의 부제에 쓰여 있듯이, 여러분은 번영을 향한 길에 들어설 것이다. 사람들은 대체로 부를 축척하고 재정적 안정을 얻기 위해 시간을 따로 내서 기본적인 계획을 세울 생각조차 하지 않는다. 그러니까 이 책을 읽으며 전문가들의 이야기에 귀를 기울이는 여러분은 게임에서 남들보다 한참 앞서있는 것이다. 자, 이 책을 읽고 깨우치되, 더 중요한 것은 깨우친 바를 실천하는 것이다.

■ 도널드 J. 트럼프

ABOUT THE AUTHORS

집필진 소개

—— 존 R. 벌리*John R. Burley*는 지난 25년 동안 적극적으로 투자해 오면서, 무려 1천여 건의 부동산 거래를 성사시켰다. 여러 해 동안 최고의 재정설계사로 활동해온 존은 제1장에서 제6장까지 독자들에게 들려줄 업계에 대한 소중한 내부 정보를 갖고 있다. 32세의 나이에 존은 은퇴하지 않고 계속 투자를 하면서, 사람들에게 재정적 자유를 누릴 수 있는 방법을 가르치겠다고 결심했다. 그는 《*부자들의 돈 되는 비결 (Money Secrets of the Rich)*》과 《*강력한 변화 (Powerful Change)*》의 저자이고, 부동산 투자 교실에서 강의를 하고 있다. 더 자세한 내용은 **www.johnburley.com**에서 얻을 수 있다.

—— J. J. 칠더즈*J.J. Childers*는 절세 및 자산보호를 전문으로 하는 변호사다. 그는 매년 수 천 명의 개인 투자자와 중소기업 기업주에게 바로 이 주제로 강연을 하고 있다. 그 역시 활발한 투자자 겸 중소기업 사장이다. 칠더즈는 복잡한 전략을 단순한 용어로 쉽게 설명하는 재주가 있어서, 자산 보호를 위한 법제도를 강의하는 강사 중에서 상당한 인기를 구가하고 있다.

변호사로도 활동하고 있다. 자세한 내용은 **www.secretmillionarie.com**을 참조하라.

— 게리 W. 엘드릿 박사*Gary W. Eldred, PhD*는 2004년도 베스트셀러인 《*초보자를 위한 부동산 투자 가이드 (The Beginner's Guide to Real Estate Investing)*》를 위시하여 부동산에 관한 책을 많이 썼다. 현재 트럼프 대학이 자랑하는 부동산 투자 훈련 프로그램을 위한 선임 콘텐츠 전문가로 활약하고 있다. 그는 부동산 매매의 베테랑이자 투자컨설턴트이기도 하며, 스탠퍼드, 일리노이, 버지니아를 포함하여 미국에서도 손꼽히는 몇몇 대학원에서 부동산을 가르친 경험도 있다. **www.garyeldred.com**을 방문하면 더 많은 정보를 얻을 수 있다.

— 마이클 E. 고든 박사*Michael E. Gordon, PhD*는 트럼프 대학에서 출간한 《*창업정신의 기초: 아이디어를 수익제조기로 바꾸라 (Entrepreneurship 101: How to Turn Your Idea into a Money Machine)*》의 저자이다. 마이클은 전 세계 대학에서 기업가정신을 가르치며 지금까지 6개 사업체를 성공적으로 창업한 바 있다. 현재 그는 창업자에게 자금 조달의 길을 연결해주는 인터넷 사업 **www.AngelDeals.com**과 경영 컨설턴트 회사인 '경쟁성공센터'의 사장이다. 또한 하버드대학 부설 공개교육 학교인 뱁슨 대학과 파리에 있는 국제경영대학원의 외래교수를 맡고 있다.

— 리처드 파커*Richard Parker*는 소규모 기업 인수에 관한 한 손꼽히는 권위자로 인정받고 있다. 사업체 인수 컨설턴트로 지금까지 10여 개 사업체를 인수했고 여러 개를 직접 창업하기도 했던 그는, 8권의 책을 저술한 작

가이기도 하며, 현재 BizQuest.com의 상임전문가다. 리처드는 미국 내에서 성공한 소규모 사업체 중개인으로, 디오모(diomo.com)라는 회사를 세웠고, 70여개 국가에서 소규모 사업체를 인수하려는 사람들을 돕고 있다. 그는 또 트럼프 대학에서 출간한 《*사업체 인수의 기술 (The Art of Buying a Business)*》의 저자이다. 우리에게 길잡이가 될 그의 광범위한 조언들은 이론적인 담론이 아니라, 사업체 인수를 직접 체험한 사업가의 실제 성공담이다. 자세한 내용은 www.TrumpUniversity.com/wealthbuilding101을 참조하라.

—— 필립 A. 스프링어*Philip A. Springer*는 Retirement Wealth Management, Inc.의 사장으로, 풍요로운 노후를 계획하고 누리는 방법이라면 빼놓을 수 없는 권위자이다. 그는 1995년부터 2001년까지 미국 내에서 독자적으로 정보와 조언을 제시하는 독보적인 출판물 *은퇴자를 위한 편지(The Retirement Letter)*의 편집을 맡았다. 필립은 투자 설명회와 각종 투자 세미나의 인기 있는 강연자이며, CNBC와 CNN에 출연한 바도 있다. 또한 *비즈니스 위크*나 *키플린저스 퍼스널 파이낸스(Kiplinger's Personal Finance), 뉴욕 타임즈, 월 스트리트 저널* 등 수많은 언론매체에 직접 글을 기고하거나, 그의 글이 인용되었다. 자세한 내용은 그의 웹사이트 www.wealthretirement.com을 참조하라.

—— 마셜 실버*Marshall Sylver*는 잠재의식의 리프로그래밍 및 그 영향에 관해서 손꼽히는 권위자이다. 그는 매년 25만 명이 넘는 청중 앞에서 강연을 한다. *데이빗 레터맨 쇼, 도니 더치 쇼, 몬텔 윌리엄스 쇼* 등에 출연한 바 있다. 지난 10년 동안 그의 책과 훈련 프로그램은 1억 5천만 달러어치 이상

팔려나갔다. 강연 솜씨가 뛰어나 하루 강연료가 백만 달러를 훌쩍 넘는다. 무대에서 그가 보여주는 강력한 설득과 감화 때문에 업계에서는 '트레이너 중의 트레이너 '로 알려져 있다. 전 세계 최고의 강사와 트레이너들이 그의 자문을 구하기 위해 시간당 3만 달러의 비용조차 아까워하지 않는다. 그는 또한 '세기의 가장 위대한 최면술사' 로도 명성이 자자하다. 라스베이거스에 있는 해러즈 호텔 카지노의 공연장에서 세계에서 가장 큰 최면술 쇼를 펼치고 있다. www.sylver.com에서 그가 진행하는 라디오 생방송 프로그램을 매일 들을 수 있다. 엔터테이너이자 교육자이며 저자인 그는 진정 다재다능한 인재이다.

부자처럼 생각하기

THINK RICH:

HOW TO UNLEASH YOUR "INNER TRUMP"

1단계

: '내 안의 트럼프'를 풀어놓자

DONALD J. TRUMP

'마이 웨이' 로 쌓아올린 부

도널드 J. 트럼프

여러 해에 걸쳐 나는 시행착오를 겪으면서 일을 제대로 하는 법을 터득했고, 이제 그렇게 배운 것을 여러분과 나누고 싶다. 성공하고 싶은가? 그렇다면 아래의 열두 가지 능력을 키워라.

- 열정을 가져라
- 끈기 있게 밀어붙여라
- 대범하게 생각하라
- 지식을 쌓아 활용하라
- 빈틈없이 준비하라
- 행동하라
- 위험을 무릅쓰라
- 청중을 이해하라
- 협상기술을 익혀라
- 마음의 소리에 귀를 기울여라
- 경쟁을 즐겨라
- 나의 베스트 자산은 바로 나!

자, 하나씩 살펴보자.

열정을 가져라

비즈니스 하는 데 열정을 가지라니 웬 뚱딴지같은 소리가 하겠지만, 내가 만든 리스트의 첫 번째 항목은 바로 열정이다. 어떤 종류든 오래 지속되는 성공을 위해서는 절대적으로 열정이 필요하다는 것을 나는 확실히 -그리고 직접경험을 통해서- 알고 있다.

열정이란 정확히 무엇일까?

크게 봐서 의욕을 뜻한다. 열정이 없으면 뭘 해도 흐지부지 끝나거나 기껏 해봐야 평범한 결과밖에 얻지 못한다. 크게 이루고자 한다면 자신이 하는 일을 사랑해야 한다. 열정이 있는 사람은 어떤 환경에 처하더라도 포기할 이유가 없기 때문에 결코 포기하지 않는다. 열정은 불굴의 의지를 갖게 하는 무형의 힘이다.

열정은 어떻게 얻을까?

자신의 관심이 어디에 있는지 살펴보자. 뭘 하기를 좋아하는가? 스스로에게 물어보라. "내 관심을 발전시켜 실현가능한 수입원으로 만들 수 있는가? 인생 설계도를 그릴 수 있는가? 그 청사진을 그리기 위한 기반이 마련되어있는가? 아니면 마련 중인가?"

기반이 잘 다져졌으면 다음은 행동할 차례다. 열정이 있느냐 없느냐가 성공과 실패를 가르는 경우가 종종 있다. 아주 근사한 구상을 가졌으나 생각을 현실로 옮기려는 노력을 하지 않아서 좋은 생각들이 머릿속이나 책상 위에서 오랫동안 사장되고 있는 사람들을 나는 많이 봐왔다. 좋은 생각을 갖는 것이 능사가 아니다. 생각을 행동으로 옮겨라.

끈기 있게 밀어붙여라

사람들은 내가 미다스의 손을 가지고 태어났다고 생각하는데, 그래, 내가 지금까지 정말 운이 좋았던 것은 인정하겠다. 내가 다녔던 학교에서 그리고 부모님께 훌륭한 교육을 받았다. 하지만 끈기 있게 밀어붙이는 능력을 터득한 것은 사업을 시작할 무렵이었다. 하루아침에 이루어지는 일은 거의 없기 때문에 끈기가 정말 중요하다.

나는 이 글을 쓰면서, 2008년까지 뉴욕 시 허드슨 강을 따라 '트럼프 플레이스'를 완공하겠다는 계획을 구상 중이다. 16개 동으로 구성된 아파트 단지가 될 이곳은 뉴욕시 개발위원회가 승인한 최대 규모 단지이다. 한때 버려지다시피 했던 맨해튼의 웨스트사이드를 사람들이 살고 싶어 하는 아주 쾌적한 거주지로 탈바꿈시킬 예정이다. 나는 이 땅을 1974년에 매입했다. 상당히 오랜 시간을 기다렸다. 내가 만약 끈기 있게 버티지 못했다면, '트럼프 플레이스'는 지금까지도 구상으로만 남아 있었을지 모른다.

끈기란 굴복하거나 포기하기를 거부하는 것이다. 지칠 줄 모르는 정신으로 끊임없이 밀어붙여라. 쉽게 성취한 것치고 가치 있는 일은 드물다. 세상만사 늘 그렇다.

끈기는 장애와 문제가 앞을 가로막아도 마음이 약해지거나 부정적으로 생각하는 일 없이 헤쳐 나갈 힘을 준다. 사실 괜한 일로 에너지 낭비하지 않도록, 여러 가지 문제들을 미리 예상해야 할 것이다.

끈기란 쉼 없이 앞으로 달려가는 것이다. 두려움 때문에 몸과 마음이 마비되는 일이 없게 하라.

재주가 뛰어난 사람이 실패하고, 재주가 훨씬 못 미치는 사람이 성공하는 경우가 종종 있다. 왜 그럴까? 성공하는 사람은 소신 있게 앞으로 나아가기 때문이다.

이 점에 있어서는 어떤 변명도 통하지 않는다. 자, 끈기 있게 밀어붙여라!

대범하게 생각하라

어린 아이라고 다른 사람들은 모두 걷고 있는데 자신은 계속 기어 다니고 싶어 할까? 천만의 말씀.

누구나 처음엔 보폭이 작을 테지만 중요한 점은 이것이다. 자신이 내딛을 수 있는 한 가장 큰 보폭으로 걸어라. 포부가 작으면 그만큼 잠재된 역량을 발휘할 가능성이 줄어든다. 대범하게 생각하면 갖가지 기회가 찾아온다. 대범하게 생각해야만 정상에 오를 수 있으며, 내 장담하건대, 정상에 서도 결코 외롭지 않다.

성공한 사람들은 도전을 좋아한다. 그것이 우리의 본성이다. 항상 이와 같은 기본적인 전제에 발맞추어 나아간다면, 큰 성공을 이루는 데 반드시 필요한 힘을 얻을 것이다.

젊어서부터 하는 고생은 또 하나의 성공비결이다. 나는 젊은 시절에 당시 성공한 부동산 개발업자이셨던 아버지를 좇아가려고 노력하면서, 열심히 일하는 법을 배웠다. 지금 여러분의 나이가 몇 살이든, 그동안 이루어 놓은 것이 무엇이든, 원대한 포부를 성취하기 위해 끊임없이 노력할 수 있다.

다음의 세 가지 방법이 길잡이가 돼줄 것이다.

- 왜 자신의 포부가 작은지 스스로에게 물어보라. 그런 다음 자신의 시야를 넓히기 시작하라.
- 과거가 아니라 미래를 관리하는 데 집중하라. 과거를 거울로 삼되, 과거에 머물지 마라.
- 해결책을 들여다보라. 문제에 초점을 맞추지 마라.

지식을 쌓아 활용하라

후에 트럼프 대학의 보금자리가 된 월 스트리트 40번지 건물을 매입할 기회를 엿보던 시절, 나는 시간을 내서 그 건물과 주변지역에 대해 공부하면서 끊임없이 정보를 입수했다. 마침내 기회가 찾아왔을 때 나는 만반의 준비가 돼 있었고 내가 하려는 일이 무엇인지 정확히 알았다. 나는 어째서 건물주들이 그 건물을 관리하는 데 어려움을 겪고 있는지도 파악했다. 그 결과, 맨해튼 남쪽에서 가장 높은 고층건물로서 그 면적이 120.141평방미터인 이 건물을 1995년 당시 단돈 백만 달러에 매입할 수 있었다.

그렇기 때문에 내가 '아는 게 힘이다' 라고 할 때, 그건 대충대충 하는 말이 아니다. 습득한 지식을 자신에게 유리하게 사용하라.

그러나 지식은 어디까지나 원대한 사업의 토대일 뿐이다. 아인슈타인은 상상력이 지식보다 중요하다고 말했다. 그의 말이 무슨 뜻이었겠는가?

"상상력도 없고 실현 가능할 일을 머릿속에 그려볼 수도 없다면, 아무리 지식이 많은들 무슨 소용이겠는가?"

내 골프장 개발 사업을 예로 들어보자. 나는 전 세계에서 손꼽히는 전문가들을 불러와 수백 가지 질문을 한다. 나는 전문가들과 함께 나무나 홀과 같은 세부사항을 모조리 살핀다. 운 좋게도 이 전문가들은 자기가 하는 일을 좋아해서 내가 아무리 질문을 많이 해도 지겨워하는 법이 없다. 그래서 공사가 진행될 무렵이면, 나는 앞으로 어떤 일이 이루어질지 하나에서 열까지 모두 꿰뚫고 있어서 전문가 못지않은 시선으로 공사의 진척 상황을 감독할 수 있다.

상상력과 지식을 함께 활용하라. 그러면 충분히 큰 포부를 '대범한 생각의 탱크' 속에 품게 될 것이다.

빈틈없이 준비하라

자신이 하는 일에 대해 너무 지나치게 많이 안다는 말은 어불성설이다.

대학 시절 나는 틈이 날 때마다 부동산과 경매에 대한 책을 읽었다. 부동산에 관심이 많았기 때문에 시간을 허비한다는 생각은 들지 않았다. 나는 단순히 어떤 시험이나 통과하자고 공부하지는 않았다. 스스로 공부해서 얻은 지식 덕에 나는 생전 처음 투자를 성공으로 이끌었다. 시간을 내서 스스로 공부하지 않았다면 그런 성공을 얻지 못했을지 모른다.

나는 대학 시절에 키플링(Rudyard Kipling)《정글북》으로 잘 알려진 영국의 작가 - 옮긴이이 쓴 글도 읽었는데 그 중 한 구절이 지금까지 기억난다.

"내게는 정직한 하인 여섯 명이 있다. 내가 아는 모든 것은 그들이 가르쳐주었다. 그들의 이름은 '무엇'과 '왜'와 '언제', 그리고 '어떻게'와 '어디서'와 '누가'이다."

이 여섯 가지 질문에 답을 하다보면 자신의 정보가 충분히 포괄적인지 그리고 올바른지 확실해진다.

TV 쇼 *어프렌티스(The Apprentice)*에서 내가 동료들과 견습생들을 면접하다보면 때로는 그 과정이 몇 시간이고 계속되는 경우가 있다. 한번은 되도록 충분한 정보를 입수한 후 결정을 내리기 위해 5시간 이상 이사회를 열었던 적도 있다.

세상이 얼마나 빨리 돌아가는지를 생각해 볼 때, 새로운 정보를 따라잡는다는 것은 단 하루도 거를 수 없는 과제이다. 그렇다고 해서 새로운 정보 따위는 그만두겠다고 하는 것은, 그만 살겠다고 말하는 것에 다름 아니다. 제발 그러지 말기를. 세상에 관심을 갖고 가능한 한 모든 것을 배워라. 습득한 정보가 언제 어느 때 유용하게 쓰일지 모르는 일이다. 내가 학생일 때 부동산 경매에 대해 공부해 두지 않았더라면, 내 인생에서 첫 번째 큰 성공으로 기록된 투자의 기회가 찾아왔을 때 그걸 알아보지 못했을지도 모른다.

전진하겠다는 굳은 결심을 하면서 오늘 당장 그리고 매일매일 최선을 다해 배우겠다고 다짐하라.

행 동 하 라

아는 것만으로는 충분치 않다. 지식을 바탕으로 행동해야 한다.

우리가 *어프렌티스* 참가자들을 시즌 내내 두 조로 나눠서 진행했던 것도 바로 그런 이유에서다. 고등교육을 받아서 '이론엔 빠삭'하나 현실 감각이 떨어지는 사람들을 한 조로 하고 '세상물정엔 빠삭' 하나 바른 정보가 없는 사람들을 한 조로 해서, 두 조가 서로 경쟁하게 만든 것이다.

우리는 몸소 경험하면서 배우고, 그 과정 중에 자신의 능력을 시험할 기회를 얻는다.

내가 처음 맡은 대규모 부동산 사업은 1,200세대 중 800세대가 미분양돼 최악의 사태가 벌어진 아파트 단지를 맡아 수익을 내는 일이었다. 기존 개발업자들은 파산했고 정부는 이미 유질처분 명령을 내린 상태였다. 나는 이 건으로 많은 걸 배우고 상당한 수익도 내면서, 내 평생의 업이 된 부동산 개발 사업의 다음 단계로 나아갈 자신감을 얻었다. 일을 하면서 내 지식을 활용하지 않았다면 그런 일은 불가능했을지도 모른다. 나는 공부하고 준비했으며, 그런 다음 행동했다.

상당히 쉬워 보이는데 직접 해보니 다르구나 하고 생각해 본 적이 있지 않은가? 골프가 그렇다. 스포츠는 직접 해보지 않은 사람에겐 전혀 힘들어 보이지 않고 심지어 경쟁하는 것처럼 보이지도 않는다. 그러나 내가 직접 해보는 순간, 완전히 새로운 차원이 열린다. 진정한 프로들이 쓰는 굉장히 어려운 기술들이 쉬워 보이는 이유는, 그들이 몇 시간이고 연습해서 완벽하게 구현하기 때문이다.

어떤 일이든 직접 해보기 전에는 쉬우리라고 지레 짐작하지 말라.

지금 당장 몸소 해보라!

위험을 무릅쓰라

행여나 실패할까 봐 두려워서 시도조차 하지 않는 사

람들이 너무도 많다. 입으로만 떠들어댈 뿐 행동으로는 옮기지 않는다. 그것이야말로 실패로 가는 지름길이다.

내 충고를 듣고 싶은가? 비록 실패로 끝날지라도, 어느 정도의 위험을 무릅쓰고 도전하라.

올림픽 아이스스케이팅 대표선수가 아무리 아이스스케이팅에 대해 많이 알고 있다고 해도 얼음판 위에서 단 한 번도 안 넘어져본 선수는 없고 앞으로도 없을 것이다. 스케이트 선수는 눈으로 보고 기술을 익히는 것이 아니라 몸소 해봄으로써 익힌다.

비록 비난을 받을지라도, 그리고 충분히 알지 못하는 것이 걱정될지라도, 어느 정도의 위험은 무릅쓰라.

몇 년 전 내가 뉴욕시 그랜 센트럴(Grand Central) 근처에 있는 예전 코모도어(Commodore) 호텔을 인수하는 데 관심을 보이자, 어떤 친구가 기자들에게 내 생각이 마치 '타이타닉호의 좌석을 차지하려고 싸우는 것' 과 같다고 말한 적이 있다. 확실히 주변 상황이 좋지 않았음은 인정한다. 그랜 센트럴 근처 지역은 이미 황폐해질 대로 황폐해져 있긴 했지만, 나는 오히려 탁상공론이나 일삼는 불평분자들을 보면서 궁금해 했다. 어째서 투덜거리지만 말고 문제를 해결하기 위해 뭔가 대책을 세우려 하지 않는 걸까?

자기 자신과 자신이 처한 상황에 이런 사고방식을 적용하라. 그러면 많이 배우게 될 뿐만 아니라, 자신이 모르는 것이 얼마나 많은지도 깨닫게 된다. 이것 역시 상당히 중요한 문제다. 그랜 센트럴 옆에 새로 지어진 하얏트 호텔은 내게 큰 성공을 안겨 주었고, 이 지역의 재개발 바람을 일으켰다.

어쩌다 한 번이 아니라, 매일같이 자기 자신에게 도전할 과제를 주어라.

청중을 이해하라

"인생은 한편의 연극이다."

누구나 한번은 이 말을 들어봤을 것이다. 사실이다. 어떤 분야에 종사하든지 간에, 인생과 일의 상당 부분에는 연기가 필요하다. 연기라 함은 대인관계 기술과 협상 기술, 자기홍보 기술, 판매 기술을 총망라하고 청중의 마음을 읽는 능력까지 포함한다. 이때의 청중은 작은 사무실의 직원 4명일 수도 있고, 텔레비전 토크쇼를 시청하는 시청자 4만 명일 수도 있다.

우선 청중이 여러분의 경험들 중 많은 부분을 판단하고 평가할 수 있음을 인식하라. 청중과의 공통분모를 찾으려고 노력하고, 공통분모를 찾았으면 그것으로 청중을 이끌어라. 내가 비록 억만장자일지는 몰라도, 다른 사람들과 마찬가지로 나 역시 운 나쁜 날이 있다. 나도 꽉 막힌 도로에 갇혀 오도 가도 못하는 신세가 되기도 한다.

시간을 내서 청중이 뭘 원하는지 그리고 청중과의 공통점이 무엇인지 곰곰이 생각해보면, 전에는 없었던 유대관계를 창조하게 된다. 그러면 더 이상 긴장하지 않게 되고 집중을 더 잘 하게 된다. 자신을 무대에 선 연기자라고 생각하고 청중들에게 (아마 그들은 고객이기도 할 테지만) 책임감을 느껴라. 연기자의 자세란 어떤 공연이든 매번 만반의 준비를 하는 것이다. 준비를 철저히 할수록 더욱 효과적인 연기를 펼치게 된다. *배우고 익혀서 보여줘라.* 이것은 이미 효과가 입증된 공식이다.

협상기술을 익혀라

협상은 인생과 일에서 없어서는 안 되는 핵심요소 중 하나이다. 협상을 개인 간의 외교술이라고 생각하라. 복잡할 수도 있는 일이지만, 시간을 내서 협상기술을 고안해 충분히 익힌다면 엄두도 못 낼 정도로 어려운 일은 아니다.

어떤 방식으로든 사람들과 대인관계를 맺고 싶다면 협상기술을 익히는 것이 상당히 중요하다. 성공하고 싶다면 상대방의 태도나 기분 등 상대가 처한 상황을 이해해야 한다. 상대방을 재빨리 간파할 때도 있지만 그렇지 못할 때도 있지 않은가.

내가 무척 싫어하던 어떤 사람과 협상을 했던 일이 기억난다. 그 당시 우리 두 사람 사이엔 보이지 않는 벽이 있었다. 그런데 어느 날 나는 그가 나처럼 골프광임을 알게 되었다. 갑자기 우리 둘 다 좋아하는 이야기 거리가 생긴 것이다. 그 후로는 협상이 훨씬 부드럽게 진행되었다. 코미디언은 청중 앞에서 연기하는 법을 잘 알고 있다. 최고의 연설가 역시 마찬가지다. 그들에게서 배워라.

나는 보통 내가 원하는 바를 결국엔 손에 넣기 때문에, 사업가들은 나를 협상의 달인으로 여긴다. 나는 원하는 바를 얻기 위해 협상을 하며, 그런 다음엔 꼭 원하는 바를 손에 넣는다. 밖에서 그냥 들여다보는 사람에겐 간단해보이지만, 나는 어떤 협상이 되었든 엄청 많은 시간을 들여 준비한다.

그 첫 단계는 자신이 무엇을 원하는지 정확히 파악하는 일이다. 자신의 목표를 명확히 설정하라. 그런 다음 상대가 원하는 바를 파악하라. 그런 다음 그것에 대해 신중하게 생각해보라. 야구경기를 하든 비즈니스를 하든 효과적으로 협상을 하기 위해서는 상대방의 강점과 약점을 알아야 한다. 야구팀이든 회사든 양쪽이 완전히 동등한 경우란 없으니까.

남들이 대개 그렇다더라 하는 얘기에는 의존하지 마라. 직접 알아보라.

예를 들어, 월 스트리트 40번지 건물을 인수하려고 했을 때, 나는 당시 건물주였던 히네베어크(Hinneberg) 집안에 대한 정보를 샅샅이 조사했다. 나를 비롯해 모든 구매 희망자는 이 가문에서 지정한 대리인과 접촉해야 했다. 그러나 나는 히네베어크 사람들과 친분을 쌓고 그들이 원하는 바가 무엇인지 알고 싶었다. 진실을 알고 싶다면, 진실을 말해 줄 사람을 찾아가라. 나는 독일로 날아가 히네베어크 사람들을 직접 만났다. 나는 그 건물을 일류 사무실 건물로 만들고 싶다고 말했다. 그런 다음 내 계획의 개요를 차근차근 설명했다. 나는 만반의 준비가 돼 있었고, 상대방도 그것을 똑똑히 보았다. 바로 그것이 이 거래를 성사시켜준 것이다. 거래라는 건 그런 식으로 이루어진다.

협상이란 큰소리 떵떵 치면서 기 싸움을 하는 것이 아니라, 상대를 설득해 자신의 생각을 상대가 받아들이게 하는 능력을 발휘하는 것이다. 위협하는 어조로 자신의 생각을 제시하지 마라. 어디까지나 결정권은 그들 손에 있다고 느끼게 하라. 불도저처럼 상대에게 자신의 생각을 밀어붙인다면 실패는 불 보듯 빤한 노릇이다.

한번은 공격적인 계획을 염두에 두고 거래에 임했다가, 유수한 가문 출신의 상대를 만나 전략을 변경해야 했던 때가 있었다. 그는 내가 생각했던 도도한 세력가가 아니라 수줍음 많고 겸손한 사람이었다. 그래서 나는 내가 그를 상당히 존중하고 있음을 분명히 보여줌으로써, 그를 협상에 기꺼이 응하도록 할 방법을 고민하기 시작한 것이다. 그는 의견대립을 피하기 위해서라면 진행 중이던 협상마저 중단할 사람이었다. 그게 눈에 보였다. 나는 내가 그를 존중하고 있음을 분명히 보여줌으로써 그의 신뢰를 얻었다.

또 최상의 방안을 모색하기 위해 심리학자가 돼야 하는 경우도 더러 있다. 어떤 때는 고집을 부려야 한다. 어떤 때는 카멜레온처럼 생각을 바꿔야 한다. 내 말의 요지는 자신을 틀 안에 가두지 말라는 것이다.

열정과 이성의 균형을 잡는 법을 터득하라. 성공적인 협상을 위해서는 두 가지 모두 필요하니까. 열정은 추진력을 샘솟게 하고, 이성은 제 궤도에서 벗어나지 않게 한다.

마음의 소리에 귀를 기울여라

누구에게나 직감은 있다. 중요한 점은 그 직감을 사용할 줄 아느냐이다.

직감을 사용할 줄 안다는 것은 사업 수완이 뛰어난 사람들에게조차 불가사의한 일이다. 어떤 때는 자신의 직감을 말로 설명하기가 어렵다. 특정한 사람과 특정한 거래에 호감을 갖게 하거나 반대로 반감을 갖게 만드는 조짐들이 있다.

내가 리얼리티 쇼 *어프렌티스*의 기획자 마크 버넷을 만났을 때가 그랬다. 그를 만난 지 몇 초도 안 됐건만, 나는 사적으로나 공적으로나 그가 맘에 들었다. 어떤 때는 특별한 이유도 없이 싫은 사람을 만난 적도 있다. 나는 사람을 속단하지 않으려고 노력하기는 하지만, 내 직감을 믿고 방향키를 제대로 잡는 법 역시 터득해왔다.

그런 방법은 어떻게 터득할까? 마음의 소리에 귀를 기울여야 한다.

강한 경계심을 불러일으키는 상황에 처했을 때 자신이 말이나 행동을 아주 조심스럽게 하고 있음을 느낀 적이 있지 않은가? 그것이 바로 자기 자신을 위해 움직이는 직감이다. 이런 직감을 믿어라. 논리와 직감을 함께 사용하면 최상의 선택을 내리는 데 도움이 된다.

골프 코스 건설을 막 시작했을 때, 나는 사업적으로 선택을 잘 했다는 직감이 들었다. 골프에 대한 내 열정과 골프경기 과정에 대한 내 지식을 합하면 반드시 성공하리라는 확신이 있었던 게다. 그래서 나는 세계 최고의 골프코스 설계자들을 물색해 오랜 시간 그들과 함께 작업했다. 그 결과 놀랄 만한 성과를 이루었다. 내 직감과 논리를 함께 사용한 덕분이었다.

이처럼 자신의 내면에 일어나는 느낌을 찬찬히 들여다보라. 자기 자신의 직감을 다루는 방법을 터득하면 우리는 사업이든 그 밖의 다른 일이든 수많은 경우에 유리한 입장에 설 수 있다. 우리가 보지 못하고 듣지 못하는 수많은 상황들이 있다. 그럴 때는 행동의 길잡이로 우리의 직감을 사용해야 한다.

마음의 소리에 귀 기울여라. 그러면 늘 곁에 믿을 만한 길잡이가 생길 것이다.

경쟁을 즐겨라

나는 경쟁을 좋아한다. 경쟁은 유익한 것이라고 생각한다.

2005년 7월 12일, 라스베이거스에서 트럼프 인터내셔널 호텔 타워 기공식이 있었다. 새 건물을 짓기란 언제나 대단한 일이긴 하지만, 그 공사는 특별히 더 큰 의미가 있었다. 라스베이거스에서 내가 처음으로 시작한 부동산 사업이었고, 내 오랜 꿈 중에 하나가 실현된 것이었다.

한 가지 더 극적인 요소라면 한 때 내 맞수였던 스티브 윈(Steve Wynn)의 대표적인 건물인 윈 라스베이거스 호텔의 길 맞은편에 내 호텔이 들어선다는 점이었다. 스티브 윈은 미라쥐, 트래져 아일런드, 벨라지오 호텔과 같은 대형 리조트로 라스베이거스의 대로를 새롭게 창조한 인물이다.

스티브 윈과 나의 경쟁은 훨씬 오래 전에 시작되었다. 1980년대에 어틀랜틱 시티에 있는 힐튼의 소유지를 놓고 우리 둘이 대결을 벌인 적이 있다. 우리는 둘 다 늘 대규모 건축을 해온 터라, 서로에게 지지 않으려는 자만심도 꼭 같다. 그 시절을 떠올리면 옛 서부 시대의 결투가 연상된다. "우리 둘이 함께 머물기엔 동네가 비좁군." 지금 우리는 둘도 없는 친구 사이이다. 하지만 그 당시만 해도 우리 둘 사이의 경쟁은 치열했고, 나는 우리의 대결을 무척 좋아했다.

경쟁은 나를 불붙게 한다.

경쟁은 내가 가능하다고 생각했던 것보다 훨씬 더 열심히 노력하도록 박차를 가한다.

경쟁은 내가 내 자신의 한계를 뛰어넘게 한다. 나는 궁극적으로 나를 더욱 큰 사람으로 만들어주는 경쟁을 무척 좋아한다.

나의 베스트 자산은 바로 나!

'자기 브랜드화' 라고 하면 복잡하게 들릴지 모르겠지만, 사실은 전혀 복잡하지 않다. 자기 브랜드화란 간단히 말해 스스로에게 최고의 자산이 되는 것이다. 나는 한 번도 스스로 브랜드가 되겠다고 계획한 적은 없지만, 내 생각들과 미의식, 그리고 유명 인사들과의 광범위한 친분 쌓기를 가능하게 하는 환경 때문인지, "트럼프"는 고급스럽고 독보적인 분위기를 자아내는 명품 브랜드가 되었다.

이 모든 것은 내 이름을 브랜드로서 만천하에 알린 '트럼프 타워(Trump Tower)' 로부터 시작되었다. 사람들은 내가 연상되고 내 꿈이 연상되는 이미지 때문에 웃돈을 얹어주고라도 내 건물에 입주하거나 임차하려고 한다. 이러한 꿈들은 크든 작든 항상 실현된다. 트럼프 타워중앙 홀에 있는 7층 높이의 아름다운 이태리제 대리석 벽을 따라 조명을 받으며 흘러내리는 폭포가 바로 그런 예이다.

나는 평범함을 거부하며 세입자와 구매자들에게 그들이 기대했던 것 이상을 제공한다. 이것이 바로 '트럼프' 라는 브랜드의 주된 특징이다. 스스로에게 최고의 자산이 되고, 투자자의 마음가짐을 채택하라. 결정을 내리고, 나중에 성과를 거둘 행동을 지금 직접 취하거나 다른 사람에게 맡기라. 이것이 부를 창출하는 열쇠다. 최고의 제안이라고 성급하게 달려들지 말고, 사람들이 살 것 같다고 생각되는 물건마다 자기 이름을 붙이지 마라. 자신의 이름을 걸고 하는 일이라면 무엇이든 신뢰하고, 그 일에 꼭 자신의 참모습이 반영되도록 하라.

이제 시작하라!

끝없는 부를 창출하고 축적하는 과업에 도전할 준비가 되었는가? 그렇다면 이제부터 할 일이 있다. 여러분이 원하는 부를 창출하고 축적하는 방법을 가르쳐 줄 일이 말이다.

DONALD J. TRUMP

BUILD WEALTH-MY WAY

DONALD J. TRUMP

MARSHALL SYLVER

성공을 위한 사고방식*

02

마셜 실버

이 글은 마셜 실버의 블로그 *'백만장자라면 어떻게 할까?(What Would a Millionaire Do?)'*에서 발췌하여 요약한 내용이다. 이 내용을 다른 용도로 쓰려면, www.sylver.com을 통해 담당자에게 연락하기 바란다.

여러분은 자신이 백만장자가 될 수 있다고 생각하는가? 백만장자가 되는 데는 백만 가지 방법이 있다고 생각하는가? 나는 여러분이 그렇게 생각할 거라고 추측한다. 따라서 여러분의 그런 생각이 옳다면, 여러분이 백만장자가 못 된 이유는 딱 하나 – 바로 여러분 자신 때문이다!

나는 여러분이 백만장자의 사고방식으로 부의 창출을 바라볼 수 있도록 여러분의 생각을 확 뒤집어엎는 데 도움을 주고 싶다.

부유한 사람들의 사고방식은 가난한 사람들과 다르다. 내가 말하는 부유한 사람들이란 오직 '황금만능주의'를 신봉하면서 한 주에 70시간 내지 80시간씩 일하고, 그 과정에서 가족과 건강과 자신의 행복을 희생하면서, 일 년에 백만 달러 이상을 버는 사람들이 아니다. 나는 유쾌하게 돈을 버는 사람들을 이야기하고 있다. 즐겁게 부를 창출하며 살 수 있다면 이보다 더 멋진 일이 어디 있겠는가?

올바른 경제적 습관을 길러보라. 그런 삶을 영위하는 데 도움이 될 것이다. 나는 세미나를 열 때마다 내가 계발한 "심리 신경 베끼기(Psycho Neuro Duplication)"이라는 기법을 가르친다. 간단히 말하자면, 성공한 사람들이 생각하는 대로 생각하고 그들이 행동하는 대로 행동함으로써 그들과 비슷한 결과를 얻는 방법이다. 이건 간단하지만 훈련이 필요하다. 적극적이고 유능한 사람이 생각하는 대로 생각하고 그들이 행동하는 대로 행동하면, 이를 모방한 사람 역시 적극적이고 유능한 사람이 된다. 재정 습관도 마찬가지여서 재정적으로 성공한 사람들을 모방하면 여러분도 부유해질 수 있다.

나는 이렇게 정의하고 싶다: 유쾌하게 연간 백만 달러를 벌어들이지 못하는 사람은 가난뱅이나 다름없다. 여러분이 내 말을 듣고 불쾌해 하거나 심지어 화를 낸다면, 나는 오히려 기쁘다. 그런 감정이 더 이상 돈 때문에 안달복달하지 않기 위해 자신의 믿음과 행동을 바꾸는 계기가 될 수 있을 테니 말이다. 여러분이 하는 이야기가 들리는 듯하다.

"이봐요, 당신이야 롤스로이스를 몰고 다니고 개인전용기를 타고 다니니 그렇게 말하기 쉽지. 집세 낼 능력조차 안 돼서 아파트에서 쫓겨나는 기분이 어떤지 당신이 알기나 해?"

사실은 나도 그럴 때의 기분이 어떤지 너무나 잘 알고 있다. 그렇기 때문에 나는 여러분에게 부에 대해 지도할 적임자라고 생각한다. 내가 미시간주의 한 농장에서 태어나고 자랐다. 수돗물이나 전기는 전혀 들어오지 않는 곳이었고, 먹을 것이 부족한 데다 아예 굶는 적도 많았다. 그나마 첫 번째 집이 철거된 후, 우리 가족은 양계장을 개조한 집으로 이사했다. 내 초라한 어린 시절에 대해 감사하는 마음이 들게 만든 것을 제외하면, 그 때문에 생긴 한 가지 부작용이 있었으니, 긴장될 때마다 꼬꼬 하고 닭울음소리를 내는 경향이 있다는 것이다. (큭, 이건 어디까지나 농담이다.)

불우한 어린 시절 덕에 나는 남들과 다른 시각으로 세상을 바라보게 되었다. 일곱 살의 나이에 나는 우리 집이 동네에서 가장 가난한 집이란 걸 깨달았다. 다들 적어도 우리 집보다는 부자였고, 많은 돈을 벌어들이는 집도 허다했다. 나는 그들이 나보다 더 똑똑하거나, 더 창의적이거나, 더 열심히 일하거나, 얼굴이 더 잘생겼기 때문에 그런 것이 아님을 잘 알고 있었다. 또한 그들이 어딘지 다르게 행동한다는 것도 알아차렸다. 그들은 삶에 대해 우리 식구들과는 다른 믿음을 가지고 있었고, 그래서 우리와는 다른 행동을 취했다. 무엇이 가장 크게 다른 점이었을까? 그들은 미지의 상황이 두려워서 돈을 꽉 움켜쥐고 있는 게 아니라, 돈을 버는 데 온 신경을 집중했다.

이 세상의 모든 돈을 모든 사람들에게 골고루 나누어 준다 해도, 그 돈은 5년 내에 전과 똑같이 원래 주인에게 돌아갈 것이다. 어째서 그럴까? 돈을 버는 법을 터득한 사람들은 계속해서 돈을 벌어들이는 반면, 성실하고 긍정적이며 의욕에 넘치고 똑똑한 사람들이 전과 똑같은 이유 때문에 –바로 그들의 습관 때문에– 가난에서 벗어나지 못할 것이다. 그들은 부수입이 생겨도 금방 탕진해버리고 결국엔 원래 상태로 돌아갈 것이다. 복권 당첨 같은 횡재를 만난 사람들 중에 수많은 이들이 결국 횡재를 만나기 전보다 더욱 열악한 삶을 사는 이유가 바로 여기에 있다. 그들은 부유한 삶을 사는 방법을 전혀 모르는 것이다.

가난한 삶에서 벗어날 수 없게 만드는 그 습관을 어떻게 바꿀 것인가? 그리고 그런 습관 대신에 인생을 바꾸고 부유한 삶을 살게 해줄 '백만장자의 사고방식'을 어떻게 받아들일 것인가? 무엇보다 먼저 그것에 대해 이야기해보자. 백만장자가 가난뱅이와 다른 점은 크게 세 가지이다.

첫 번째 차이점 :

백만장자의 삶에 최저임금 활동이란 없다

하루 일과가 최저임금 활동들로 꽉 차있는 한, 여러분은 백만장자가 될 수 없다. 여러분은 집안의 쓰레기를 직접 내다버리는가? 집 주변을 직접 청소하는가? 빨래를 직접 하는가? 이런 질문들에 모두 '예' 라고 대답했다면, 여러분은 최저임금 활동에 묶여 있는 것이다. 매년 백만 달러 혹은 그 이상을 벌고 싶다면, 돈은 곧 수학임을 인식해야 한다. 유쾌하게 하든 그렇지 않든 연간 백만 달러를 벌어들이려면, 1년을 50주로 잡고 한 주에 40시간씩 일한다고 치면, 백만장자의 시간당 가치는 최소 500달러이다. 다른 이들이 이보다 적은 돈을 받고 해줄 수 있는 일이라면, 그건 백만장자의 습관으로 적합하지 않다.

자신의 일상에서 없앨 수 있는 최저임금 활동에는 무엇이 있는지 살펴보라. 좀 더 효율적으로 삶을 영위하고 행동할 방법들을 찾아보라.

통신사에서 휴대전화 요금을 10달러 과다 청구했다고 가정해보자. 요금고지서 때문에 2시간 동안 통신사와 실랑이를 벌일 텐가? 만약 그렇게 한다면, 이겼다손 치더라도 2시간 동안의 말싸움으로 시간당 겨우 5달러를 벌어들인 셈이기 때문에, 여러분은 결코 백만장자는 될 수 없다. "그래도 이건 원칙의 문제입니다."라고 말할 사람이 있을지 모르겠다. 진짜 원칙이 뭔지 아는가? 실랑이를 벌일 가치가 없는 일을 가지고 실랑이를 벌인다는 것이다. 백만장자가 밤에 2시간씩 케이블 방송을 시청할까? 공중파 방송이 안 나온다면 모를까 그런 일은 없을 것이다. 백만장자들은 항상 스스로에게 묻는다.

"내 시간을 가장 고귀하게, 가장 효율적으로 사용하는 방법은 무엇일까?"

아브라함 링컨이 그랬다. 만약 도끼로 나무 한 그루를 베는 데 1시간이 주어진다면, 그 중 40분 동안은 도끼날을 날카롭게 갈라고. 무딘 도끼로 찍어서 나무를 벨 수도 있다. 그런 경우 나무는 1시간 후에나 넘어가겠지. 문제는 두 손에 멍이 들고 물집이 잡혀서 다른 나무는 더 이상 베지 못하게 되리라는 점이다. 그러나 40분 동안 도끼날을 날카롭게 갈면, 나머지 20분 만에 힘들이지 않고 나무를 벨 수 있다. 게다가 도끼날을 날카롭게 갈아 두었고 처음에 기초적인 작업들을 해두었기 때문에, 한 그루를 베고 나서 그 다음, 또 그 다음, 나무를 계속해서 벨 수 있다.

이 이야기의 교훈은 즉각적인 만족에 사로잡히지 말라는 것이다. 이 교훈을 따를 때 장기적으로는 부가 창출된다. 한 주에 40시간이나 50시간, 심지어는 60시간씩 일하고 밤이면 녹초가 돼서 집에 돌아오는데, 케이블 방송을 볼 여유가 어디 있겠는가. 한 달 사용료 얘기가 아니다. 텔레비전 볼 시간에 자신의 '도끼'를 날카롭게 갈 수 있는데, 텔레비전 앞에 두 시간 동안이나 앉아 있어서는 안 될 노릇이다.

처음엔 이런 이야기가 거북하게 들릴지 모르겠으나, '돈은 곧 수학'이라는 원칙을 기억하라. 시간과 자원을 가장 효율적으로 활용하는 법을 아는 백만장자와 억만장자에게나, 이 글을 읽고 있는 여러분에게나, 하루는 똑같이 24시간이다. 여러분은 더 이상 자신의 시간을 고작 몇 푼에 맞바꾸지 않아도 되는 위치로 나아가기 시작할 것이다.

내 부모님과 마찬가지로 여러분의 부모님들도 자식들이 더 나은 삶을 살기를 바라시지만, 자식들에게 올바른 동기를 부여하지는 못하셨을지 모른다. 내가 어렸을 때 어머니는 "마셜, 열심히 일해서 출세해라."라고 자주 말씀하셨는데, 좋은 뜻으로 하신 말씀이긴 했지만, 그런 어머니의 사고방식은 꽤 오랫동안 내 인생의 걸림돌이었다. 지상에 내려온 천사와도 같던 어머니는 거의 혼자 힘으로 10남매를 키우셨고 우리에게 일용할 양식을 제공하기 위해 일을 세 가지나 하셨다. 어머니가 생각하시기에 돈을 더 많이 버는 법은 잠을 한 시간 덜 자고 대신 일을 한 시간 더 하는 것이었다.

나는 오랜 세월 고작 몇 푼을 벌겠노라고 내 소중한 시간을 바쳤다. 나는 "어떻게 하면 일을 더 많이 할 수 있을까?"하고 늘 스스로에게 질문했고, 20대 초반까지도 일을 많이 하려고 애를 썼다. 그러던 어느 날 나는 마카로니와 치즈 한 상자를 사기 위해 미친 듯이 소파를 뒤져 거기 있을지 모를 잔돈을 찾고 있었다. 나는 집세를 못내 곧 아파트에서 쫓겨날 판이었다. 헌데 당시 직장에서 내 직책은 매니저였다! 그 때 나는 깨달았다. 나를 사로잡고 있던 가난뱅이 생각을 머릿속에서 떨쳐버려야 한다는 것을. 나는 "어떻게 하면 부를 더 많이 창출할 수 있을까?"라고 스스로에게 묻기 시작했고, 그러면서 백만장자와 가난뱅이의 두 번째 커다란 차이점을 깨닫기 시작했다.

두 번째 차이점 :

백만장자는 자기 시간의 가치를 업그레이드한다

모터 달린 자전거와 롤스로이스 자동차. 여러분은 둘 중에서 어떤 것이 더 가치 있다고 생각하는가? 물론 롤스로이스가 더 가치 있다고 할 테지만, 만약 자동차 도로 대신 염소들이 지나가는 오솔길이 난 산악지대에 산다면 어떨까? 그런 곳에서는 모터 달린 자전거가 훨씬 더 가치가 있다. 내가 하려는 말은 이것이다. 어떤 물건의 진정한 가치는 가격과 상관이 없다. 중요한 것은 사람들이 얼마나 기꺼이 돈을 지불하려고 하느냐이다.

우리는 살아가면서 다른 누군가에게 가치 있는 무언가를 만들어주고, 그것으로 보상을 받는다. 우리가 현재 사용하고 있지만, 20년 전이나 10년 전, 심지어는 5년 전만 해도 존재하지 않았던 새로운 서비스와 제품들을 떠올려보라. 직장에서 일하는 동안이나 휴가를 즐기는 동안 '애완동물 관리사'에게 돈을 주고 애완동물을 맡기게 되리라고 상상이나 해보았는가? 커피 한 잔에 5달러를 지불하거나 물 한 병에 1달러를 지불하리라고 생각이나 해보았는가? 바닥에 흘린 물을 스펀지 없는 자루걸레로 닦아내리라고 상상이나 해봤을까? 텔레비전에서 광고하거나 가게에서 내놓은 신제품을 보면서 "아하, 왜 진작 저런 생각을 못했을까? 시간이 엄청 절약되겠는걸!"이라고 생각한 적이 얼마나 많은가? 아주 평범한 생각으로든, 혹은 아주 기막힌 발상으로든, 여러분은 다른 사람들을 위해 가치를 창출할 수 있다.

부를 창출하기 위해서는 자신의 시간의 가치를 '업그레이드' 하여 다른 사람들이 그 시간을 얻기 위해 기꺼이 더 많은 돈을 지불하게끔 만들어야 한다. 어떻게 하면 그것이 가능할까? 여러분이 요구하는 것보다 더 많은 걸 주어라. 여러분이 만든 것의 가치는, 그것을 받는 사람들이 결정한다. 그것을 잊지 마라. 여러분이 수중의 돈을 모두 털어서 이 책을 샀다면, 좀 더 심사숙고해가며 이 책을 읽으려 할 것이다. 여러분이 이 책의 정보로써 순자산을 1,000배 이상 불릴 때, 수중의 돈을 모두 털어 산 이 책은 진가가 발휘되는 것이다.

세 번째 차이점 :

백만장자는 절대 '비용이 얼마나 들까'를 묻지 않는다
백만장자는 '얼마나 벌어들이게 될까'를 묻는다

나는 백만장자로서 부를 창출하기 위해서는 위험을 무릅써야 함을 잘 알고 있다. 자신의 돈과 명성과 재능을 걸고 일을 추진해야 한다. 백만장자들은 항상 위를 올려다볼 뿐 아래를 내려다보는 법이 없다. 만약 어떤 것을 사는 데 백만 달러의 비용이 들지만, 그것으로 1백 50만 달러를 벌어들일 수 있다면, 비용이란 별 의미가 없는 게 아니겠는가.

가난뱅이들은 가능성을 바라보는 시야가 아주 좁기 때문에 항상 비용을 걱정한다. 여러분은 자기 사업을 시작하는 데 얼마만큼의 신념을 가지고 얼마만큼의 끈질긴 노력을 보일 의지가 있는가?

사업가가 된다는 것은 명확한 방향 없이, 그래서 가끔은 두려움에 맞서며, 앞으로 나아가야 한다는 것을 뜻한다. 다른 사람들이 모두 포기할 때 사업가는 자기 자신에 대한 충분한 믿음과 원동력으로 계속 나아간다. 여러분은 사업가로서 고객들이 원하는 바를 파악하기 위해 열심히 노력해서 고객을 제대로 이해해야 한다. 자신의 목표에 대해 확고부동해야 한다. 그래야만 다른 사람들도 여러분이 그들에게 불어넣은 신념과 모험심을 공유하고 싶어서 여러분을 따를 것이다. 여러분이 다른 사람들의 선두에 서서 여러분이 생각하는 미래상을 받아들이도록 그들을 설득하려면, 다음에 설명할 특별한 기술 세 가지가 반드시 필요하다.

첫 번째 기술: 자신의 사고와 감정을 조절하라

여러분은 운동선수, 유명 연예인, 부동산 재벌 등 부유한 사람들이 매년 어떻게 백만 달러를 유쾌하게 벌어들이는지에 대해서 이미 상당 부분 알고 있을지도 모른다. 그러니까 만일 여러분이 자신이 원하는 바를 얻지 못하고 있다면, 그 이유는 딱 두 가지이다. 자신의 꿈을 실현시킬 근본적인 방법을 모르거나, 근본적인 방법은 아는데 소파를 박차고 일어나 일관되게 꾸준히 행동하려 들지 않기 때문이다.

체중감량을 하고 싶은가? 오랜 세월 동안 조사하고, 과학적 연구를 진행하며, 수천 건의 사례를 수집하고, 자신이 원하는 만큼 몸에서 군살을 빼는 데 성공한 사람들의 수기를 살펴본 결과, 우리는 언제 어느 때고 실패하지 않을 아주 효과적인 공식을 찾아냈다. **더 적게 먹고, 더 많이 움직여라!**

자연스럽게 더 많은 돈을 벌고 싶은가? 그럼 똑같은 공식을 적용하라. **더 적게 일하고, 가치를 더 높여라!**

매일매일 살아가는 삶이 여러분에게 큰 기쁨을 가져다준다면 어떨까? 여러분의 아이디어가 부를 창출하여 금전적 안정을 가져다준다면 어떨까? 이 글을 읽으면서 지금부터는 백만장자처럼 생각하라. 비록 그만한 돈이 아직 은행계좌에 예금되지 않았다고 해도 말이다.

두 번째 기술: 적절한 수단을 사용하라

자신의 생각을 남들에게 홍보하고 설득시키는 법을 터득하는 것은 아주 중요한 문제다. 적절한 수단을 가짐으로써 여러분은 다른 사람들이 어떤 방법으로 부를 창출했는지 이해하고, 또 스스로를 위해 그 방법을 적용하게 된다. 여러분에게 필요한 실용적인 수단은 이 책의 *4단계 '보스'가 돼라 –사업으로 부자 되기*에 구체적으로 나와 있다. 회사란 대부분이 '고객을 유혹할 우수한 제품을 만드는 법' 을 터득한 사람들이 시작한다. 기막힌 아이디어를 차용하거나, 스스로 훌륭한 생각을 만들어내라. 어느 쪽이든 상관없다. 어떻게 하면 사업을 더 잘 할 수 있는지를 알아내는 것, 그것이 곧 부를 향해 가는 길이다.

세 번째 기술: 지금 당장 움직이라

언제라고? 그거야 지금 당장이지. '내일' 은 오지 않는 법. 지금 당장 하지 않으면 평생 못할 가능성이 높다. 여러분이 다른 사람들과 다를 바 없다면, 여러분이 아침에 운동을 하지 않는다면, 하루 동안 해결해야 할 일과 신경 써야 할 일들이 점점 더 쌓여갈 테니 운동을 하기는 점점 더 어려워질 것이 아닌가. 건강을 유지하고 활기찬 삶을 영위하기 위해 필요한 운동이 일과의 우선순위에서 맨 위가 아니라 맨 아래로 밀려나다니 안타까운 일이 아닐 수 없다. 자기 자신을 스스로 보살펴라. 그리고 위 소제목에 있는 '움직이라' 에 동그라미를 쳐라.

모험을 하지 않으면 달콤한 결과도 없는 법. 백만장자들은 부자가 되기 위해서 때로는 '기왕 실패할 거라면 빨리 실패해버려야(fail fast forward)' 함을 잘 알고 있다. 그들은 모든 씨앗이 비옥한 땅에 떨어지지 않음을 잘 안다. 어쩔 수 없이 그건 게임의 속성이니까.

'모노폴리' 게임을 해본 사람이라면 게임에서 이기기 위한 아주 구체적인 전략을 알 터이다. 도착한 칸의 재산을 있는 대로 모두 사들이는 것이다. 그렇게 해보라. 게임 중반쯤 가면 수중의 돈이 바닥난다. 더 많은 돈을 가진 사람이 게임에서 이길 것처럼 보인다. 재산을 더 사들이려면 소유재산을 담보로 은행에서 돈을 빌려야하는데, 재산가치의 절반밖에 못 건질 때도 있고 높은 이자를 지불해야 할 때도 종종 있을 것이다. 하지만 게임 참가자들이 더 이상 사들일 재산이 없을 때, 여러분이 소유한 재산은 수익을 창출하는 자산이 되어 현금을 벌어들이게 된다. 이런 전략으로 게임을 하면 언제든지 이길 수 있다.

이와 같은 생각은 백만장자에게 일반적인 사고방식이다. 부자들이 주식시장이나 부동산 시장, 또는 인기 있는 사업에서 수익을 낸 후 손을 뗄 무렵, 그때서야 가난뱅이들이 뛰어든다는 사실을 알게 될 것이다. 싸게 사서 비싸게 팔아라. 모든 사람들이 팔 때 사들여라. 다른 사람의 창의성을 활용하라. 목동이 되려면 양떼와 정반대로 움직여라.

젊은 시절의 어느 날, 마카로니와 치즈를 살 돈이 부족해 소파를 이 잡듯이 샅샅이 뒤지던 나는 "이제부턴 다르게 살 테야."라고 외치고는 거지 근성을 떨쳐버리기 시작했다.

나는 성공한 사람이 되기 위해서 가난뱅이의 사고방식에서 비롯된 다음 두 가지 생각부터 없애야 했다.

"부자들은 틀림없이 불법적, 비도덕적, 혹은 비윤리적인 짓을 하고 있을 것이다. 그들이 돈을 벌기는 무척 쉽지만, 내가 돈을 벌기는 너무도 어렵다."

백만장자는 자기가 좋아하는 일을 하고, 그 일을 자주 한다. 그렇기 때문에 그들의 삶은 점점 더 윤택해진다. 예를 들어, 나는 무대에 서서 공연을 하고 내가 아는 것을 사람들과 함께 나누는 것이 언제나 좋았다. 내가 공연하기를 즐기기 때문에 공연을 잘 하는 것일까? 아니면 내가 공연을 잘 하기 때문에 공연하기를 즐기는 것일까? 내가 즐겁다는 점은 변함없는 사실이고, 마음이 내키는 대로 내가 행복해 하는 일을 하는 것이니, 어느 쪽이든 무슨 상관이겠는가. 그렇다고 좋아하는 일을 하는 것이 항상 쉬운 일 만은 아니다. 또한 단 한 번에 성공하는 것은 불가능하다. 나는 청중에게 좀 더 의미 있는 내용을 선사하기 위해 끊임없이 더 많은 정보와 지식을 추구한다. 가난뱅이의 사고방식에서 비롯된 두 번째 생각은 이것이다.

"내게 어떤 것도 팔지 마라. 당신이 팔면 내가 밑진다."

가난뱅이들은 자신의 꿈에 투자하기를 두려워한다. 백만장자들은 더 많은 돈이 유통될수록 모든 이에게 더 많은 돈이 두루 돌아간다는 사실을 안다.

미국의 정치 지도자들은 9.11 사태 이후 슬픔에 빠진 미국 국민들에게 올바른 방향을 이렇게 제시했다.

"우리 경제가 위험에 처했습니다. 여러분이 경제를 살리는 길은 밖으로 나가셔서 자녀들에게 사주려고 했던 외출복을 사주시는 겁니다. 주저하지 말고 새 차를 사십시오. 집을 단장하십시오."

왜 그래야할까? 왜냐하면 돈이 도는 한, 경제는 건재하기 때문이다. 개인 경제의 역학구조도 이와 똑같다. 금융에 대한 인식을 높이고 부를 축적하려면, 씨앗이 자랄 환경에 씨앗을 심어야 한다. 내 절친한 벗이자 투자자이며 베스트셀러 작가인 로버트 기요사키는 항상 말한다. 투자란 수입을 창출할 자산에다 해야 한다고. 가난뱅이들은 이 말을 듣고 "나는 오로지 부동산에다 투자할 거야. 그래야 금방 수익이 돌아오니까."라고 말한다. 하지만 기요사키의 말은 그런 뜻이 아니다.

무엇이 됐든 자신이 원하는 것을 사서, 그것이 수익을 내도록 만들라는 의미다.

내가 가르치는 어떤 학생은 갖고 있던 상수도 회사를 매각하여 짭짤한 이익을 본 다음 은퇴했다. 그는 군복무 시절부터 헬리콥터 조종을 좋아했던 지라, 헬리콥터 한 대를 샀다. 얼마 안 있어 새 모델을 사고, 또 새 모델을 사들이자 급기야 그의 아내가 돈을 왜 이리 낭비하느냐며 그런 '장난감'은 그만 살 수 없겠냐고 잔소리를 하기에 이르렀다. 백만장자의 사고방식을 가진 이 학생은 사 모은 헬리콥터를 처분하는 대신, "내 장난감으로 돈을 벌어들여야겠다."고 생각했다. 그는 현재 세계에서 가장 큰 헬리콥터 비행 훈련장을 운영하고 있다. 네바다 주에 본사를 두고, 15개 주에 훈련장을 갖춘 '실버 스테이트 헬리콥터스'는 연간 1억 달러를 웃도는 수익을 낸다. 그는 자신이 원하는 것을 사서 수익을 창출하는 자산으로 만들었던 것이다.

백만장자는 자신이 원하는 것을 사들인 다음 그것으로 돈을 벌 방법을 궁리한다. 혹시 현재 소유한 자산을 너무 움켜쥐고 있지는 않은가?

위험을 무릅쓰고 도전하는 능력을 키움으로써 더 많은 수익을 얻을 수 있다. 유명한 하키선수 웨인 그레츠키(Wayne Gretzky)는 이렇게 표현했었다.

"쏴보지 않고서는 단 한발도 맞추지 못한다."

최근에 나는 아주 운 좋게도 억만장자들 중에 괴짜로 통하는 버진 애틀랜틱 에어웨이스의 창립자 리처드 브랜슨(Richard Branson)과 저녁식사를 함께 할 기회가 있었다. 당시 브랜슨은 그가 사랑해마지않는 항공사를 5억 달러에 매각하고 항공업에서 손을 뗄까말까를 놓고 고민 중이었다. 결국 그는 이 자산을 모두 다시 걸었을 뿐 아니라, 그 위에 수십억 달러의 돈을 더 빌어서 민간우주여행 사업을 비롯한 새 사업에 착수했다.

오늘 스스로에게 물어보라. "지금 이 순간 백만장자들은 뭘 하고 있을까?" 휴대전화 청구서 때문에 두 시간 동안 실랑이를 벌일까? 월급인상이 변변치 않아서 정신적 압박감에 시달릴까? 아니, 그렇지 않을 것이다. 백만장자라면 자신의 상사에게 "제가 당신과 비즈니스를 하려면 어떻게 해야 합니까?"라고 물을 테고, 이보다 좀 더 현명하다면 "개인 사업을 시작하거나 사업체를 인수하려면 어떻게 해야 합니까?"라고 물을 것이다.

그래, 이제 내 안의 백만장자를 풀어놓을 때이다.

MARSHALL SYLVER

DEVELOP A MINDSET FOR SUCCE SS

MARSHALL S ER

MARSHALL SYLVER

백만장자의 습성을 배우라*

03

마셜 실버

이 글은 마셜 실버의 글 *'한 때 두툼했던 지갑(A Wallet Once Expanded)'*을 요약한 것이다. Copyright©pending. 허가 받아 사용함. 이 내용을 다른 용도로 쓰려면, www.sylver.com을 통해 담당자에게 연락하기 바란다.

부동산이 그대를 부자로 만들어주지 않는다. 인터넷이 현금을 찍어낼 리도 없고, 주식시장이 그대를 돈방석에 앉혀줄 수도 없다. 부자가 되느냐마느냐는 *바로 내 자신에게* 달려있다. 그 외엔 다른 방도가 없다. 오직 나만이 나 자신을 부자로 만들거나 가난뱅이로 만든다. 그 외에 다른 것은 없다. 정신 무장을 단단히 하든가, 아니면 땅을 치고 후회할 따름이다.

행복하고 건강하며 부유한 사람들은 예외 없이 다섯 가지 주요한 습성이 몸에 배어 있다.

- 정신 건강
- 우선순위 관리
- 계획 수립
- 균형 잡힌 삶
- 원대한 미래상

내가 '행복하고 건강한 사람' 을 강조한 데는 그만한 이유가 있다. 나는 여러분이 부를 맘껏 누리는 데 필요한 전제조건을 갖출 수 있게 돕는 일은 나 몰라라 하면서 돈 버는 방법만 여러분에게 전수할 마음은 없다. 그러니 백만장자의 다섯 가지 습성을 배우고 익혀라. 그러면 이 책 전반에 걸쳐 설명하는 부자 되는 방법으로 부자가 될 수 있을 것이다. 그러지 못한다면, 내가 왜 그러지 못했나 하는 때늦은 후회만 남을 것이다.

부를 얻기 위한 전제조건이자 성공을 위한 첫 번째 습성인 정신의 건강을 살펴보자.

정 신 건 강

가난하게 사는 것이 고달프다고 생각한다면, 마음의 중심을 잡지 못한 채 부유하게 사는 것은 어떨까? 정신 건강은 궁극적으로 이 세상의 돈을 전부 갖는다고 해서 행복해지지 않음을 깨닫는 데서 온다. 가난뱅이일 때 자기 자신을 좋아하지 않던 사람은 부자가 돼서도 자신을 좋아하지 않는다. 오히려 돈 때문에 맘고생이 더 심해질 뿐이다.

그렇기 때문에 정신의 건강을 갖기 위한 각자의 방법을 찾는 일이 중요하다. 마음의 평화를 얻지 못하고 부를 쌓으면 재앙을 불러들이게 된다. 돈 때문에 강박증이 생길 수 있고 사랑하는 사람들과 멀어질 수 있으며, 중독의 유혹에 빠져 헤어나지 못할 수 있다. 부자가 되면 마약, 술, 탐욕 등 해로운 것들에 탐닉할 충분한 돈이 생긴다. 그러나 정신 무장을 단단히 한 사람은 유익한 일을 할 수 있고, 매일 그런 일을 하면서 자기 자신을 진정으로 사랑하는 법과 속박에서 벗어나 자유롭게 선행을 하는 법을 배울 수 있다.

행동의 결과는 그저 결과일 뿐, 옳으니 그르니 판단할 필요가 없게 된다.

정신 건강은 자신의 가치가 은행계좌의 예금액에 좌우되지 않는다는 깨달음에서부터 시작된다. 돈이 있든 없든 상관없이, 있는 그대로의 자신을 진심으로 사랑하면, 훨씬 현명한 판단을 내리게 되고 정서적으로 불안정할 때 수렁에 빠져 허우적거리지 않게 된다. 성공적으로 사업을 꾸려 나간다 해도 중간에 여러 차례 실패가 있기 마련이다. 장담하건대, 여러분이 가는 길에는 여기저기 요철이 있을 것이다. 정신이 건강한 사람은 부를 창출하기 위한 발판인 계산된 위험을 정체성의 흔들림 없이 기꺼이 감수한다.

정신이 건강한 사람은 판단력이 흐려지지 않으며, 마음이 즐겁고, 미래에 대한 걱정이 없다. 뿐만 아니라 자신이 창출한 부를 맘껏 누리기 위해 필요한 강력한 도덕적 기반이 마련돼 있다. 부유한 사람들이 어째서 더 큰 부자가 되는지 궁금했던 적이 없는가? 감사하는 마음이 있기 때문이다. 그들은 가진 것에 대해 감사한다. 이렇게 감사하는 마음이 있으면 매일 일이 잘 되리라는 기대를 할 수 있다. 우리는 기대하는 것을 항상 얻는다. 우리가 집중하는 분야는 발전한다. 이런 사고방식 덕분에 우리는 새로이 나타나는 사태에 항상 대처할 수 있고, 그것이 쓸모 있을 뿐 아니라 실제 완벽하다는 걸 알 수도 있다.

균형 잡힌 삶

어떻게 하면 삶의 균형을 찾을 수 있는지를 제쳐 두고서, 부자 되는 법을 가르친다는 것은 상상조차 할 수 없다. 균형 잡히지 않은 삶에 돈만 있다면, 그건 생지옥으로 떨어지는 가파른 비탈길에 다름 아니다.

여러분은 마음의 균형, 몸의 균형, 인간관계의 균형, 그런 다음에 재정적인 균형을 찾아야 한다. 이런 우선순위가 가지런히 자릴 잡으면, 부는 그 다음에 자연히 따라온다. 이럴 때 여러분은 더욱 행복해지고 훨씬 더 효과적이 될 수 있다.

내가 마음, 몸, 인간관계부터 나열하고, *그 다음에* 재정을 맨 나중에 둔 점을 눈여겨보라. 사람들은 대부분 이걸 거꾸로 간다.

균형과 조화는 정서적 안정, 즉 마음의 건강에서부터 시작되는데, 이것을 얻지 못할 경우 부를 창출하기 위한 투쟁은 거의 불가능해진다. 마음을 위한 '식이요법' 에 주의를 기울일 때, 성공할 수 있는 능력이 형성되는 것이다. 햄버거와 같은 해로운 음식이 몸을 둔하게 하듯이, 마음 역시 '해로운 음식' 을 섭취하면 둔해진다. 백만장자들과 성공한 기업가들은 무엇을 읽을지 세심하게 신경을 쓴다. 그들은 대체로 앞서 살다간 위인들의 전기를 읽고 공부하는 반면, 선정적인 기사와 온갖 잡담으로 가득 찬 신문은 매일 읽기를 꺼린다. 여러분도 긍정적이고 희망차며 유익한 내용에 독서의 초점을 맞춰라.

생각이 곧 감정을 일으키므로, 생각을 조절함으로써 자연히 감정적으로 반응하기보다 이성적으로 대응할 수 있다. 그러면 꼭 필요하다고 생각되던 것이 갈망하는 것이 된다. 그렇게 되면 권리를 침해당했다고 느끼면서 반발하기보다, 무엇이 가장 효과적인지를 찾아 그것을 이행할 수 있게 된다. '나는 이렇게 할 권리가 있어' 라는 생각 때문에 부당한 대우를 받았다는 생각이 드는 것이다. 돈을 벌다보면 기분을 상하는 일을 종종 겪게 된다. 비즈니스의 세계에서는 만사가 공평하지 않다는 사실에 승복하라. 일단 그 사실을 받아들이면, 누군가가 자신을 이용했다고 느낄 때 생기는 반발심을 겪지 않을 것이다. 경험을 통해 교훈을 배우고 다음 단계로 넘어갈 뿐이다.

조화로운 삶이란 가족과 함께 보내는 시간, 지역사회에 이바지하는 시간, 그리고 신앙생활을 위해 쓴 시간이, 부를 창출하기 위해서만이 아니라 만족감을 얻기 위해서도 반드시 필요한 시간임을 아는 것이다.

나는 수없이 순회강연을 다니면서 내게 가장 소중한 자산이 시간이란 걸 깨달았다. 수입 창출과 관련이 있기도 하지만 내가 추구하는 균형 잡힌 삶을 유지하는 데 쓸 시간을 잡아먹기 때문이다. 이런 이유들 때문에 나는 오래 전에 대형 항공사 이용을 그만두었다. 집에서 차로 15분 거리에 있는 지역 공항이 미국 전역에 5천여 개나 있는데, 나는 그전까지만 해도 이 중 하나를 이용하지 않고 3시간 30분이나 걸려서 일반 공항을 이용했다. 자동차를 주차하고, 수백 명에서 수천 명에 이르는 여행객들 행렬에 끼어 검색대를 통과하고, 게이트에 닿으면 그때부터 내가 탄 비행기가 제시간에 이륙해 제시간에 도착하기를 간절히 기도했다. 마침내 비행기에서 내리면 짐을 찾아야 하는데, 어떤 때는 45분 내지 60분이나 기다렸다가 그때서야 마침내 최종 목적지로 떠날 수 있었다. 집에 돌아갈 때도 이 과정을 전부 반복해야 했다. 출장을 갈 때마다 비행시간 말고도 가외로 평균 7시간이 소요됐다.

이제 나는 개인 전세기를 이용한다. 집에서 가장 가까운 지역공항까지 차로 7분이면 갈 수 있다. 전세기 옆에 차를 세우면, 조종사가 차 트렁크에서 짐을 내려 비행기에 싣고, 나는 비행기에 올라탄다. 집을 떠난 지 15분 만에 비행기가 이륙해 목적지를 향해 날아간다. 착륙하면 똑같은 과정을 반복한다. 내가 1주일에 두 번 출장을 간다고 하면, 균형 잡힌 삶을 꾸려 나가고 생산성을 높이는 데 14시간을 더 할애할 수 있다. 더 이상 대형 민간 항공기를 이용하느라 불안해할 필요가 없을 때 좋은 생각들이 얼마나 더 많이 샘솟는지 상상이 가는가? 나는 다음에 설명할 습성을 익힘으로써 일과 삶을 좀 더 조화롭게 꾸려 나갈 수 있었다.

우선순위 관리

언제나 일은 부지런히 하는데도 출세를 못하고 있다면, 정작 중요한 일은 뒷전으로 밀어놓고 엉뚱한 일만 붙들고 있기 때문이다. 내가 "하기 싫지만 맨 먼저 해야 할 일"이라고 부르는 것을 백만장자들은 정면으로 부딪혀 처리하는 반면, 보통 사람들은 의외로 대다수가 그런 일을 뒤로 미룬다. 백만장자는 유쾌하게 연간 백만 달러를 벌어들인다는 사실을 잊지 마라. 가난뱅이는 —연간 백만 달러도 못 버는 사람들은— 항상 바쁘게 일하며 요란을 떨지만, 막상 결과를 보면 실속은 없다. 행동을 성과로 착각해서는 안 된다.

나는 백만장자 멘터십 프로그램(Millionaire Mentorship Program)에 참가한 학생들에게 우선순위를 조정하라고 가르친다. 우선순위의 관리를 통해 삶을 조화롭게 꾸려 나가가는 법을 익히면 자신의 건강이나 인간관계를 망치는 법이 없다. 시간을 제어하거나 관리하는 것은 불가능하다. 그러나 일의 우선순위를 관리하는 것은 가능하다. 나는 학생들에게 우선 생산성을 최대로 높일 수 있도록 하루 일과를 짜고, 각자에게 가장 중요한 일부터 먼저 완수하라고 말한다. 날이 저물어 하루 일과를 끝마칠 무렵, 그때까지 미뤄둔 것은 가장 덜 중요한 일이라야 한다.

우선순위의 관리는 부를 창출하는 창의적인 생각들을 풀어놓는 열쇠이다. 어떤 사람들이 생각하는 바와는 달리, 창의성은 불현듯 영감을 얻어 발휘되는 게 아니다. 창의성의 발현은 구체적인 결론에 정신을 집중

하는 훈련을 통해 결론을 이끌어내는 하나의 과정이다.

부자가 된 창의적인 사람들은 잘 짜인 계획대로 효과적으로 시간을 관리하기 때문에 적은 시간에 많은 일을 해낸다. 그들은 새로운 것이나 혁신적인 것을 창조하는 데 시간을 집중한다. 내 경험을 말하자면 이렇다. 나는 운동 후에 가장 창의적인 생각을 한다. 이때는 엔도르핀 수치가 높다. 방금 내 자신을 위해 유익한 일을 끝마쳤기 때문에 마음이 뿌듯하다. 그렇기 때문에 나는 아침 운동 후 1시간을 창의적인 생각에 집중하는 시간으로 정해 놓았다. 휴대전화와 이메일, 그리고 인스턴트 메신저를 모두 끄고, 누구든지 이 시간을 방해하는 사람에게는 내가 지금 창의적인 프로젝트를 구상 중이니 한 시간 후에 얘기하자고 말한다.

21일 동안 이걸 쭉 시도해보라. 그러면 어떻게 되는지 알 것이다.

원대한 미래상

자신이 좋아하는 일을 하라. 그러면 돈은 따라온다. 다시 말해, 자신이 하는 일에 최고가 되는 데 집중하라. 그러면 여러분의 상품과 서비스를 위한 시장은 항상 열릴 것이다.

이런 교훈은 장애를 뛰어넘어 멀리 내다보고 원대한 포부를 갖는 데 도움이 된다. 포부가 작다는 것은 하고자 하는 의욕이 약하다는 뜻이다. 부를 창출하는 사람들도 보통 사람들과 다를 바 없지만, 딱 한 가지 차이점이 있다. 그들은 미래상이 더 명료하고, 미래에 대해 훨씬 큰 기대감에 부풀어 있다는 사실이다. 너폴리언 힐(Napoleon Hill)은 그의 학술적 작품 《*놓치고 싶지 않은 나의 꿈 나의 인생 (Think and Grow Rich)*》에서 목적을 이렇게 정의했다. 목적이란 자신의 최종목표가 무엇인지 사전에 깨닫고, 단계별 목표를 성공적으로 완수하는 모습을 그리며, 최종목표를 성공적으로 완수하리라는 자신감을 갖는 것이다. 자신이 무엇을 하고 있으며 어디로 향하고 있는지에 대해 확신할 때, 목적 달성으로 가는 여정 중에 겪게 되는 시련들을 잘 대처할 수 있게 되고, 심지어는 그런 시련들이 흥미진진한 일이 된다.

상대성 이론은 칠판에 공식을 적어가며 만들어진 것이 아니라, 앨버트 아인슈타인이 한 줄기 광선을 타고 우주를 여행하는 자신의 모습을 상상하던 도중에 탄생했다. 월트 디즈니는 자신이 꿈꾸던 세계를 현실로 만드는 작업을 설명하기 위해 "이매지니어링(imagineering)"보고 듣고 느끼고 상상한 것을 상품이나 서비스로 구체화하는 기술 – 옮긴이이란 용어를 만들었다. 도널드 트럼프는 아직 개발되지 않은 토지를 보면서 쓸모없는 땅이라고 생각하지 않는다. 그는 머릿속으로 아름다운 건물이나 주택단지를 그리며, 그 땅을 차지하려고 입찰 전쟁에 참가할 사람들을 상상한다.

원대한 미래상을 갖는 것은 어떤 일이 일어나기 전에 그 일을 예상하는 능력이다. 백만장자는 항상 미래시제로 말한다. 그들은 사업계획이 이미 실현된 것처럼 말한다. 그들 머릿속에서는 그 계획이 이미 이루어졌기 때문이다. 나는 그들이 머릿속에 영상을 그리는 과정을 '기업가의 과장법(entrepreneurial exaggeration)'이라고 부른다. 기업가는 거짓말을 하는 것이 아니라, 달성하고자 하는 것이 이미 달성되었다고 진심으로 믿는 것이다. 그들은 모든 위대한 업적의 전제조건이 되는 일, 즉 미래상을 그리는 일을 한다. 자신이 어디로 향하는지를 똑똑히 아는 사람이 있는가? 내 장담하건대, 모든 사람이 그를 따를 것이다.

계 획 수 립

꿈이 그저 꿈으로 끝나는 사람과, 뭔가를 이뤄내는 사람의 차이점은 무엇일까? 계획을 세우느냐 아니냐이다. 나는 내가 주최한 세미나에 참석한 사람들에게 그들이 사용하는 단어에서 '목표'라는 단어를 없애라고 가르친다. 우리의 잠재의식은 정확히 우리가 시키는 만큼만 이루어내므로, 하나의 목표를 가지는 것과 계획을 실행하는 것은 사뭇 다르다. 앞으로 내딛게 될 발걸음을 모두 알아야만 첫 발을 내딛을 수 있는 것은 아니다. 지금 현재 무엇을 계획하든, 이 순간 무엇을 열망하든, 여러분은 그것을 이루기 위한 몇 개의 요소는 이미 손에 쥐고 있을 터이다. 첫 발을 내딛어라. 그러면 다음 발걸음이 선명해질 것이다.

자신의 미래상을 종이에 적어보라. 볼펜과 종이를 준비하고, 아침에 눈을 떠서 밤에 잠자리에 들 때까지 하루 동안의 활동을 빠짐없이 적어보라. 어떤 사람들과 어울리는가? 같이 일하는 사람들은 누구인가? 자신의 활동을 통해 돈을 얼마나 버는가? 얼마나 큰 재미를 느끼는가?

이런 것들을 적음으로써 머릿속의 그림을 현실로 만들기 위한 첫 발을 내딛게 된다. 일단 첫 발을 내딛으면, 실천 가능한 단계들로 계획을 세분화할 수 있다.

계획을 수립하기 위한 기본 요소들은 다음과 같다.

■ **계획을 크게 세워라.** 계획이 작으면 의욕이 안 생긴다. 큰 계획은 열정을 불러일으킨다. 사람들이 대부분 판을 작게 벌이기 때문에 결과도 별 볼일 없는 것이다. 존 D. 록펠러는 "푼돈을 만지는 사람은 푼돈밖에 못 번다. 지폐를 만지는 사람이라야 지폐를 벌어들인다."라고 했다. 최악

의 시나리오라고 해봐야 계획의 일부분밖에 성취하지 못하는 경우 아니겠는가. 억만장자가 되고 싶었는데 백만장자밖에 되지 못했다 정도 아니겠는가? 안 그런가!

■ 계획을 세분화하라. 조금씩 나아가라. 지금 당장 모든 계획이 실행 가능하지 않더라도, 얼마간은 실행 가능한 법이다. 계획을 향해 꾸준히 그리고 굳건히 나아가다 보면 어느새 자신의 생각보다 멀리 나아가 있을 것이다. 어느 틈엔가 임계질량변화를 일으키기 위한 최소 에너지 –옮긴이에 도달하고, 그러면 그때까지 해온 모든 노력들이 갑자기 효과를 나타낼 것이다. 어떤 일이든 총체적으로 보기가 힘겨울 때가 있는데, 그럴 때는 스스로에게 아래와 같이 물어보라. 일이 잘 풀리지 않는다 싶을 때마다 참고할 수 있도록 일터에 아래와 같은 글을 붙여놓아라.

"강력하고도 생산적이며 긍정적인 것, 그러면서 내가 하려는 일을 향해 다가가게 해주는 것이 무엇인가? 당장 그것부터 하라!"

■ 활동 할당량 대 생산 할당량 어떤 게임이든지 이기려면 맨 처음에 기초를 다지는 일이 중요하다. 무엇을 성취하겠다가 아니라, 무엇을 실행할 건지를 나열하라. 한 시간 안에 잠재 고객 10명에게 전화를 거는 것은 활동 할당량이고, 판매계약 세 건을 체결하는 건 생산 할당량이다. '몸무게를 5kg 줄이자'가 아니라 '매일 체육관에 가자'라고 계획을 세워야 한다. 움직이면 살은 저절로 빠진다. 지금 이 순간 효과적이고 생산적인 활동을 일관되게 하면, 틀림없이 자신이 원하는 것에 한 발 더 가까이 다가가게 된다.

■ **개인의 변화**　　자신이 원하는 것을 얻는 데 방해가 되는 요소는 무엇인가? "결국 무엇을 얻느냐?"는 항상 "나는 어떤 사람인가?"에 의해 좌우된다. 자신의 성품과 일관된 습관 때문에 누려야할 삶을 제대로 영위하지 못하는 것이다. 내 개인의 습성 중에 방해가 되는 것은 무엇인가? 늑장부리기? 지나친 자기만족? 교만이나 자만? 자신의 성품을 살펴보고 변화를 위한 계획을 세워보라. 이걸 알아내지 못한다면, 자기를 부인하고 있다는 얘기다. 진정으로 유능한 백만장자나 억만장자는 자신이 좀 더 유능한 사람이 되기 위해 고쳐야 할 점을 쉽게 이야기한다. 이것을 '자기인식(self-awareness)' 이라고 한다. 자기를 인식하라, 그러면 자신이 바꿔야할 점들이 선명하게 보인다. 아래 보기 3-1 계산표의 빈칸을 채워 스스로를 진단해보라. 이 '백만장자의 마음가짐과 습성 계산표'는 www.trumpuniversity.com/wealthbuilding101에서 내려 받을 수 있다.

보기 3-1 백만장자의 마음가짐과 습성 계산표

내가 진짜 즐거워하는 일은 무엇인가? ____________________

매일 그런 일을 하는 내 모습을 상상할 수 있는가? ____________________

어떤 연구조사를 하면 다음 단계로 나아가는 데 도움이 될까? ____________

난 현재의 삶을 충실히 살고 있는가? ____________________

나와 함께 하는 사람들과 내가 가진 것에 대해 진정으로 감사하는가? ______

내가 원하는 바를 얻는 데 방해가 되는 습관이 있는가? ______________

나는 내 일에서 최고로 자리매김했는가? ____________________

어떤 종류의 세미나, 서적, 자료들이 필요한가? ____________________

내가 종사하는 업계의 최신 기술 및 경향을 파악하고 있는가? ______

내가 종사하는 업계에 대한 관련 자료를 매일 읽는가? ______

하루 일과를 사전에 계획하는가? ______

중요한 업무는 뒤로 미룬 채 쉬운 일을 먼저 하는가? ______

부의 창출에 전혀 도움이 되지 않는 비생산적인 활동을 하느라 휴식시간 중 일부를 소비하는가? ______

나의 미래상에 대한 명확하고 분명한 청사진을 가지고 있는가? ______

시간을 내서 미래상을 말로 설명하고, 시각화하고, 세부 항목까지 제시하는가? ______

■ **자신의 계획을 매일 읽어라.** 자나 깨나 계획이 머릿속에서 떠나지 않게 하라. 시선이 가는 곳마다 사진이나 그림 등 주의를 환기시킬 만한 것들을 붙여두어라. 그러면 여러분이 계획한 것, 즉, 성공을 이룰 것이다. 계획을 음미하고, 눈으로 보고, 피부로 느껴라. 세상 사람들이 실현가능한 일이라고 생각하기도 전에 그 계획이 현실이 되게 하라. 이미 계획이 '이루어진 것처럼 행동'하라. 그러면 그 계획을 달성하기 위해 필요한 사람들이 모여들 것이다.

백만장자와 억만장자는 건전한 정보로 끊임없이 정신을 살찌운다. 몸의 근육처럼 우리 정신도 운동이 필요하고, 운동을 하지 않으면 죽게 된다. 정신의 '근육'을 자극할 한 가지 방법은 독서다. 책을 읽을 땐 수동적인 자세가 아닌 능동적인 자세를 취해야 하기 때문이다. 매일 책을 읽으면 의사소통 능력이 향상된다. 사용하는 단어들이 늘어난다. 또한 위인전을 통해 의

사소통 능력이 성공과 부의 축적에 어떻게 기여하는지를 알 수 있다. 도널드 트럼프, 마크 큐번과 같은 유능한 사업가들이나 다른 수많은 백만장자와 억만장자들 역시 뛰어난 의사소통 능력을 지니고 있다. 지구상에서 가장 돈 많은 갑부로 꼽히는 빌 게이츠는 자신의 구상과 창조성, 동기유발요인들을 사람들에게 전달함으로써, 그들이 스스로에게 기대하던 것보다 훨씬 나은 사람들이 되도록 영감을 준다.

의사소통 능력은 재산이다. 삶의 질은 자기 자신과의 의사소통이 얼마나 잘 이루어지며 바깥세상과는 또 얼마나 의사소통이 잘 이루어지는가에 달려있다. 자기 자신과의 의사소통은 컴퓨터 프로그램이 작동되는 것과 비슷하다. 뇌에서 1분당 1500단어가 쏜살같이 지나가면서, 우리가 어떤 사람인지 또는 어떤 사람이 아닌지를 알려주며, 어떤 사람은 될 수 있고 어떤 사람은 될 수 없는지, 무엇은 할 수 있고 무엇은 할 수 없는지, 그리고 무엇은 가질 수 있고 무엇은 가질 수 없는지, 등을 알려준다. 바깥세상과의 의사소통 능력은 *영향력*이라고 부른다. 영향력이란 사람들이 내 제안을 듣고 "맞아!" 라고 무릎을 치도록 만드는 능력이 아니다. 진정한 영향력이란 사람들로 하여금 내가 파는 것을 달라고 부탁하게끔 유도하고, 그것이 내 생각이 아니라 자신들의 생각이라고 믿게 만드는 능력이다.

나는 사람들이 원하는 것을 얻을 수 있게 도와줌으로써 수백만 달러를 벌었다. 내가 넘어야 했던 과제는, 사람들은 대개 누가 말을 해주어야 비로소 자신들이 뭘 원하는지 깨닫는다는 점이다. 사람들로 하여금 내가 파는 것을 달라고 부탁하게끔 유도하는 과정, 나는 그 과정을 설득 방정식(Persuasion equation)이라고 부른다.

설득 방정식에는 5개의 단계가 있다.

■ **공감과 신뢰를 쌓는다.** 믿지 못할 사람의 말이라면 우리는 그게 아무리 대단하더라도 받아들이지 않는다.

■ **상대방이 결론을 내리도록 유도한다.** 설득의 대가大家는 자신의 제안을 상대방이 원하는 것으로 보이게끔 만든다.

■ **원하는 것을 얻기 위해 필요한 행동을 하라고 상대방에게 지시한다.** 사람들은 허가를 받아야만, 즉, 남이 인정해줘야만, 자기가 추구하는 것을 얻게 해줄 어떤 행동을 취한다.

■ **쉽게 끌려오지 않으면 더 많은 정보를 제공한다.** 지시하는데도 잘 따르지 않으려 한다면, 그건 오직 실패가 두렵기 때문이다. 영향력이란 상대방의 저항을 솜씨 좋게 다루면서, 이것이 설득하는 과정의 일부임을 인식하는 능력이다. 평균적으로 사람들은 좋다고 말하기에 앞서 싫다는 말을 다섯 번 한다.

■ **다시 한 번 행동을 취하라고 지시한다.**

나의 목적에 이르기까지, 즉, 상대방에게 영향력을 행사할 때까지, 4단계와 5단계를 되풀이한다.

내적으로나 외적으로 의사소통의 달인이 되기 위해서는 연습이 필요하다. 의사소통은 훈련을 통해 숙달되는 기술이지 저절로 발휘되는 기술이 아니다. 더 많은 정보를 원한다면, 의사소통을 주제로 한 뛰어난 책들 중에서 내가 쓴 《*열정, 이익, 그리고 권력(Passion, Profit and Power)*》을 읽어보기 바란다. 겸손을 미덕으로 여기던 시절은 바보들에게나 영광스런 날이다. 그렇지 않은가?

지금 이 순간 여러분은 앞으로 나아갈 것이냐 아니면 지금 이 자리에 그대로 머물 것이냐의 기로에 서 있다. 영화 *쇼생크 탈출(The Shawshank Redemption)*에서 주인공 앤디 듀프레인은 이렇게 말했다. "부지런히 살든가, 아님 부지런히 죽든가!"라고 말했다. 그래, 여러분은 어떻게 하겠는가? 오늘부터 당장 이 장에서 설명한 부자들의 습성을 행동으로 옮겨 몸에 익히겠노라고 언약하라. 그러면 이 책에서 내 동료들이 제시한 '부자 되는 전략' 들을 본격적으로 활용할 준비가 될 것이다.

진실을 말해볼까. 여러분은 가난뱅이라도 괜찮다고 느긋했던 적은 한 번도 없었다. 여러분이 가난뱅이로 타고난 것도 아니다. 여러분은 백만장자이다. 지금 당장 은행계좌에 그만큼의 돈이 들어있지 않을지라도, 여러분은 백만장자이다. 세상이 인정해주기를 기다리지 말라. 자신에게 내재된 백만장자의 영혼을 깨달아라. 더 좋은 차, 더 좋은 집, 더 좋은 생활방식, 어떤 것이든지 간에, 일단 팽창된 삶은 축소되지 않는다. 좀 더 효과적으로 좀 더 권력을 누리며 열정적으로 사는 것에 익숙해지면, 내가 장담하건대, 예전의 삶으로 돌아가려 하지 않을 것이다. 오히려 미소를 지으며 자신에게 물을 것이다. "뭘 하느라 이렇게 오래 걸렸지?"

내가 나의 전세기를 타고 창밖을 내다볼 때, 여러분이 여러분의 전세기에서 내게 손을 흔드는 모습을 보게 되기를!

계획은 스마트하

PLAN SMART:

YOUR PLAYBOOK FOR FINANCIAL SUCCESS

2단계

: 재정적 성공을 위한 전술서

JOHN R. BURLEY

내 재정의 미래상을 펼쳐 보여라

04

존 R. 벌리

지금보다 재정적으로 더 나은 미래를 머릿속에 그리는 능력이 부자들의 가장 효과적인 습관 중 하나라고 한다면, 여러분은 깜짝 놀랄지도 모르겠다. 부자들은 그들이 바라는 재정 상황을 머릿속에 명확하게 그린 다음, 이러한 재정적 미래상을 종이 위에 간단명료하게 기술하여 그들이 지향하는 바를 끊임없이 상기하는 수단으로 삼는다. 이러한 미래의 그림은 부를 창출하고 획득하고자 하는 노력에 강력한 동기를 부여한다.

자신이 바라는 삶의 모습을 명확히 이해하고 있으면, 그 모습을 한 번 떠올리는 것만으로도 자신의 꿈을 좇으며 살아갈 힘을 충분히 얻는 경우가 상당히 많다.

안타깝게도 자신의 꿈을 추구하며 살아가지 않는 사람들이 너무나 많다. 부유하고 지혜로웠던 솔로몬 왕은 "비전이 없으면 백성들은 죽는다."라고 썼다. 사람이 더 나은 미래에 대한 꿈을 꾸지 못하면, 인생의 고난과 역경을 견뎌 내리라는 기대도, 심지어는 견뎌 내고자 하는 욕망도 잃게 됨을 그는 잘 알고 있었다. 많은 이들이 자기가 바라는 이상적인 삶의 모습을 그려보지만, 꿈이란 한낱 꿈에 불과할 따름이라고 스스로에게 말한다. 사실이 그럴까? 아니다, 시간을 내서 재정적 미래상을 묘사한 성명서를 작성한 다음, 실천 계획을 세우고 그 계획을 실행에 옮기면, 대부분이 자신의 꿈을 실현하여 더 나은 삶을 영위할 수 있다.

대출금을 갚느라고 매월 100만 원 이상을 내서, 18개월 후 부채 청산의 목표를 달성한다고 가정해보라. 이때 목표는 부채에서 벗어나는 것이지만, '비전'은 그 범위가 훨씬 크다. 우리는 살면서, 목표가 달성된 후 어떤 삶이 펼쳐질지를 상상하며 미래상을 그린다. 어깨를 짓누르던 부채의 짐을 덜었으니 기뻐해도 되고, 기뻐해야 마땅하지만, 저축한 돈을 어떻게 투자할까 하는 구상이야말로 진정 우리를 살아가게 하는 힘이 된다. 재정적 목표와 재정적인 미래상, 즉, '비전'의 차이를 알겠는가? 목표가 보폭을 잴 수 있는 한 걸음이라면, 미래상은 목표를 달성한 후 누리게 될 미래를 상상한 그림이다.

자, 이제 각자의 재정적 비전을 성명서로 작성해보라. 자신의 삶에서 진정 원하는 것이 무엇인지 떠올려보라. 그러고 나서 다음 5단계를 차근차근 밟아나가면서 부자가 되는 길로 이끌어 줄 재정적 비전을 성명서로 작성해보라.

이상적인 삶을 머릿속에 그려보라

시간을 내서 자신이 바라는 삶의 모습을 언어로 묘사해보라. 종이 한 장을 들고 조용한 공간에 자리를 잡아라. 자신이 바라는 이상적인 하루의 일과를 적어보라. 아침마다 뭘 할까? 체육관에서 땀을 흘리며 하루를 시작할까? 아니면 내가 좋아하는 작은 바에서 느긋하게 커피를 마실까? 이상적인 하루라고 했으니 좋아하는 오솔길을 따라 걷거나 호수에서 카약을 타고 노를 저으면 어떨까? 오후에는 뭘 할까? 그럼 저녁에는? 환상적인 휴가를 어떻게 보낼지에 대한 얘기가 아니다. 이상적인 삶의 하루하루가 어땠으면 하는지 생각해보라는 얘기다. 이국적이며 모험으로 가득 찬 곳으로의 여행을 적을 수도 있지만, 그보다 집에 머물면서 누리는 이상적인 삶이란 어떤 모습일지 생각해보라. 어디서 살고 있을까? 동네는 변함이 없더라도 지금과 다른 집에서 살고 있지 않을까? 아니면 완전히 새로운 동네나 새로운 지역으로 이사하겠다고 결심할 수도 있다. 자신이 살고 싶은 이상적인 삶을 그리면서, 꿈이 터무니없이 크다고 걱정하지 마라. 현실적으로 생각하되, 스스로에게 한계를 두지 말라. 지금 그려보는 비전이 앞으로 세울 재정적 목표와 앞으로 사용할 투자 전략의 토대가 될 것이다. 시간을 내서 자신이 바라는 이상적인 삶 속의 일반적인 하루를 상상하며 머릿속에 그림을 그려보라.

이 같은 마음속의 여정을 시작하기 위한 지침으로서, 아래의 "비전을 심는" 질문에 대답해보라.

— 살면서 정말로 성취하고 싶은 일은 무엇인가? 내 삶의 목적은 무엇인가?

- 정신적으로 내가 원하는 것은 무엇인가?
- 나는 어떤 사람이 되고 싶은가?
- 어디서 살고 싶은가? 내 삶을 누구와 함께 하고 싶은가? 어떤 생활방식을 원하는가?
- 내가 늘 꿈꿔왔던 일은 무엇인가? 살면서 성취하고 싶은 큰일에는 어떤 것들이 있는가?
- 내 가족과 나 자신에게 즐거움을 줄 어떤 '장난감'을 갖고 싶은가?
- 돈을 얼마나 갖고 싶은가? 얼마나 벌고 싶은가?

자, 이제 각각의 질문과 그것을 위해 취해야 할 행동–조치마다 때와 장소를 기재해두라. 이런 과정을 시작해보면, 순식간에 경이로운 결과를 보게 될 것이다. 앞으로 내 삶이 어떻게 펼쳐질지 볼 수 있도록, 지금 당장 시작하라. (보기 4–1 '내 재정의 미래 성명서'는 www.trumpuniversity.com/wealthbuilding101에서 내려 받을 수 있다.)

보기 4–1 내 재정의 미래 성명서

살면서 정말로 성취하고 싶은 일은 무엇인가? 내 삶의 목적은 무엇인가?

정신적으로 내가 원하는 것은 무엇인가?

나는 어떤 사람이 되고 싶은가?

어디서 살고 싶은가? 내 삶을 누구와 함께 하고 싶은가? 어떤 생활방식을 원하는가?

내가 늘 꿈꿔왔던 일은 무엇인가? 살면서 성취하고 싶은 큰일들에는 어떤 것이 있는가?

내 가족과 나 자신에게 즐거움을 줄 어떤 '장난감'을 갖고 싶은가?

돈을 얼마나 갖고 싶은가? 얼마나 벌고 싶은가?

참고 www.trumpuniversity.com/wealthbuilding101에서 이 표를 내려 받아 개인 용도로 사용할 수 있다.

성명서 작성이 끝나면 여러분은 빚더미에서 해방되어 자신의 시간과 에너지를 확실히 장악할 수 있을 때 느껴지는 기분을 맛볼 수 있을 것이다. 기쁨으로 날아갈 듯하고 흥분으로 가슴이 벅차오르는 느낌말이다. 그런 기분을 고스란히 느껴보라. 우리 인간은 어떤 경험을 떠올릴 때 연상되는 기분에 의해 하고자 하는 의욕이 샘솟는다. 내 삶에 지대한 영향을 미치는 결정들을 내가 직접 한다는 데서 오는 진정한 자유의 기분을 만끽하라.

예를 들어볼까. 지금 현재 전혀 달갑지 않은 액수의 빚을 지고 있다고 해보자. 살면서 하고 싶은 일들이 분명 따로 있을 텐데도, 빚 때문에 불만족스러운 직장을 그만 두지 못하고 못살게 구는 상사와도 계속 일을 해야 할 판이다. 때때로 빚이 자신을 짓누르는 무거운 짐처럼 느껴진다. 이렇게 빚더미에 눌린 삶에서 완전히 해방된다면 어떤 느낌이 들까? 가기 싫은 직장에 억지로 가지 않아도 된다면, 보기 싫은 상사를 다시는 보지 않아도 된다면 어떨까? 어떤 기분이 들까? 활짝 미소를 지을까? 이런 상상으로 자신이 바라는 이상적인 삶이 주는 기쁨을 충분히 만끽하면서, 자신이 원하는 방향으로 삶을 계속 이끌어 가기 위한 정신적, 정서적 동기를 얻게 된다.

반드시 시간을 내서 위 질문들에 대해 답을 적어보라. 성명서를 잘 보이는 곳에 두고 자주 들여다보라. 성명서를 보고 자신이 원하는 바가 무엇인지 떠올림으로써 강렬한 의욕이 샘솟는다는 사실에 경이로움을 느낄 것이다. '비전' 을 형성하는 이 단계에서는 원하는 만큼 자세하게 적어보라. 이 단계를 마치고 나면 이상적인 삶에 대한 성명서가 좀 더 명확해질 테니, 지금 당장은 그 명확성에 대해 걱정할 필요가 없다. 그 부분은 다음 단락에서 좀 더 자세히 살펴볼 것이다.

명확한 비전의 수립은 부자가 되기 위한 첫걸음이다. 정기적인 '비전 만들기' 는 누구나 익숙해질 수 있는 굉장히 효과적인 습관이다. 내가

'고급 부동산 투자 훈련소' 라는 이름으로 주최한 코스를 수료한 졸업생들 중 상당수가 정기적으로 시간을 따로 내어 차분히 앉아서 각자의 재정 목표를 달성했을 때 삶의 모습이 어떨지를 상상한다. 그들은 가고 싶은 곳, 갖고 싶은 꿈의 집이나 자동차 등을 종이에 적어 욕실 거울에 붙여둔다. 그게 눈에 보일 때마다 목표를 떠올리면서, 자신이 바라는 더 나은 삶에 항상 마음을 집중한다.

삶의 꿈과 목표를 실현하면서 성공적으로 살아온 사람들은 보통 그들이 원하는 삶의 모습을 상상함으로써 스스로 의욕을 불러일으킨다. 시간을 내서 '비전 만들기' 습관을 키워라. 그러면 애초에 자신이 왜 변화하려고 했는지를 한시도 잊지 않게 될 것이다.

실제로 종이에 적어보라

자, 이제 자신이 머릿속에 그린 미래의 모습을 한두 문장의 말로 표현해보자. 그것을 글로 적어보라. 앞서 연습해본 '비전 만들기' 의 골자를 담은 '내 재정의 미래 성명서' 가 필요한 것이다. 성명서가 간단명료하다면 개인의 재정적 자유를 추구하면서 일종의 주문처럼 사용해도 좋다. 목표 달성을 위해 전심전력할 수 있도록 입버릇처럼 자주 되뇌어 보라.

예를 들어 과중한 업무 때문에 정신없이 일하느라 가족과 함께 원하는 만큼 시간을 보내지 못한다고 가정하자. 이상적인 삶을 머릿속에 그리다보니 재정적 자유를 추구하며 개인 투자자로 재택근무를 해야겠다는 생각이 든다. 지금보다 더 좋은 동네에 새로 장만한 집에서 뒷마당이 내다보이는 큰 창문이 있는 방을 사무실 삼아 일하는 모습을 그려본다. 매일 아침 자가용으로 아이들을 학교에 데려다 주고, 아이들의 축구 경기나 발표회를 보러 가고, 주말이면 가족과 함께 등산을 하는 모습을 떠올린다. 이것이 자신이 꿈꾸는 이상적인 삶의 모습이다. 원하는 삶을 살기 위해 필요한 재정적 자유를 얻는 데 전심전력할 수 있도록 원대한 미래상을 성명서에 어떻게 요약할 수 있을까? 이렇게 써보면 어떨까.

"남편과 아이들과 알찬 시간을 보낼 수 있게 나는 재정적으로 자유로워질 것이다. 가족들과 좀 더 친밀하게 지낼 수 있게 깨어 있는 동안 가족들과 최고로 알차게 시간을 보낼 수 있으면 좋겠다."

맨 첫 단계에서 여러분은 이상적인 삶의 모습을 머릿속에 그렸다. 이제는 재정적인 목표를 추구할 때 방향을 지시하는 나침반 역할을 할 구체적인 사항을 적고 있는 것이다. 이 단계에서는 세밀히 적든, 간단히 적든 하고 싶은 대로 하면 된다. 단, 부자가 되기 위한 노력에 목적의식이 있도록 하면 된다.

가장 먼저 해야 할 일들을 되뇌라

이전 연습단계에서 자신이 생각하는 이상적인 하루의 일과를 꼼꼼히 살펴보며, 여러분은 참된 우선순위가 무엇인지를 깨닫기 시작했을 것이다. 가장 먼저 해야 할 일들이란 우리가 삶에서 가치를 두는 일이고, 우리가 원하는 삶의 비전과 밀접하게 관련이 있는 일이다. 여태까지 살아오면서 여러분은 참된 우선순위를 깨닫지 못했을 수도 있다.

참된 우선순위, 즉, 가장 먼저 해야 할 일들을 규정하지 않았다면, 종이 한 장과 펜 한 자루를 준비해 내 삶에서 가장 중요한 것이 무엇인지 목록을 적어보라. 그렇다고 아무것도 없는 상태에서 시작할 필요는 없다. 여러분이 여기까지 오면서 내가 했던 말을 진지하게 받아들였다면, 그래서 더 나은 삶에 대한 미래상을 글로 적고 이를 요약해 '내 재정의 미래 성명서'를 작성했다면, 이미 모든 작업을 끝마친 셈이다. 자, 적은 것을 다시 살펴보라. 그리고 그 재정적 비전에서 자신의 삶에 가장 중요한 요소들을 찾아내라. 딱히 어떤 순서대로 적으려고 애쓰지 마라. 그럴 필요는 전혀 없다. 무엇이 중요한지 찾아내는 것이 관건이다.

그런 다음 우선순위를 최종결정하기 전까지 수시로 볼 수 있는 곳에다 그 리스트를 붙여 두어라. 참된 우선순위를 자꾸 되뇌어보는 것은 동기를 잃지 않는 데 큰 힘이 된다. 매주 자신을 성찰하고 마음을 다잡는 시간을 따로 마련하라. 그러면 자신이 원하는 방향으로 계속 나아갈 수 있다. 성공한 사람들은 이 리스트를 언제든 볼 수 있게 가까이 두고, 가장 먼저 해야 할 일들을 수시로 되뇐다.

이처럼 우선순위에 주의를 기울여 수시로 되뇌도록 하라.

자기 자신을 믿어라

부자가 되기 위해 익혀야 할 가장 중요한 습관 중 하나는 자기 자신을 믿는 능력, 그리고 자신의 비전을 믿는 능력이다. 믿음은 행동의 전제조건이다. 사람들이 긍정적인 변화를 일으키기 위해 행동을 취하는 것은 자신의 행동이 좋은 결과를 낳으리라는 믿음이 있기 때문이다.

성공한 사람들은 자기 자신을 믿고 자신이 그리는 비전을 믿는다. 도널드 트럼프는 상류층만을 위한 최고급 부동산을 개발함으로써 커다란 부를 축적할 수 있다고 믿었다. 버크셔 헤더웨이(Berkshire Hathaway)의 창립자 워런 버핏은 500달러로 큰 부자가 될 수 있다고 믿었고, 실제로 그렇게 됐다. (현재 그의 자산은 4백억 달러가 넘는다.) 부자의 길로 나아가는 한걸음 한걸음을 떼면서, 자기 자신을 믿어야 한다. 내가 하고 있는 일은 훌륭한 일임을 믿어라. 자기 자신을 위해서 그리고 다른 사람들을 위해서 더 나은 미래를 만들 수 있음을 믿어라. 자신의 재정적 비전이 추구할 가치가 있음을 믿고, 그것이 얼마든지 가능함을 믿어라.

주변에 응원군을 두어라

성공을 거두는 사람들은 또한 자신들의 비전을 추구해나가는 동안, 자기를 격려해줄 지지 세력을 주변에 두는 것이 성공의 중요한 요소임을 잘 안다. 알기 쉽게 설명해 보겠다.

주변 동료들은 우리에게 상당히 큰 영향을 미친다. 성공과는 거리가 먼 사람들의 충고를 너무 진지하게 받아들이는 실수를 저지르는 바람에 더 나은 삶을 향해 첫발을 내딛기도 전에 딴 길로 빠지는 사람도 많다.

우리가 가끔 자신의 삶에 일생일대의 큰 변화를 추구할 때, 그렇게 되기까지의 심경의 변화를 전혀 이해해주지 않는다든지, 애써 해보려는 긍정적인 변화를 밀어주지 않는 사람들이 주변에 꼭 있게 마련이다. 어째서 그런 걸 지지하지 않고 비판하는 사람들이 있는 걸까? 참으로 대답하기 어려운 질문이지만, 잠시 살펴볼 가치가 있다.

어떤 사람은 자신이 처한 환경이 불행하다는 사실을 시인하고 싶지 않아서 삶의 변화를 꾀하는 사람을 본능적으로 비난한다. 변화하려는 사람들의 열정과 가치 있는 일을 추구하기 위해 필요한 용기를 마음속 깊이 부러워하면서도, 그런 사실을 인정하지 못하거나 인정하려 들지 않으려는 것인지 모른다.

사람들이 다른 사람을 지지하지 않는 또 다른 이유는 *질투심* 때문이다. 질투심은 '푸른 눈의 괴물' 이라고도 불린다. 왜냐하면 질투는 그것과 사악한 쌍둥이 형제 격인 시기猜忌와 함께 인간관계를 흉측하게 일그러트리기 때문이다. *시기*란 질투가 한 걸음 더 나아간 것으로, 질투의 가장 극단적으로 불건전한 모습이다. 질투라는 것은, 옆의 사람이 이미 가지고 있는 것을 나도 갖고 싶다는 뜻이다. 하지만 시기라는 것은, 그걸 갖고 싶을 뿐 아니라, 내가 갖지 못했으니 내 옆의 사람도 못 가지면 좋겠노라고 바라는 것이다.

많은 사람들이 이 두 가지 감정 때문에 삶에서 더 많은 것을 얻으려고 노력하는 사람들을 지지하지 않는다. 우리는 높은 수준의 성공을 꿈꿀 때, 우리 자신의 생각과 행동을 의식해야 할뿐만 아니라 주변의 사람들도 의식해야 한다.

여러분의 기대치가 비현실적이라는 이유로 주변 사람들이 지지하지 않는다는 사실을 깨달았다고 해서 놀라지 마라. 여러분 개인의 성장과 진보에 대해 다른 사람들이 여러분과 똑같이 강렬한 열정을 가지리라고 기대할 수는 없는 노릇이다. 나의 비전을 추구하고자 하는 욕망의 강렬함을 이해하는 사람은 오로지 나 자신뿐이다. 해결 방법은 다음과 같다.

—— 목표를 향해 나아가는 데 필요한 격려와 감동을 줄 수 있는 소수의 응원군을, 또는 소수의 신뢰할 만한 사람을 의도적으로 구하는 것이다. 그래서 나는 내 홈페이지에 온라인 동호회를 만들었다. 토론방의 문은 누구에게나 열려있다. 이곳에 와서 보면 취지가 같은 회원들이 각자 재정적으로 탁월한 성과를 추구하여 성취하면서 서로를 지지하고 응원한다. 삶에서 중대한 변화를 꾀할 때 신뢰할 만하고 자신을 지지하는 사람들을 주변에 두는 것은 아주 중요하다. 긍정적인 사람들은 우리가 우리 자신을 믿고 긍정적인 행동을 취하도록 격려하고 응원한다.

비전을 확실히 파악하는 것은 재정적으로 자유로워지기 위해 밟아야 할 마음 설레는 단계다. 다음 챕터에서 우리는 우리의 비전을 달성하는 데 도움이 될 재정적 습관들을 살펴볼 것이다. johnburley.com/trump를 방문해보면 좀 더 자세한 정보를 얻을 수 있다.

JOHN R. BURLEY

계산하라,
재정적 자유를 얻기 위해 뭐가 필요한지

존 R. 벌리

05

우리는 성공할 수 있을까? 그것은 재무에 관한 우리의 습관에 달려있다. 부정적 습관을 가진 사람은 부정적 결과를 얻는 반면, 긍정적 습관을 가진 사람은 긍정적 결과를 성취한다. 이 점은 누구나 알고 있는 사실일 텐데도 아주 부정적인 습관이 몸에 밴 사람들이, 심지어는 자멸적인 습관이 몸에 밴 사람들이, 왜 만사가 잘 안 풀리느냐며 고개를 갸우뚱한다. 그걸 보면 정말 놀라울 따름이다.

우리는 이 챕터에서 부자가 되기 위해 반드시 키워야 할 건전한 재정 습관에 초점을 맞출 것이다. 빚 청산, 성공적인 투자, 자선단체 기부 등을 살펴볼 것이다. 이런 습관들이 몸에 배지 않으면, 재정적인 큰 꿈은 좌절되고 말 것이다.

우선 습관의 본질을 이해하도록 하자. 간단히 말해, 습관이란 우리가 규칙적으로 하는 행동을 뜻하며 특정 상황에 대한 반응을 결정하는 일관된 행동이다. 놀랍게도 새로운 습관을 키우는 일은 전혀 어렵지 않다. 인간행동을 연구하는 전문가들은 사람이 21일에서 28일 동안 매일 규칙적으로 무언가를 하면, 그것이 습관이 된다고 한다. 3주에서 4주간 매일 아침 운동을 하면, 그 사람에겐 아침 운동이 습관이 된다는 얘기. 나쁜 습관을 버리기로 결심하고 그 생각을 충실히 이행하면, 제아무리 해로운 습관이라도 뿌리 뽑을 가능성은 상당히 높다. 그러므로 할 수 있다는 자신감을 가져라.

나는 여러분이 재정적으로 번영하기 위해 필요한 효과적인 습관을 키우도록 도움을 주고 싶다. 인생의 모든 면이 그렇듯, 재정적 성장 역시 자신의 현 위치를 정확히 파악하는 것에서부터 시작해야 하기 때문에, 무엇보다 먼저 정직하게 평가부터 할 필요가 있다. 나는 단기 여행을 계획할 때, 종종 인터넷지도 사이트인 mapquest.com을 이용한다. 사이트에서 내 현 위치를 입력한 다음 목적지를 설정하면, 맵퀘스트가 최적의 이동경로를 계산해 준다. 우리는 이 챕터에서 지금 우리의 재정 상황을 -현 위치를- 입력하여 재정의 맵퀘스트를 검색하고, 그러고 나서 목적지에 도착하기 위해 필요한 조치들을 취할 것이다.

이 과정에서 첫 번째 할 일은 자신이 진정 원하는 삶에 가격표를 붙이는 것이다. 현실을 체크해볼 때가 된 거다. 자신이 현재 재정적으로 어떤 상황인지 면밀히 그리고 솔직하게 들여다보기 바란다. 종이와 펜을 준비해서 자리를 잡고 앉아라. 그리고 스스로에게 물어보자.

내가 재정적 자유를 얻으려면 무엇이 필요한가?

이 질문을 먼저 설명하겠다. 이상적인 삶에는 정해진 가격표가 따라온다. 자본주의 사회에서 자유를 얻으려면 돈이 든다. 하고 싶은 일을 하면서 살려면, 어느 정도의 돈이나 지속적인 수입이 있어야만 재정적으로 자신과 가족이 바라는 삶을 살기 위해 비용을 지불할 수 있다. 여기서부터 모든 게 시작된다. 자신이 재정적으로 현재 어떤 상황인지를 아주 명확하고 솔직하게 파악해야만, 자신이 열정적으로 하고자 하는 일을 하면서 삶을 즐기기 위해 얼마만큼의 돈이 필요할지 계산할 수 있다.

월간 지출부터 살펴보자. 그런 다음 수입을 계산하고, 재정적 자유를 얻기 위해 지불해야 하는 돈이 얼마인지 판단하라. 충분히 시간을 갖고 계산해보라. 이 수치를 계산할 때는 자신이 부양하는 사람들까지 모두 고려해야 한다. 보기 5-1에는 개인의 재정 소득을 계산할 때 고려해야 할 지출 목록의 일부가 포함돼 있다.

이 표는 www.trumpuniversity.com/wealthbuilding101에서 내려 받을 수 있다.

보기 5-1 **개인 월별 재무제표**

고정지출	
소득세	______
주택담보대출 할부금	______
자동차 할부금	______
신용대출 (개인대출) 할부금	______
신용카드 최소지불액	______
재산세	______
보험료	______
노후연금	______

자동이체 투자 납부금 ____________________

기타 부채 상환금 ____________________

잡비 ____________________

고정지출 합계 ____________________

유동지출

식비 ____________________

교통비 ____________________

의류/퍼스널 케어 ____________________

오락/휴가 ____________________

의료비 (치과 포함) ____________________

광열비 ____________________

자선단체 기부금 ____________________

잡비 ____________________

유동지출 합계 ____________________

지출 총계 ____________________

한 달 지출의 총계를 냈으니, 다음은 현재의 월간 소득을 살펴보라.

소득

월급/임금 총액 ____________________

이자/배당금 수입 ____________

커미션 수입 ____________

임대 수입 ____________

기타 수입 ____________

소득 합계 ____________

모든 비용을 충당하려면 월 소득이 얼마가 되어야 하는가? 숫자로 적어보라.

필요한 월 소득

원하는 삶을 살려면 1년에 얼마가 필요할지도 계산해보라. 필요한 월 소득에 12를 곱하면 될 것이다.

필요한 연간 소득

자, 이제 이 연간 소득액에다 10을 곱하면 (필요한 연간 투자수익률을 10%로 보는 경우), 필요한 자본의 규모가 구해진다. 이때 목표는 원금에 손대지 않고 투자 소득으로 사는 것이다.

소요 투자자본 총액

이 마지막 숫자가 실현 불가능할 정도로 까마득하게 보일지도 모르겠으나, 재정적으로 현 위치를 명확하게 그리고 솔직하게 파악해야만 목적지에 도달할 수 있다는 사실을 명심해야 한다. 보다시피 이 마지막 숫자는 한꺼번에 자본금으로 충당될 수도 있다. 또는 다른 수입원이 생겨 상쇄(감소)될 수도 있고, 아니면 지출이 (특히 부채가) 줄어들어 상쇄(감소)될 수도 있다. 대부분의 경우, 이 초기 소요자본의 규모는 수입과 지출의 흐름을 좀 더 효과적으로 관리함으로써 줄어들 것이다.

부 채 관 리

이제 확실한 수치를 몇 가지 결정되었으니, 이제 여러분의 그 숫자들을 늘려 줄 첫 번째 재정 습관을 알아보자. 바로 부채 관리다. 구체적인 부채 관리 전략들은 다음 챕터에서 다루기로 하고, 여기서는 우리가 어떤 식으로 –심지어 종종 자기도 모르는 사이에– 빚더미에 앉게 되는지, 여러 사례들을 통해 살펴보겠다. 자신이 처한 지금의 상황을 파악하고 그런 상황에 이르기 된 경위를 깨닫는 것이야말로, 새로운 방향으로 나아가는 첫걸음이 아니겠는가.

여러 해 전, 나는 어쩌다 빚더미에 앉아 끝도 없는 터널 속에 갇힌 심정으로 살았다. 사실 나는 평생 빚에서 벗어나지 못할 줄 알았다. 신용 카드로 2만 달러 이상을 대출했고, 자동차 대금은 1천 달러가 넘었으며, 주택담보대출은 21만 5천 달러를 넘어서고 있었다. 돈은 꽤 벌었지만, 캄캄한 터널에서 빠져나오리라고는 생각도 못했다. 신용카드 대금을 갚자마자, 또 다른 지출이 생기곤 했다. 암담한 현실에 의욕을 잃고 좌절감에 빠졌다. 빚을 모조리 갚을 방법이라고는 복권에 당첨되든지 아니면 유산을 상속받는 길뿐이었다. 하지만 나는 돈 많은 친척이 단 한 명도 없었다. 이런 얘기를 여러분과 나누는 것은, 내가 무일푼으로 시작해 자수성가한 사람이기 때문은 아니다. 나는 중산층 가정에서 태어나 자랐고, 게다가 항상 평균 이상의 수입을 벌어들이면서도 빚에 허덕이는 일이 자주 있었다. 나 역시 빚더미에 깔려 허우적거리던 때가 있었기에 빚 때문에 고달픈 사람들의 심정을 누구보다 잘 안다. 그들의 일이 남 일처럼 여겨지지 않는다는 것을 알아줬으면 한다. 세 번째 단계인 "지금 당장 행동하라"에서 나는 빚에서 벗어나는 방법을 제대로 보여줄 작정이다. 그래, 영원히 벗어나는 방법 말이다.

굳이 자신의 재정 상태를 검토해보지 않아도, 자신이 이와 비슷한 상황에 처해있음을 깨달을 수 있는 사람도 많다. 그런 이들은 다달이 지출이 늘어나기만 하고, 그로 인해 압박과 스트레스가 더해만 가는 현실에 괴로워한다.

여러분의 삶이 그렇게 될 필요는 없다. 지금 당장 그런 나쁜 습관을 뿌리 뽑을 수 있다. 나는 그렇게 했다.

나는 어느 날 아내 셰리와 함께 우리가 진 빚을 체계적으로 갚아나갈 계획을 세웠다. 빚에서 완전히 자유로워지는 데 4년이 좀 넘게 걸렸다. (투자로 받은 '빚'이 남아 있긴 하지만, 그것은 우리가 의도한 것이었다.) 더 이상 누군가에게 갚아야 할 빚 없이, 청구서 때문에 걱정할 필요 없이, 잠자리에 드는 기분이 어떤지 아는가? 말로는 이루 다 설명할 수가 없다. 우리의 월 지출 내역이라곤 이제 공과금, 식비, 보험료, 그리고 유흥비뿐이다. (우리는 흥을 찾는 일을 상당히 중요하게 여긴다.) 수입 중 남은 액수는 맘대로 써도 되는 우리 돈이다.

빚의 굴레에서 벗어나 자유롭다는 느낌은, 정말이지, 유쾌하기 짝이 없다. 이제 우리 부부는 여기저기 내야 할 할부금 때문에 노심초사하는 일 없이 우리가 원하는 것을, 우리가 원할 때, 현금으로 구입하는 자유를 누리고 있다.

안타깝게도 많은 사람들이 재정적으로 절망의 늪에 빠져 허우적거리고 있다. 빚의 노예로, 그들의 삶을 조종하는 광고주와 은행의 노예로 살아가는 것이다. 광고주의 농간에 길들여진 우리는 탐욕스런 소비자가 되어 "카드를 긁어라", "지금 당장 사라!", "지금 당장 하라!" 등의 좌우명에다 목숨을 건다. 신형 플라즈마 텔레비전, 신형 스테레오, 전보다 더 커진 신형 자동차, 신형 보트, 멋진 휴가, 새 집 등등. 나열하자면 한도 끝도 없다. 소비하라! 돈을 써라! 원하라!

은행이라고 조금도 나을 바 없다. 은행은 우리가 어렵사리 번 돈을 우리에게서 가능한 한 많이 떼어 가려고 한다. 고객이 죽는 날까지 조금씩 붓는 할부금에 가능한 한 수수료를 많이 포함시켜 돈을 떼어 가고, 그런 다음엔 가능하다면 상속인에게서도 돈을 긁어간다. 은행은 고객이 은행에 빚을 지고 영원히 은행의 노예로 살기를 바란다. 과연 어떻게 그것이 가능할까? 은행은 신용카드라는 작은 플라스틱을 이용한다. 신용 카드 대부분이 마찬가지인데, 사용자가 할부 결제로 매달 최소지불액만 지불할 경우, 일시불(또는 현금)로 지불할 때보다 거의 4배 이상을 지불하게 된다. 신용카드란 원래 그렇게 고안된 것이니까.

내 말을 오해하지 말기 바란다. 나 역시 좋은 물건을 사서 소유하는 것을 좋아한다. 하지만 한 가지 다른 점이라면, 나는 현금으로 지불한다는 것이다. 그렇다고 실제 현찰을 가지고 돌아다닌다는 뜻이 아니다. 매달 말일에 결제되는 아메리칸 익스프레스 카드를 한 장 쓴다는 얘기다. 내 상황에 맞는 효과적인 방법이다. 나는 할부 결제 제도를 이용하지 않고, 내 수입을 초과하는 지출은 하지 않는다. 백만장자들 중 압도적인 다수가 나와 같은 원칙을 고수한다. 나는 푼돈에 쩔쩔매는 지독한 구두쇠가 아니며, 여러분에게 생활수준을 낮추라고 얘기하는 것도 아니다. 오히려 그와는 정반대로, 여러분이 재정적으로 건전하고 실속 있는 결정을 내려 실질적으로 생활수준을 높이기를 바란다. 그렇게 되면 여러분은 영원히 빚을 지는 게 아니라 모든 걸 현금으로 지불함으로써 갖고 싶은 멋진 물건들을 소유할 수 있을 것이다.

이런 변화는 어떻게 가능할까?

예를 들어, 2,500달러짜리 거실 가구 세트를, 이자율 21퍼센트에다 (신용 카드 사용 시 보통 가구점에서 부과하는 이자율) 월 최소지불액 44.44달러의 조건으로 새로 구입한다고 가정해보자. 매달 44.44달러씩을 부으면, 구입한 거실 가구 세트 가격을 모두 치르는 데 20년이 걸린다. 할부 기간이 끝날 즈음 은행에 갖다 바친 금액은 2,500달러가 아닌 10,665달러가 될 것이다. 매달 조금씩, 소리 없이 몰래 빠져나간 액수 때문이다.

이제 자동차 산업을 예로 들어보자. 25세 여성이 월 400달러씩 지불하기로 하고 새 차를 임대한다고 하자. 2년마다 계약을 갱신하면 새 차로 교체해주기 때문에 늘 신형 자동차를 몰 수 있다는 영업사원의 얘기에 고객은 귀가 솔깃해진다. 임대계약으로 2년 또는 3년마다 새 자동차로 바꿔 탈 경우, 향후 40년 동안 도대체 얼마를 지불하는 셈일까? 감이 잡히는가? 절대로 내 것이 되지도 못할 자동차 여러 대에 무려 417,867달러를 지불하게 된다. 내 말을 믿지 못하겠는가? 그럼 계산을 해보자. 자동차의 경우 물가상승지표 비율을 매년 3.5퍼센트로 적용하니까, 40년 동안 매달 400달러를 지불하면, 총액은 417,867달러가 된다. 호화판 고급 세단이나 스포츠카를 임대하고 싶은가? 이 경우는 월 1,000달러에 임대계약을 하게 될 테고, 결국 여러분의 호주머니에서는 백만 달러 이상이 흘러나가게 될 것이다!

자동차 월부금으로 조금씩 붓는 돈이 40만 달러 이상이나 되다니! 상상이 가는가? 처음엔 값싼 이자율이나 좋은 임대조건을 '제공'하며 그럴듯한 조건을 내 걸지만, 이런 회사들은 결국 고객이 각자의 생활방식을 선택할 자유를 제공하는 것이 아니라 영원한 속박으로 가는 편도 승차권을 제공하는 것이다. 고객은 회사에서 철저한 교육을 받은 영업사원들의 꾐에 빠져

얼굴에 고맙다는 미소까지 띤 채 빚의 구렁텅이로 빠져들면서, 영업사원에게 태워줘서 고맙다는 인사까지 건넨다.

'내 집 마련'은 많은 이들에게 가장 큰 부담이다. 은행은 일반 가정이 약 7년에 한 번씩 이사를 한다는 사실을 알면서, 30년 만기 주택자금 대출을 홍보한다. 대출 초기 몇 년 동안 매달 지불하는 돈은 대부분이 원금이 아닌 이자를 갚는 데 쓰인다. 대출 상환 기간이 길수록, 대출 초기 몇 년 동안 할부 상환 계획은 채권자인 은행에게 더 유리해지고, 채무자인 고객에겐 더 불리해진다. 예를 들어 30년 만기 대출을 7년간 상환해봤자, 대부분의 경우 원금의 7퍼센트도 채 갚지 못한다. 하지만 이때가 되면 새 집을 얻거나 저금리 대출로 갈아타기를 해서, 전과 동일한 과정을 처음부터 다시 시작하게 된다. 은행이 품고 있던 계획대로라면 말이다.

집을 소유한 사람의 상당수는 자기 집을 팔면서, 전보다 더 많은 대출을 받아 더 큰 집을 삼으로써 더 깊은 늪에 빠진다. 그리고는 '조금씩 분할해서 갚는' 마음가짐을 처음부터 다시 시작한다. 내 충고는 이렇다. 대출 상환 만기를 줄임으로써 상환 계획을 자신에게 유리하게 만들어, 월 할부금 중 더 많은 액수가 원금 상환에 쓰이도록 하라는 것이다. 30년 만기 대신 15년 만기로 대출을 받으면, 첫 해 이자를 적게 낸다. (이자는 7,953달러 대신 7,870달러). 물론 월 할부금은 좀 더 많아지겠지만 (955.65달러 대 771.82달러, 매달 183.83달러가 더 나감), 보통 가정에서 이 정도 부담은 그리 버겁지 않다. 여러분은 믿기지 않는 소리라고 하겠지만, 3년에서 7년 정도면 주택융자금을 비롯해 각종 부채를 모조리 다 갚을 수 있다. 은행들이 이런 정보를 제공하리라고 기대하지 마라.

이 시점에서 여러분이 낙담할지도 모르겠으나, 걱정할 필요는 없다. 이미 '내 재정의 미래 성명서'도 작성했고, 정확한 실태 조사 끝에 우선 필요한 수치들도 파악했다. 과거에 집착하지 마라. 이제부터 우리는 여러분이 잘 하고 있는 일은 더 잘하고, 잘못한 일은 바로잡도록 하기 위해 함께 노력할 것이다. 여러분에겐 각자의 비전이 있다. 그 비전에 초점을 맞추라. 그러면 우리가 끊임없이 앞을 향해 나아갈 것이다. johnburley.com/trump를 방문하면 더 많은 정보를 얻을 수 있을 것이다.

JOHN R. BURLEY

나의 "파이낸셜 드림 팀"을 구성하라

존 R. 벌리

06

반석처럼 튼튼한 부를 축적하고 싶다면, 여러분의 결정에 도움을 줄 신뢰할 만한 전문가들이 필요하다. 나는 열성적으로 정보를 찾아 읽고 세미나와 워크숍에 참석하여, 재정 문제를 결정할 때 참고할 만한 현실적인 지식 기반을 폭넓게 갖추었다. 그러나 그렇다고 해서 모든 것을 알 수는 없는 노릇. 내가 사업을 시작하면서 한 일 중에 정말 잘했다고 생각하는 것은 자문을 구할 수 있도록 신뢰할 만한 재정전문가들로 구성된 고문단을 곁에 둔 점이다. 이 장에서는 여러분의 '드림 팀'을 구성할 때 염두에 두어야 할 사항들이 무엇인지 소개하겠다.

우선 재무상담사(financial advisor)에 대해 알아보고, 그런 다음 여러분에게 필요한 것이 무엇인지 결정하는 방법에 대해 살펴보자. 많은 사람들이 스스로를 재정설계사나 재무상담사라고 소개한다. (참고로 미국의 경우 이들은 반드시 면허나 교육을 받아야 하는 것은 아니다). 그러나 안타깝게도 그들은 설계사나 상담사가 아니다. 그들은 기실 영업사원에 불과하다. 하지만 그들을 어떻게 구별할 수 있을까? 지금부터 설명해보겠다.

재정설계사라고 꼭 이름값을 하는 건 아니다

나는 오랫동안 재정설계사로 일하면서 금융상품을 위탁 판매했다. 내가 일했던 모든 영업소에는 게시판이 하나 씩 걸려 있었는데, 거기에는 영업사원의 이름과 그가 기록한 월간 판매실적 및 수익이 적혀 있었다.

내가 왜 이런 얘기를 하는 걸까? 게시판을 자세히 보면서 알게 된 사실들을 여러분에게 명확히 알려주기 위해서이다. 위탁 판매의 경우, 영업팀의 5퍼센트는 실적이 아주 뛰어나고, 15퍼센트는 꽤 우수하다. (상위 20퍼센트가 판매 커미션의 80퍼센트를 벌어들인다.) 그리고 나머지 80퍼센트의 영업사원은 판매 실적이 저조하다.(이들 80퍼센트가 커미션 중 나머지 20퍼센트를 기록한다.)

나는 미국의 재정설계 회사 중 10번째로 규모가 큰 회사에서 여러 해 동안 근무했다. 내가 배치된 지점은 실적이 상위권인 곳으로, 판매 대리인이 100명에 육박했다. 그러나 그들 중에 업무를 제대로 파악하고 있는 대리인은 5명도 채 안 됐다. 그 외 10명 정도는 상당히 우수했는데, 그들은 주로 돈 많은 고객들을 상대로 부동산이나 사업에 대한 투자 계획을 상담해주었다. 나를 비롯해 최우수 사원들은 일반 고객들은 상대하지 않았다. 나머지 직원 약 80명 중에서 2년 내지 3년 넘게 그 분야에 붙어있는 사람은 거의 없었다. 그들은 대부분 비용을 제때에 내기도 벅찼을 뿐, 고객이 수익을 창출하도록 조언을 하는 직원은 거의 없었다. (호황 덕에 운이 좋았던 경우를 빼고는 말이다.)

판매직원들은 우선 생명 보험을 파는 데 집중하고, 그런 다음 뮤추얼 펀드를 파는 데 전념하라고 교육을 받았다. 왜 그럴까? 생명보험 판매 자격증이 제일 취득하기 쉬워서이고, 또한 생명보험을 팔았을 때 수수료가 제일 높기 때문이다. (보험 가입 후 첫 해 불입금의 80~85퍼센트가 판매수수료다). 만약 생명보험을 팔고 있는 것도 아닌데 판매실적 게시판의 상위권에 이름을 못 올리는 직원이 있다면, 지점장 사무실로 불려가 단단히 혼쭐이 날 각오를 해야 했다.

내 경험상, 상위 5퍼센트는 매우 뛰어나다고 할 수 있다. 그들은 직접 투자를 해서 스스로도 이미 부자이고, 상류층 고객들을 수없이 상대한다. 매우 뛰어난 재정설계자들은 부자들만을 상대한다. 그 다음 15퍼센트도 꽤 훌륭하다. 그들은 믿을만한 결정을 내리고 평균을 웃도는 수익률을 내며, 자신과 고객을 위해 높은 실적을 올린다. 나머지 80퍼센트, 그러니까 10명 중에 8명은, 양복을 쫙 빼입은 영업사원보다 그리 나을 바가 없다.

안타까운 사실은 위탁판매수수료에 의존하는 상담사가 고객에게 가장 유리한 방향을 제시하리라고 항상 믿을 수는 없다는 점이다. 그들은 생명보험, 연금, 뮤추얼 펀드 등 그들에게 가장 많은 수수료가 돌아올 투자상품을 파는 데 혈안이 돼있다. 고객이 이미 부자가 아니라면, 순진하게 재정설계사가 나를 부자로 만들어 주리라고 생각해서는 안 된다. 스스로 정보로 무장해야 한다. 수수료의 게임을 이해해야 한다. 투자상품을 사기 전에, 서면으로 정해진 수수료율을 (보너스까지도) 보여 달라고 요청하라. 많은 사람들은 자신이 첫 해에 투자한 돈의 80~85퍼센트 이상이 재정설계사에게 (보너스를 포함한) 수수료로 돌아간다는 걸 나중에야 알고는 깜짝 놀란다.

나는 '기존 방식'의 재정 설계가 일반인들에게는 결코 통하지 않음을 너무나 잘 알기 때문에, 일반인들에게 그 방법을 추천하고 싶지 않다. 그런 방식의 재정설계사들은 투자 전문가가 아니다. 그들은 그저 상품 선전 문구를 되뇌어 판매한 후 수수료를 챙기고 다음 고객에게 옮겨간다.

초보 투자자에게는 투자하기 전에 재정설계사를 만나 반드시 물어봐야 할 10가지 리스트가 있지만, 이것은 초보 투자자가 자격증이 있는 설계사와 상담 및 투자를 하도록 하기 위한 홍보 전략일 뿐이다. 이것은 다수 대중들에게 도움이 될 만한 호의적인 정보가 아니라, 판매직원들을 설득하여 자격증을 따도록 하기 위해서, 그리고 고객이 그런 상담원을 찾아가도록 만들기 위해서 고안된 방침이다. 대놓고 말해볼까? 기존 방식의 재정 설계가 조금이라도 효과가 있었다면, 재무교육 산업은 애초에 존재하지도 않았을 것이다.

그렇다면 재정설계사를 이용해야 하는 건 어떤 사람들이고, 이용하지 말아야 하는 건 어떤 사람들일까? 만약 투자가 처음이거나 경험이 별로 없고, 수입이 중산층 수준이라면 재정설계사를 이용하지 말 것을 제안한다. 이 수준에서 투자하고자 하는 생명보험, 뮤추얼 펀드, 주식 등은 온라인이나 전화로 구매함으로써 수수료를 대폭 줄이거나 전혀 내지 않을 수 있다. 솔직히 말해, 여러분에게 '관리'까지 해야 할 자산이 그리 많겠는가? 상담료와 수수료로 돈을 낭비하지 마라. 진심으로 말하건대, 직접 투자를 해서 스스로 부자가 되지도 못한 사람에게 *뭣 땜에* 수수료를 지불하는가 말이다. 좋은 뮤추얼 펀드와 좋은 주식을 선택하는 방법을 알고 싶으면, 내가 쓴 제7장과 투자부문의 권위자인 필립 스프링거가 쓴 제16장 및 제17장을 참고하기 바란다.

그러나 일반인과는 다른 처지의 투자자라면, 재정설계사 이용을 고려해볼 만하다. 단 다음과 같은 지침을 잊지 마라.

이미 투자한 자산이라든지 여유 자금이 얼마간 있고, 그러면서 수입이 평균 이상이며, 그 수입의 적어도 10퍼센트를 꼬박꼬박 투자하려는 사람을 생각해보자. 이런 경우 그가 투자의 미세한 부분에 익숙하지 않다면, 재정설계사를 만나 상담하는 것이 합리적일 수 있다. 그러나 다음 규칙들을 기억하라.

——— 신참 설계사는 피하라. 판매 실적이 하위 80퍼센트에 속하는 설계사는 피하라. 자신의 돈을 *내던져버릴* 필요는 없잖은가.

——— 해당 재정설계사의 사내 실적 순위를 보여주는 판매보고서를 보여 달라고 요청하라. (재정설계사라면 누구나 그런 보고서가 있다.) 투자 규모가 상당한 경우에는, 재정설계사에게 자신이 추천하는 상품에 얼마를 투자한 적이 있는지 보여 달라고 요청하라. 또한 해당 재정설계사의 전년도 투자수익률을 보여 달라고 요청하라. 이런 요구에 많은 재정설계사들이 난색을 보이겠지만, 만약 그렇게 나온다면, 그들과는 거래하지 마라.

——— 이 정도 수준이라면 공인재무설계사(CFP)나 공인재무상담사(CFC) 자격증을 보유한 설계사들도 더러 있을 것이다. 이는 그들이 재무 교육을 더 많이 받았다는 뜻이며, 따라서 (언제나 그런 것은 아니지만) 종종 더 높은 수익을 고객에게 제공한다.

——— 이 수준에서는 상담료만 받는 (fee-based) 재정설계사, 그러니까

상품 추천의 대가로 수수료를 받지 않는 설계사를 찾아가는 것도 합리적인 방법일 수 있다. 설계사가 수탁자 역할을 한다는 계약에 서명한 경우엔, 반드시 상담료를 받는 재정설계사와만 거래해야 한다. 일부 재정설계사들은 추천 상품의 '적절성' 기준만 지키려하기 때문에 이 점이 굉장히 중요하다. 다시 말해, 상담료만 받는 설계사들은 그들이 최선이라고 생각하는 투자상품이 아니라 그럭저럭 괜찮은 '적절한' 상품을 추천할 수 있고, 또한 고객의 이익을 챙기지 않을 수 있다는 얘기다. 맨 처음에 얘기한 부류의 투자자들에겐 미안한 얘기지만, 그들이 버는 수입이나 현재 보유한 현금으로 봐서 그들은 상담료만 받는 재정설계사를 이용할 처지가 아니다.

수익도 아주 높고 상당한 자산을 보유한 투자자의 경우는 어떨까? 이 경우 스스로 하지 못하는 투자를 위해서 최우수 재정설계사의 이용은 말이 된다.

—— 상위 5퍼센트에 속하는 재정설계사를 찾아라. 그것이 어렵다면, 적어도 상위 20퍼센트에 속하는 재정설계사를 만나야 한다. 상담료만 지불하는 경우, 이들 상위권 재정설계사들은 다른 일반 설계사들보다 상담료가 훨씬 비싸다. 정말로 그들이 상위권에 속한 설계사인지 반드시 확인하라. 겉모습은 믿을 게 못되니까.

—— 다른 부자들에게 좋은 재정설계사가 있으면 소개해달라고 부탁하라. (최고의 재정설계사들은 대부분 소개를 통해서만 신규 고객을 만나기 때문에, 어느 날 불쑥 찾아가서 상담을 원한다고 말해봐야 소용이 없다.)

투자자도 성실의 의무를 이행해야 한다. 설계사의 투자계획을 살펴보라. 몇몇 주식과 생명보험에 투자하는 데 그쳐서는 안 된다. 이 점을 반드시 확인하라. 이 수준의 투자라면, 부동산 투자계획과 자산 보호가 무엇보다 중요하다. 반복하지만, 나라면 설계사 자신의 투자 결과와 투자를 통한 개인 수익을 확인하고, 내 돈을 맡기기 전에 그들의 청렴성과 실적에 대해 여기저기 조회할 것이다.

믿을 만한 팀 구성하기

친구나 가족이 제아무리 좋은 뜻으로 조언한다고 해도, 조언을 듣는 당사자는 신중해야 한다. 이제 막 시작한 투자자들이나 사업가들에게 관련 업무를 어떻게 처리해야 하는지 조언하는 사람들 중에 정작 자신은 재정적으로 성공하지 못한 사람이 정말 놀라울 만큼 많다. 참으로 희한한 일이지만, 많은 사람들이 한 번도 재정적으로 성공한 적 없는 부정적인 사람들의 얘기에 귀를 기울인다. 재정적으로 성공하지 못한 사람들은 자신들이 이전에 투자 기회를 놓치고 말았다며 징징대고 불평만 털어놓으면서, 가끔 좋은 투자상품에 투자하려는 사람들의 사기를 꺾으려 애쓰는 경우가 있다.

이런 사람들과 돈이나 투자에 관해 이야기 하느라 시간과 노력을 낭비하지 말자. 이런 사람들은 누군가 앞으로 나아가려는 사람을 보면 천성적으로 그를 비난하고, 그가 어째서 목표를 달성할 수 없는지 확신시키려고만 애를 쓰는 법이다. 무슨 일이 있어도 이런 사람들과 재정에 관련된 문제를 논의하는 것은 피하라.

우연히도 배우자나 자신에게 의미 있는 누군가가 이런 사람들 중에 한 명이라면, 그 사람과 제발 말다툼하지 말라. 얼마 동안 속으로 자신들이 옳다고 생각하도록 내버려둬라. 대신 행동과 결과로 그들에게 보여줘라. 가족의 재정 상황이 개선되면서, 그들도 생각을 바꿔 돈에 대해 좀 더 긍정적으로 생각하기 시작하는 경우가 종종 있다. 얼른 생각하면 그렇다, 배우자란 대체로 투자를 반대하기 마련이라고. 어쩌면 이런 얘기를 이미 수없이 들었기 때문인지도 모른다. 그러나 배우자도 빚에서 벗어나겠다는 생각에는 동의할 것이다. 그러니 좀 더 힘을 실어주기 위해서 '벌리의 부채탈출 프로그램'(Burley debt-free program)에 동참하라. 그러면 나중에는 배우자도 동참하는 모습을 보게 될 것이다.

투자를 통해 실제로 자신의 능력을 입증하고 재정적으로 성공한 사람들의 조언을 받아들여라. 가능하다면 그들을 직접 만나 상담하라. 그들의 책을 읽고, 시청각교재를 보고 세미나에 참석하라.

재정에 관한 그들의 전문 지식에서 도움을 얻는 데 필요한 일이라면 무슨 일이든지 해야 한다. 부동산 투자에 대한 조언을 얻고자 상담사를 찾았다면, 그의 투자 포트폴리오를 살펴보라. 만약 그의 주장을 뒷받침하는 실적이 없다면, 계속 조회를 해봐야 한다. 실제로는 자신이 주장하는 능력에 못 미치는 사람들도 있다. 만약 그들이 '빨리 부자 되는 법'을 선전한다면, 절대 돈을 맡기지 마라.

나라고 '빨리 부자 되는 방법'을 안 해봤겠는가? 수없이 많은 방법을 시도해봤지만, 그 때마다 돈을 날리고 말았다. 그것도 빨리! 이 점에 대해선 내 말을 믿어라. 장기적으로 성공의 기록을 가진 사람만 믿으라. "당신도 성공할 수 있다. 하지만 노력하지 않으면 안 된다."라고 말하는 사람을 믿어야 한다. 이 세상에 빨리 부자로 만들어주는 요술봉은 없다.

법률 상담을 하고자 변호사를 찾았다면, 그들이 지금까지 고객의 목적을 얼마나 잘 변호하고 진척시켰는지 알아보라. 다시 말해 시장 조사를 하라는 것이다. 법률고문단을 구성할 때 자신의 투자 숙련도와 재정에 있어서 목표로 하는 지점을 기준으로 삼으라. 이제 막 투자를 시작하는 경우라면, 도널드 트럼프의 변호사들은 필요치 않다. 그들이 도울 수 있는 일은 아무것도 없다. 자신에게 쓸모없는 조언을 얻으려고 돈을 쓰는 것은 수수료만 날리고 수익도 못내는 것만큼이나 어처구니없는 일이다.

나는 조언을 구하기 위해 분야별 전문가를 찾을 때, 맨 처음 접촉한 사람과 거래한 적이 없다. 어떤 전문가는 비교적 쉽게 찾았지만, 어떤 전문가는 찾는 데 꽤 오랜 시간이 걸렸다. *5/15/80 규칙*을 마음에 새겨두기 바란다. 나는 자신이 하는 일이 무엇인지 제대로 파악하고 있고, 지속적으로 고객에게 돈을 벌어줬다는 입증된 성적표를 제출할 수 있는 전문가를 찾을 때까지 여러 사람을 만나보았다. 이것은 하나의 과정이다. 만약 상위 5퍼센트에서 찾지 못한다면 적어도 상위 20퍼센트 안에서 찾아야한다. 그렇다면 그런 전문가를 찾기 위해서 솎아내는 일도 필요하고 직접 만나는 일도 필요할 거라는 얘기다. 더 많은 정보를 알면 알수록, 선택할 사람인지 아닌지 분간하기가 쉬워진다. 이 분야에 정통한 부자의 추천이나 소개는 특별히 가치가 있다.

내 드림 팀의 선수들

나는 가능한 한 최상의 전문가들과 거래한다. 여러분에게도 그렇게 하라고 권하고 싶다. 그들의 전문지식과 기술이 여러분의 요구사항에 부응하는지 확인하라. 내 팀에는 아래와 같은 멤버들이 속해있다.

■ **재정설계사** 　이는 핵심 멤버이지만 나 스스로 재정설계사이기 때문에 다른 설계사를 고용할 필요는 없다. 이 챕터 서두에 어떤 사람들이 재정설계사를 이용해야 하는지, 그리고 왜 그런지 살펴보았다. 앞서 얘기한 대로, 대부분의 경우 재정설계사 선택은 투자자 자신의 감정과 경험수준에 따라 달라진다. 투자 경험과 관련해 양극단에 있는 투자자들의 사고 과정에 도움이 될 만한 몇 가지 조언을 제공하고 싶다.

―― 투자 경험이 전혀 없는 사람의 경우, 무턱대고 재정설계사를 믿는 경향이 있다. 이는 매우 위험한 태도다. 앞서 설명한 대로 재정설계사의 80퍼센트는 실적이 형편없고, 수수료가 높아서 결과적으로 고객에게 돌아가는 수익이 낮을 수밖에 없는 상품을 고객들에게 추천하도록 교육을 받기 때문이다. 재정설계사를 이용하는 사람들 중에서 그의 계획이나 조언 덕분에 부자가 되는 사람은 거의 없다. 일말의 가능성도 없다. 판매수수료와 운용보수를 제하고 나면, 수익률이 10퍼센트인 투자자도 드물다. 많은 수가 시종일관 돈을 잃거나 또는 수익률이 5퍼센트에도 훨씬 못 미친다.
만약 재정설계사와 상담 중에 마음속에서 "이해가 안 돼."라고 외치는 소리가 들린다면, 이것을 경종으로 받아들여라. 만약 재정설계사가 선취판매수수료(front-end load)가 높은 (3퍼센트 이상인) 생명 보험이나 뮤추얼 펀드를 판매하거나, 또는 선취수수료가 없는 대신 정기적인 커미션이 무려 20%나 되는 'B' 형 펀드를 팔았다면, 도널드 트럼프가 하듯이

"당신, 해고야!"라고 외쳐라. 아니, 더 쉬운 방법은 해고하겠다는 말도 필요 없이 간단히 그 투자상품을 해약하고, 회사를 위해 일하는 재정설계사 대신 고객을 위해 일하는 재정설계사와 거래하면 된다.

그러려면 고객 쪽에서도 아주 기본적인 기술과 일단의 조치가 필요하다. 나는 수수료를 챙기려는 것이 아니라 여러분을 도우려는 것이다. 기본적인 재정 설계는 그리 어렵지 않다.

다음 챕터에서 우리는 자동투자계획(Automatic Investment Plan)의 기본 사항들을 배우고, 빚에서 벗어나는 방법과 저축을 투자성 예금으로 대체하는 방법을 알아볼 것이다. 또한 여러분에게 부양가족이 있다면 생명보험에 대한 기본 사항도 다룰 것이다. 사람들은 대부분 연 소득의 5배 내지 10배가 필요하다. 초보 투자자의 경우, 나는 정기보험만을 구매하라고 조언한다. 정기보험은 피보험자 사망 시 지급되는 기본적인 보장보험으로 투자성 보험이 아니다. 다른 종류의 투자성 보험들은 (종신보험, 유니버설 보험, 조정가능 생명보험, 변액보험 등은) 첫 해에 지불되는 수수료가 높기 때문에 그리 좋은 상품이 아니다.

—— 스스로를 경험이 많은 노련한 투자자라고 생각하면서도, 일관되게 높은 성과를 얻지 못하는 때가 종종 있는 사람들의 경우는 어떨까? 이런 사람에게 나는 자신의 신념이 현실적인지 잘 들여다보라고 충고하고 싶다. 자칭 노련한 투자가들은 "이 바닥은 내 손바닥 보듯 훤하지."라면서 내가 하는 거의 대부분의 충고에 코웃음을 치는 경우가 종종 있다. 그들은 자기가 선택한 직업으로 많은 돈을 벌고, 그 때문에 자신들이 더 똑똑하고 더 나은 투자자라고 생각하기 십상이다. 그러나 그들은 세상에서 가장 형편없는 투자자이다. 왜 그럴까? 장기적으로 그들의 수익률은

보통 형편없는데, 그 까닭은 "대박을 터트리려면 큰 위험을 감수해야 한다."고 믿기 때문이다. 이것은 전혀 사실이 아니다. 부자가 된 투자자들은 대부분이 적은 액수에서 중간 액수 정도를 장기적으로 투자하여 평균 이상의 수익률을 얻는다. 내 홈페이지(johnburley.com)에 가면 장기적으로 높은 수익률을 거두는 유일한 방법은 위험이 낮은 투자를 하는 것임을 알게 될 것이다. 그렇다. 높은 수익은 낮은 투자위험도에서 오고, 낮은 수익은 높은 투자위험도에서 온다.

■ **변호사** 나는 사업체를 여러 개 소유하고 있어서, 변호사를 쓸 때는 일반 변호사가 아닌 전문 변호사와 거래를 한다. 나는 여러 종류의 변호사와 함께 일한다.

—— 나는 몇 년에 한 번씩 유산 상속계획 전문 변호사에게 내 상속 문제를 새로 정리하게 한다. 이 영역에서 '모든 것을 스스로 처리'하는 것은 권유할 만한 일이 아니다. 부자가 되려고, 그리고 재산을 남기려고 계획을 세우는 중이라면, 자신에게 알맞은 효과적인 유산 상속계획을 세우는 일은 비용을 주더라도 전문가에게 맡겨라. (유산 상속계획에 대한 추가 정보는 제20장에서 다룬다.)

—— 나는 일 년에 여러 차례 계약서를 검토하는데, 그때마다 계약 전문 변호사와 의논한다. 내 계약서는 일반적으로 내가 작성하지만 계약서 검토를 위해 외부에서 법률고문을 고용한다.

—— 나는 부동산 전문 변호사들과도 함께 일한다. 내 부동산으로

인한 소득의 흐름을 보호하기 위해, 여러 지역의 퇴거退去 및 유질처분 전문 변호사를 고용하고 있다.

법률자문이 필요할 때 나는 최고의 변호사들을 찾는다. 법률사무소 사무직원의 조언은 원치 않는다. 일반적으로 그들이 제공하는 조언은 아주 제한적인 부분에 국한되니까.

■ 회계사와 경리 내 사업 규모는 경리를 따로 둘 만큼 크기 때문에, 나는 회계사와 아주 긴밀히 공조할 경리를 직원으로 채용했다. 회계사는 큰 그림을 살피고 전략적 계획에 관여한다. 이들은 사무실에서 가장 소중한 조언을 제공하는 사람들이다. 나는 세금과 기업 구조에 대한 배경지식이 충분하여 비즈니스의 종류에 따라 거기에 알맞은 사업의 구조를 써먹을 줄 아는 사람을, 자신의 요구사항에 맞춰, 고용하라고 강력히 추천하고 싶다.

상식적으로 행동하라. 만약 사업체를 운영하면서 적절한 경리와 회계사를 고용하지 않았다면, 그것은 굉장히 어리석은 일이다. 부기와 회계는 선택사항이 아니라 필수사항이다. 가끔씩 외주를 주어 처리할 수도 있지만, 우리는 매달 재산세 납부를 백여 건이나 처리해야 하고, 여러 사업체와 함께 작업을 해야 하기 때문에 나는 경리를 정식 직원으로 채용했다. 내 사업은 세금 환급이 매우 세부적이고 아주 복잡하기 때문에 내가 회계사를 따로 두고 있기는 하지만, 사실 우리 회계사는 전략적 계획에 초점을 맞추고 있다. 어떤 사람들은 그들이 고용한 회계사가 옛날 서부 영화에 나오는 기병대처럼 나팔을 불면서 언덕 위로 말을 타고 달려와 전쟁을 승리로 이끄는 거라고 생각하는데, 사실 이것은 회계사가 하는 일이 아니다. 그들이 하는 일은 전쟁을 승리로 이끄는 것이 아니라, 전투에

앞서 병력을 헤아리는 것이다. 대부분의 회계사들은 단순히 병력을 세는 일만 하지만, 내가 고용한 사람들은 사실상 전략적 계획을 세우고 실행에 옮기는 회계사로 상위 5% 안에 드는 아주 뛰어난 사람들이다. 기본적인 회계 및 소득신고(전투 후에 병력을 세는 일)와 전략적 세무稅務계획(전투 전에 병력을 세는 일)의 차이점을 이해하라. 회계사 중에 소수만이 전략적 계획을 전문적으로 이행하고, 부채를 줄이기 위한 전략을 세우며, 현금 흐름을 관리하는 데 도움이 되는 큰 자산이 될 수 있다.

■ **보험 중개인** 나는 많은 경우 법에 따라서 또는 채권자의 요구에 따라서 반드시 가입해야 하는 보험들(물적 보험, 자동차 보험, 배상책임보험 등)의 책임 부분을 맡기기 위해 신뢰할 만한 보험 중개인을 따로 둔다. 보험사마다 요율이 천차만별이라서 우리는 가격 경쟁력이 있는 보험상품을 적극적으로 물색한다. 내 개인적으로 보험이 필요한 경우, 오로지 업계 최고의 보험사들이 내놓은 보험상품 중에서 보험료가 가장 낮은 상품을 인터넷에서 적극적으로 찾는다. 덕분에 수수료를 챙기는 영업사원들과 직접 거래할 일이 없어서, 해마다 수 천 달러가 절약된다.
생명보험은 부양가족을 보호하는 데 필요한 자산이 전혀 없는 사람들이라면 반드시 가입해야 하는 보험이다. 그러나 꼭 정기보험을 구매하라. 상당한 고액의 유산 상속계획을 위한 게 아니라면, (종신, 유니버설, 변액, 조정가능 등) 투자성 생명보험은 구매하지 않는 게 좋다. 어떤 경우가 됐든, 보험 상품을 다룰 보험 중개인은 상위 5퍼센트 내에서 채용하라.

■ **주식 중개인** 나는 주식과 뮤추얼 펀드를 사고팔 때 수수료가 아예 없거나 아주 적은 온라인 중개 사이트를 여러 개 이용한다. 그러나 대

부분의 경우, 내가 스스로 결정을 내린다. 내 경험에 비추어볼 때, 지불한 보수가 전혀 아깝지 않다고 생각되는 중개인은 없지만, 만약 여러분이 투자하는 데 중개인이 필요하다면, 실적이 검증된 최고의 중개인을 찾아라.

■ **부동산 중개인** 나는 전문적인 부동산 투자자이기 때문에, 직원들 중에 공인중개사를 여러 명 두었을 뿐만 아니라, 특정 부동산 중개인들에게 자문을 구하기도 한다. 상위 20퍼센트에 드는 부동산 중개인들은, 그들에게 지불한 수수료가 단 한 푼도 아깝지 않을 만큼, 그만한 가치가 있다. 다시 한 번 분명히 말하지만, 반드시 전문가를 고용하라. 투자성 부동산을 임대하려면, 그쪽 분야의 전문 중개인을 채용하라. 자기 집을 공시하려면, 그 방면의 전문 중개인을 채용하라. 하위 80퍼센트의 중개인과는 거래하지 말라. 어차피 수수료는 똑같으니, 여러분을 대신할 사람으로 최고의 선수를 채용하라.

이들이 내가 지속적으로 자문을 구하며 함께 일하는 전문가들이다. 혹시 이들로도 해결이 안 되는 일이 발생하는 경우 나는 반드시 해당 분야의 전문가를 고용한다. 여러분도 꼭 그렇게 하라.

일면식도 없는 사람을 자신의 최고 재무상담사로 둘 수 있다. 그의 책이나 글을 통해, 그리고 그가 강의하는 강연회에 참석해, 그의 생각과 참신한 구상들을 얻을 수 있다는 얘기다. 나는 여러 해에 걸쳐 책과 시청각자료를 구입하고 세미나에 참석하는 데 수십 만 달러를 지출했다. 내 사무실 방 하나는 완전히 도서관으로 개조했다. 방 안 벽에는 천장에서 바닥까지 책과 테이프, 비디오, CD, DVD가 가득하다. 내가 독자들, 학생들과 나누는 지식과 정보는 지난 25년 간 현실 세계에서 몸으로 부딪쳐가며 배운 지혜와 전문지식, 연구내용 및 교육 자료를 통합하여 그 안에서 뽑아낸 정수이다.

이 챕터를 끝내면서 마지막으로 당부하고 싶은 말이 있다.

부를 쌓겠다는 결심은 일회성으로 끝날 수 없는 지속적인 과정이다. 그러므로 주저하지 말고 자신의 드림 팀을 만들기 시작하라!

공인 재정설계사를 찾는 방법은 표준인증 재정설계사 위원회 사이트(www.cfp.com)에서 구할 수 있다. 전미 개인 재정전문가 협회 사이트(www.napfa.org)와 가렛 재정설계 네트워크 사이트(www.garrettplanningnetwork.com)에서 상담료만 받는 재정설계사에 대한 정보를 얻을 수 있다. 추가 정보를 원하면 johnburley.com/trump을 방문해보라.

JOHN R. BURLEY

DRAFT YOUR FINANCIAL DREAM T… EAM

JOHN R. B… EY

ACT NOW

3단계

: 지금 당장 행동하라

JOHN R. BURLEY

부자들의 일곱 가지 습관

07

존 R. 벌리

성공은 단서를 남긴다. 나는 성인이 되면서부터 부자들의 주목할 만한 재정 습관을 유심히 살펴보며 연구하기 시작했다. 부자들에게 성공의 열쇠가 된 행동을 모방하고 그들을 본받아 살아간다면, 재정적 자유와 부를 얻는 나만의 방법을 발견하게 되리라고 추론했던 것이다.

나는 부자들의 재정 습관을 연구하면서 각각의 성공담이 지닌 얼개에 공통적으로 나타나는 씨실과 날실을 발견했다. 나는 그런 점들에 주목하면서 재정적 실천계획을 세우기 시작했다. 좋은 소식은, 그게 먹혀들더라는 얘기다. 그렇게 내가 찾아낸 것들 덕분에 지금 나는 부유한 투자가가 되었으니 말이다.

나는 내가 발견한 성공의 단서들을 "부자들의 일곱 가지 습관"이라고 명명한 뒤, 우선은 친구들과, 그런 다음은 내 학생들과, 그것을 함께 나누었다. 여러분이 이 일곱 가지 습관을 기꺼이 공부하고 또 삶에 적용한다면, 여러분도 각자의 재무 계획을 세울 수 있고, 부자가 될 수 있을 것이다. 나는 그것을 믿어 의심치 않는다.

- 자기 자신에게 먼저 투자하라.
- 투자 수익을 재투자하라.
- 수익률을 높여라.
- 지출에 신경 쓰라.
- 내가 제시하는 자동 머니 시스템을 채택하라.
- 재정적으로 책임감 있게 행동하라.
- 빚 없이 살아라.

내가 제시한 '부자들의 일곱 가지 습관'은 단순하고 상식에 기반을 두고 있지만, 그렇다고 흔해빠진 이야기는 아니다. 그리 대단해 보이지 않을지는 몰라도, 그 결과는 그야말로 눈부시다. 내가 말한 일곱 가지 습관을 실천하면 누구나 현재의 불확실한 재정 상태에서 안전한 상태로, 궁핍한 삶에서 부유한 삶으로, 옮겨갈 수 있다. 이 일곱 가지 습관의 위력을 충분히 이해하기 위해 좀 더 자세히 살펴보자.

자기 자신에게 먼저 투자하라

부자들의 첫 번째 습관은 자기 자신에게 투자하는 것이다. 백화점으로 달려가 새 옷이나 새 텔레비전을 사라는 뜻이 아니다. 이런 소비는 자기 자신에게 투자하는 것이 아니라, '나 아닌 다른 사람' 에게 투자하는 것이다. 지금 산 옷이나 텔레비전은 10년 후 또는 20년 후에 자신에게 얼마만큼의 가치가 있을까? 전혀 없다!

*자기 자신에게 먼저 투자*하라는 것은 "자동이체 투자 계획" (Automatic Investment Plan, AIP)으로 돈이 여러분을 위해 불어나도록 하라는 뜻이다. 자동이체 투자란 급여나 당좌예금 계좌, 또는 저축예금 계좌에서 자동으로 그리고 정기적으로 돈이 인출돼 금융 상품에 투자되는 것이다. 인출된 돈은 뮤추얼 펀드나 주식, 또는 기타 투자상품에 투자된다. 어디에다 이런 AIP를 실시할 것인지는 개인의 기호와 투자에 대한 전문지식에 달려 있다. 이 주제는 잠시 후에 다루기로 하고, 지금 당장 짚어봐야 할 것은, 당장 시작하는 것의 중요성과 꾸물거릴 때 입게 될 손실이다. 많은 사람들이 자동이체 방식으로 투자해야겠다고 생각은 하면서도, 행동으로 옮기지는 않는다. 어째서 사람들은 재정적 성공으로 가기 위한 그토록 크고 중요한 첫걸음을 미루는 것일까? 사람들이, 바로 그 때문에 부자가 못 되는 줄도 모르고, 스스로에게 하는 "핑계"에는 세 가지가 있다. 모두 사실인 듯 보이지만, 전혀 그렇지 않다. 모두 자신의 재정적 성공을 방해하는 변명에 불과하다. 주로 어떤 "핑계"를 드는지 살펴볼까.

첫 번째 핑계: 매달 쥐꼬리만한 액수를 적립해봤자 뭐가 달라지겠어. 나는 단시간에 큰돈을 거머쥐어야 해!

일확천금의 꿈? 그게 이루어질 가능성은 아주 희박하다. 대박을 꿈꾸다 쪽박 차기 일쑤다. 부자들은 대부분 수익률이 평균이상인 상품에 적은 액수를 정기적으로 투자해 돈을 번다. 백만장자 되기가 얼마나 쉬운지 아는가? 아주 간단한 예를 들어보겠다.

연봉이 3천만 원이라고 가정해보자. 또 봉급 인상도 없고 해고도 없으며, 25세에서 65세까지 직장을 다닌다고 치자. 그러면 40년 직장생활 동안 모두 12억 원을 벌 것이다. 연봉의 10퍼센트를 (즉, 년 300만 원, 혹은 월 25만 원을) 따로 떼서 실적이 좋은 뮤추얼 펀드에 투자한다면, 65세에는 12억 원을 들고 퇴직하게 된다. (매년 300만원을 9.08퍼센트의 수익률로 40년간 키운다고 할 때.) 그렇기 때문에 째째한 액수의 돈이라고 우습게 봐서는 안 된다. 1년에 3천만 원을 버는 사람이라면 쉽게 백만장자가 될 수 있다. 그런데 상당히 많은 사람들이 매년 3천만 원 이상을 벌면서도 대개 백만장자가 되지 못한다. 그러니 소액 투자 해봐야 별 볼일 없다는 생각은 그만두고, 오늘 당장 나만의 AIP를 시작하라.

두 번째 핑계: 그럴 형편이 안 돼.

나는 청중 앞에서 이 주제를 이야기할 때마다 자동이체로 투자를 하는 사람은 손을 들어보라고 한다. 많은 사람들이 손을 든다. 그러면 나는 손을 든 사람들에게 일어나라고 요청한 뒤, 간단한 질문에 대답해 달라고 부탁한다. 그런 다음 묻는다.

"자동이체로 투자를 시작하고 두 달 뒤, 생활비에서 그만큼 돈이 빠져나갔다는 사실을 깨닫기나 하셨나요?"

대답은 언제나 한결같다.

"아니요."

보시다시피 "그럴 형편이 안 돼."라는 말은 스스로를 망치는 핑계에 불과하다. 대체로 가정에서 매달 생활비의 20퍼센트 내지 40퍼센트는 어디로 갔는지도 모르게 사라지는 법. 내 말을 믿어도 좋다. 당장 AIP를 시작하라. 두 달이 지나도, 돈이 빠져나갔는지조차 모를 것이다. 그렇게 해서 백만장자가 되는 길로 접어드는 것이다.

—— 세 번째 핑계: **시작하기 전에 내 돈을 어디에 투자할지부터 조사해야 해.**

—— 이것은 "따지다가 마비되는 증후군"으로서, 자신의 재정적 성공을 방해하는 세 번째 핑계이다. 잘못된 결정을 내릴까 봐 두려워 어떤 결정도 내리지 못하는 경우이다. 이런 늪에 빠지면 안 된다. 마음을 다잡고 행동하라. 자신의 지식 수준에 맞춰 자동이체 투자를 시작하라. 투자의 대상이야 언제든지 바꿀 수 있다. 중요한 점은 지금 당장 시작하는 것이다.

자동이체 투자에는 다음과 같은 이점이 있다.

- 시작하기 쉽다.
- 간단해서 골치 아플 일이 없다
- 돈이 저절로 불어나는 것을 보는 재미가 쏠쏠하다.

노련한 투자자들은 상당수가 주식시장에 투자하는 자동이체 방식을 채택한다. 직접 투자나 뮤추얼 펀드를 이용하는 것이다. 다른 투자상품과 달리, 주식시장에서는 복리수익률(compounded return)이 평균 10~12퍼센트 정도로 꾸준히 유지돼 왔다. 장기보유 시 주식만큼 혜택이 (가격 상승이나 소득이) 큰 투자상품은 드물다. 초보자들에게 주식시장에 투자하는 것은 장기적 성장을 내다보는 가장 쉬운 투자 방법이다. 투자상품에 대한 자세한 사항들은 나중에 살펴보기로 하자.

■ 나만의 AIP 시작하기

자동이체 투자를 시작하는 데는 두 가지 간단한 단계가 있다.

첫째, 나의 투자지식은 어떤 수준인지 결정한다.
둘째, 중개인이나 뮤추얼 펀드 회사를 방문한다.

여러분은 대체로 각자의 경험과 지식에 따라 아래와 같이 다섯 부류의 투자자 유형 중 어느 한 부류에 속할 것이다. 다음 중 어느 부류가 자신에게 가장 잘 맞는지 찾아보라.

——— 뮤추얼 펀드에 투자하고 싶지만, 현재 예산으로는 투자의 전제조건인 최저 가입금액과 월 입금액을 조달할 수 없다. 그렇다면 은행계좌를 개설하여 자신이 선택한 AIP 대상에 투자할 자금을 모을 때까지, 정기적으로 꾸준히 저축하라. 펀드 운영실적과 운영보수를 조사해보면, 인쇄매체(신문이나 투자 관련 잡지)와 인터넷에서 펀드 중개인을 통해 직접 투자하는 방법을 찾을 것이고, 그런 식으로 중개수수료를 피할 수도 있다. morningstar.com, bloomberg.com과 같은 사이트에서 이에 대한 정보를 찾을 수 있다. 이 책을 사서 읽고 있는 여러분 정도라면, 자신의 성공적인 재정적 미래를 위해 한 달에 적어도 100달러는 투자할 수 있지 않을까. 어

떤 변명도 늘어놓지 말라! 당장 행동을 취하라! 마음을 정한 뒤 전화 한 통이면 된다. 개인연금계좌(IRA)의 경우 월 최저 50달러로 시작할 수 있는 상품을 내놓은 회사들도 있다. 아메리칸 센추리(American Century)는 이 정도 예산에 걸맞은 펀드 상품들을 제공한다.

——— 현명하게 투자하고 싶지만, 개별 주식 종목과 투자상품을 선택하느라 시간을 쓰기는 싫고, 차라리 자신에게 맞는 투자상품을 펀드 매니저에게 선택하라고 맡기고 싶다. 내 경우엔 뱅가드 500 인덱스 펀드를 좋아하는데, 이 인덱스 펀드는 지난 40년 동안 거의 매년 꾸준히, 매니저가 운용하는 모든 펀드의 3분의 2보다 뛰어난 실적을 기록했다. 지난 10년 간 연간 수익률을 보면, 그 매니저가 운용하는 펀드의 90퍼센트보다 훨씬 좋은 성적을 거두었다.

——— 경험이 많은 투자자로, 중개인의 도움을 받아 주식 종목을 직접 고르고 매달 자산운용도 직접 하기를 원하는 경우. 그렇다면 주식 중개인에게 전화해서, AIP (자동이체/급여공제) 양식을 요청하라. 거래하는 주식 중개인이 아직 없다면, 다음 항목에 제시한 온라인 중개로써 시작할 수도 있다.

——— 상당히 노련한 투자자로, 포괄적인 서비스를 제공하는 중개인의 도움 없이 직접 주식 종목을 고르고 매달 자산운용도 직접 할 수 있는 경우. 그렇다면 완전 자동화된 온라인 중개인이나 디스카운트 중개인을 통해 주식을 매매하고 시장 정보를 입수하여, 자신의 포트폴리오를 직접 관리하라. 주식 거래에 영향을 미칠지 모를 조건이나 숨겨진 비용이 없는지 잘 살펴보

라. 그러니까, 저렴한 수수료를 광고하는 온라인 중개인들 중에는 가장 노련한 투자자들이 사용하는 지정가 주문(Limit order)이나 특정가 주문(Stop order)은 내지 않고 시장가 주문(Market order)만 내는 경우가 있다. E*Trade(etrade.com), Scottrade(scottrade.com), TD Waterhouse (tdameritade.com) 등은 온라인과 전화로 거래가 가능한 할인 중개업체이기 때문에 수시로 온라인 거래를 하기에 적합하다. 온라인 중개업에 새로 뛰어든 업체들을 눈여겨보자. 요즘은 규모가 큰 은행들도 수수료와 서비스 측면에서 더 좋은 조건들을 제시하고 있다. 수수료와 계약 조건은 계속 바뀌기 때문에, 투자자는 더 나은 중개인을 끊임없이 찾아야한다. 수수료를 받고 증시 소식, 시장조사 보고서, 그래프, 분석 보고서까지 제공하는 중개인들도 있다. 웃돈을 줘야만 받는 서비스도 있다. 디스카운트 중개인은 편리하고 융통성이 있으며, 무엇보다 가장 중요한 점은 수수료가 싸다는 것이다. 그건 그렇고, 나는 이 장에서 언급한 증권사들로부터 개인적으로 보상금이나 사례금을 받았다거나 언급해 줄 것을 특별히 요청 받은 적이 없음을 분명히 밝혀 둔다. 나의 추천은 어디까지나 내가 독자적으로 투자상품과 실적을 조사한 결과를 근거로 한 것이다.

—— 이미 주식이나 기타 투자상품을 거래해 전체소득의 상당 부분을 벌고 있는 경우라면 어떨까. 짜장 생계를 위해서 주식거래를 하는 경우엔, 많은 사업가들이 흔히 빠지기 쉬운 두 가지 함정을 조심하자! 자기 자신에게 먼저 투자하지 않는 것과 지나치게 많은 세금을 내는 것이 그 두 가지다.

여러분의 사업소득 중 일부인 10퍼센트 정도를 따로 떼서 AIP로 투자하면, 세련된 투자자에게 절대적으로 필요한 '사업투자와 개인투자의 분리'

를 의도적으로 실행하는 셈이다. 이러한 분리는 여러분에게 더할 나위 없는 보호 장치다. 세상은 항상 계획한 대로 풀리지 않기 때문이다. 그래서 심리적, 물질적, 법적으로 사업투자와 개인투자를 분리해놓지 않으면, 노후자금이 돼야 할 돈을 소비와 소송으로 날리는 위험에 처할 수 있다. 나는 사업투자 자금과 개인투자 자금을 갈라놓지 않았다가 수십억 원을 잃은 사람들을 많이 알고 있다. 놀랍게도 그들은 너무나도 간단한 방법인 AIP 방식을 실행하지 않아서 결국 빈털터리가 되었다. 투자의 고수들에게조차 나는 얼마나 강조하는지 모른다. 사업체로 벌어들인 돈과 AIP로 굴리는 돈을 분리하는 것이 얼마나 중요한지를 말이다. 여러분이 투자로 성공했다면 지금까지 해온 대로 쭉 해나가되, 단 자금의 10퍼센트를 AIP 계좌에 예치하라. 별도의 사업체(유한책임회사)를 세워라. 그러면 심리적으로나 감정적으로 올바른 방향을 유지할 수 있을 뿐만 아니라 AIP로 창출한 이익을 보호할 수 있다. 부동산 등 다른 투자 수단에도 마찬가지 원칙이 적용된다. 별도의 AIP 계좌를 확실히 개설하라. 그런 다음 하던 대로 쭉 투자하라.

여러분이 내린 결정이 어떤 것이든, 지금 당장 실행에 옮겨라. 자동이체 투자는 부를 쌓기 위한 실천방안 중 중요한 계획이며, 자기 자신에게 먼저 투자하는 확실한 방법이다. 따라서 자동이체로 돈을 투자하면, 돈이 나를 위해 움직이기 시작할 것이다. 이를 시작하지 않는 것은 미래의 재정 상태를 위협하는 큰 실수이다. 대부분의 사람들이 저지르는 실수이기도 하다. 사람들은 대부분 자동이체를 통한 투자를 하지 않기 때문에 결과적으로 더 가난해진다. 그 상관관계를 이해하겠는가? 여러분이 "투자할 수 있었고, 투자하려 했고, 투자했어야 마땅했지만" 결국 투자하지 않은 돈은 사라져 영영 자취를 감추기 때문에, 자동이체를 통해 투자하지 않으면 아무것도 남지 않는다. 지금 AIP 투자를 시작하지 않는다면, 수익률은 제로

가 아니라 더 나쁜 마이너스 100퍼센트가 된다. 투자했어야 할 돈이 영영 사라지기 때문이다. 자동이체를 통한 투자를 하지 않는 것은 100퍼센트를 영영 잃기로 작정했다는 뜻이다. 부디 그런 선택을 하지 않기를 바란다. 대신 오늘 당장 자동이체 투자를 시작해 미래의 재정 상태를 보장하라. 내가 똑같은 얘기를 계속 반복하는 것 같은가? 그래, 반복하고 있다. 여러분이 취할 수 있는 가장 중요한 조치인데도, 대부분이 하지 않으니, 어찌 반복하지 않겠는가.

투자 수익을 재투자하라

재투자는 장기적인 재정적 성공을 달성하기 위한 매우 중요한 요소로, 부를 쌓는 데 두 번째로 중요한 실천방안이다. 많은 투자자들이 자동이체를 통한 투자를 시작으로 부자가 되는 길로 들어선다. 계좌에 돈이 불어나기 시작한다. 이를 지켜보던 투자자들이 수익금을 야금야금 꺼내 쓰거나 몽땅 현금화해서 써버리는 등 자신을 망치는 길로 들어서면 돈은 더 이상 불어나지 않는다. 노력의 결실을 만끽한다고 해서 잘못이라 할 수는 없지만, 만약 진정으로 부자가 되고 싶다면 계좌의 돈은 계속 "손대지 말아야" 한다. 이 점을 명심하고 충실히 지키면, 큰 힘 들이지 않고 일찌감치 그리고 부유하게 은퇴할 수 있다. 여러분이 지닌 돈의 유일한 목적은 더 많은 돈을 버는 것! 그러니 그 돈을 가만 내버려두기만 하면 된다. 자신의 재정적 미래를 "슬쩍하지" 말라. 투자 수익으로 얼마든지 먹고살 수 있을 정도로 돈이 불어날 때까지 투자한 돈을 건들지 마라. 아주 간단한 방법 아닌가.

수익률을 높여라

계좌의 잔고가 매달 자동으로 불어나게 되어있는 투자자라면, 그 다음 목표는 적어도 10~12퍼센트의 수익을 올리는 것이다. 한두 해가 아니라 장기적으로 그래야 한다는 얘기다. 장기간에 걸친 S&P 500대 기업의 수익 실적을 살펴보면, 사실 10~12퍼센트의 수익률 달성은 보기보다 훨씬 쉽다. 우선 투자에 관한 자신의 전문지식에 맞게 AIP를 세워 실천에 옮기고, 지식과 경험이 늘어나면 수익을 높일 방법을 모색하라.

그뿐만 아니라 기꺼이 시간을 내서 자신의 투자 포트폴리오를 적극적으로 관리하라. 얼마나 시간을 내야 할까? 한 달에 약 4시간 정도면 된다. 자신이 투자하고 있는 상품에 관심을 기울여라. 그러면 부자가 되는 길로 들어서게 될 것이다. 여러분이 이보다 더 숙달된 투자자라면, 하던 일을 멈추지 말고 계속 하라.

지출을 살펴라

사람들은 대부분 자신의 돈이 모두 어디로 가는지 잘 모른다. 그들이 아는 것이라고는 수중에 돈이 별로 없다는 것뿐이다. 그들은 월말이 되어 자신의 재정 상황을 보고서야 깨닫는다. 아뿔싸, 돈을 더 많이 남겼어야 하는 건데! 만약 여러분이 이런 상황에 처했다고 생각된다면, 다음과 같은 방법을 시도해 보라. 앞으로 30일 동안, 돈을 얼마나 썼는지 빠짐없이 적는 것이다. 번거롭다고 생각할지 모르겠으나, 사실은 전혀 번거롭지 않다. 간단하게 매번 지출한 금액을 적고, 월말에 합계를 내면 된다. 이렇게 하면 돈에 관한 나의 습관에 어느 정도 책임을 느끼게 될 것이다.

좀 더 넓은 관점에서 생각해보자. 만약 매달 수입의 10퍼센트 내지 50퍼센트가 어디에 쓰였는지 설명하지 못하는 상장기업이 있다면, 그 회사가 살아남겠는가? 그런데도 매달 소득의 10퍼센트 내지 50퍼센트를 무분별하게 소비하는 가정이 대부분이다. 자기 돈이 어디로 가는지도 모른 채 무턱대고 쓰기만 하는 것이다. 가계부 쓰기는 아주 간단하면서 상당히 중요한 일이지만, 이를 실천하는 사람은 드물다. 여러분은 그러지 않도록 하라. 내 돈이 어디로 가는지 정확히 파악하라.

내가 제시하는 자동 머니 시스템을 채택하라

부자가 되고 싶은가? 그러면 이것을 꼭 실천해줘야 한다. 부유한 사람들에겐 그들 나름의 머니 시스템이 (혹은 금전관리법이) 있음을 나는 알게 되었다. 나 역시 나름대로 "자동 머니 시스템"이 있는데, 여러분이 이 방식을 채택하면 각자의 재정적 목표를 점검하고 달성하는 데 도움이 될 것이다. 내 방식은 마법사의 요술지팡이나 노예를 부리는 채찍이 아니라, 간단하면서 융통성 있는 방식이다. 제 나름의 머니 시스템이 없다면 재정적으로 살아남기 힘들 것이다.

상장기업이 수입과 지출을 점검하고 관리하기 위한 예산이나 정해진 방식을 따르지 않는다면 어떻게 될까? 당연히 망할 것이다. 그런데도 많은 가정에서 그런 식으로 살림을 꾸리고 있으니, 정말 안타까운 일이 아닐 수 없다. 그러나 벗어날 방법은 있다.

내가 쓰는 머니 시스템은 살면서 예기치 않은 일이 벌어졌을 때 이에 대응할 만큼 충분히 융통성이 있고, 문제가 걷잡을 수 없이 커지기 전에 미리 경계할 수 있을 만큼 빈틈이 없다. 내 머니 시스템은 아래의 순서를 따라 다섯 단계로 이루어진다.

- 자동이체 투자
- 빚 청산
- 기부금 납부
- 부채 회피 전략
- 생활비 지출

내가 쓰는 자동 머니 시스템에 대한 단계별 세부내용과 효과는 제8장과 제9장에서 다룰 것이다.

재정적으로 책임감 있게 행동하라

이것은 아주 간단히 실행에 옮길 수 있는 실천방안이다. 상식적으로 생각하고 행동하며, 이 장에서 배운 '부자들의 일곱 가지 습관'을 실천하는 것이다. 이 일곱 가지를 항상 염두에 두고 매일 돈과 관련된 결정을 내릴 때마다 이를 실천하라. 이는 재산을 증식하고 자신을 위해 돈이 움직이도록 하기 위해 실행하는 간단한 과정이다. 그렇게 되면 이제 여러분은 다른 사람들보다 재정적으로 우위를 점하는 것이다. 이런 정보를 무시하거나 제쳐 둔다면 이제 막 얻은 재정의 능력을 잃게 될 것이다.

빚 없이 살아라

빚 없이 살기 위해서는 다음 두 가지 습관이 몸에 배어야 한다. 첫째, 채권자(은행)의 조건에 따라서 개인대출을 사용하지 말 것. 둘째, 매달 최소 부채상환액에다 총수입의 10퍼센트를 얹어서 납부할 것. 이 내용은 제8장 부채 다이어트 실시! 에서 자세히 다루기로 하고, 여기서는 개인대출을 무분별하게 사용하고 소홀히 관리하면 부를 쌓으려는 모든 노력이 수포로 돌아갈 수 있다는 것만 강조하고 싶다.

대출기관이 제시하는 조건 대신 여러분 자신의 조건을 따라 개인대출을 사용하는 습관을 들여야 한다. 하지만 어떻게? 빚지지 않는 생활방식을 채택하는 것이다. 빈곤 수준의 라이프스타일을 택하라는 얘기가 아니다. 생활수준을 낮추기를 바라는 것도 아니다. 아니, 나는 여러분이 오히려 생활수준을 높이기를 바란다. 생활수준이 높아지면서 여러분도 원하는 근사한 물건들을 모두 갖게 될 텐데, 끝이 안 보이는 빚으로써가 아니라 현금으로 그 모든 걸 사라는 것이다.

나는 여러분이 '부자들의 일곱 가지 습관' 을 토대로 자기 자신과 가정에 재정적 풍요로움을 가져다 줄 성공적인 재정 습관을 기르게 되리라고 믿는다. 이들 일곱 가지 습관을 실천하면 재정적 성공은 떼어 놓은 당상이다. 더 이상 저축은 이래서 못하고, 투자는 저래서 못한다는 핑계 따위는 대지 마라. 당장 실행에 옮겨 재정적 자유를 향해 나아가라. johnburley.com/trump에서 더 많은 정보를 얻을 수 있다.

JOHN R. BURLEY

ADOPT THE SEVEN PRACTICES OF THE RICH

JOHN R. B EY

JOHN R. BURLEY

부채 다이어트 실시!

존 R. 벌리

우리는 살을 빼기 위해 다이어트를 한다. 재정적 군살을 뺄 때도 마찬가지다. 빚더미에서 벗어나려면, 다이어트를 해라. 군살을 빼고 근육을 붙이는 것은 몸에 익히기 힘든 과정이지만, 일단 불붙기 시작하면 꽤 신나는 일이 되기도 한다.

나는 빚과의 전쟁을 치르면서 새로운 습관 두 가지를 터득했기에, 이를 여러분과 나누고자 한다. 이러한 원칙들을 여러분의 새로운 재정 습관에 녹아들게 하라. 그러면 여러분도 빚에서 벗어나게 될 것이다.

첫 번째 습관 :

절대 채권자의 조건대로 돈을 빌리지 않는다!

달마다 반드시 신용카드 대

금 전액을 갚을 능력이 안 된다면, 아예 신용카드를 사용하지 마라. 인생에 있어서 대체 무엇이 더 중요한지 스스로에게 물어보라: 삶의 멍에가 되는 빚을 더 질 것인가? 아니면 꿈을 실현하는 데 도움이 되는 재정적 자유를 더 누릴 것인가?

진정으로 부자가 되고 싶긴 한데, 자신이 신용카드를 영리하게 사용할 만큼 (카드 사용액을 매월 한 푼도 에누리 없이 전부 갚을 만큼) 줏대가 없다는 것을 안다면, 정말 비상사태를 대비해 년 회비가 없는 신용카드 딱 한 장만 맨 아래 서랍에 넣어 두고, 나머지 신용카드는 모두 잘라서 쓰레기통에 버려라.

그리고 모든 비용을 현금으로 지불하라. 진짜 현금으로 지불하라는 얘기는 아니다. 그랬다가는 항공사 적립 포인트도 얻지 못할 테니까. 나는 실제 현금으로 지불하는 일은 거의 없다. 대신 현대판 현금이라고 불리는 아메리칸 익스프레스(AmEx) 카드를 사용하고, 매월 청구금액을 완전히 지불한다. 만약 상점에서 AmEx를 받지 않으면 년 회비가 없는 비자카드를 사용한다. 나는 비자카드 역시 매월 청구금액을 전부 지불한다. 이런 카드를 쓰면 이점이 있다. 신용카드 결제 명세서가 나오기 때문에 세금 신고 시 지출 내역을 추적하기가 쉽다.

내 말은 –이건 무척 중요해서 거듭 강조할 수밖에 없는데– 신용카드를 현금 대신 편리하게 지불하는 수단으로 사용하되, 수중에 없는 현금을 대신할 부채를 얻는 수단으로 사용하지 말라는 것이다.

만약 산더미 같은 빚에 시달리는 사람이 신용카드 없애기를 꺼려한다면, 미안한 말이지만 그 사람은 지금 달려오는 기차를 향해 몸을 내던지는 것이다.

지금 당장 악순환의 고리를 끊어라. 신용카드를 모두 꺼내 눈앞에 펼쳐

놓아라. 번쩍거리는 카드, 매혹적이지 않은가? 그러나 유혹에 넘어가지 마라. 대신 그 카드들 때문에 자신이 지금 얼마나 곤란한 상황에 처했는지를 생각해보라. 빚은 눈덩이처럼 불어나고, 할부금 납부는 끝이 안 보이니, 빚의 늪에서 헤어나지 못하고 있지 않은가.

모두 잘라버려라. 농담이 아니다. 이 책 그만 읽고 지금 당장 신용 카드를 전부 잘라버려라! 가위를 꺼내서 빚 없는 삶을 살기 위한 첫발을 내딛어라. 이 부분에서 곰곰이 생각해보라. 신용카드 빚을 지고 살면서 카드를 잘라버리지 않았다면, 언제 허물어질지 모르는 사상누각砂上樓閣 위에 서 있는 꼴. 이것은 여러분에게 도움을 주려는 정보이지만, 스스로 회생하겠다는 굳은 의지가 없다면 무슨 소용이랴.

혼자서 못하겠다면, 도움을 받을 것을 적극 권한다. 비영리 신용상담 기관이 많이 있는데, 직접 찾아가든지 아니면 전화로 상담을 받든지, 자신에게 적합한 기구를 하나 선택해 상담을 받아라. 인터넷이나 지역 전화번호부를 검색해 부채 정리 및 신용상담을 해주는 기관을 찾아라. 상담기관을 선택할 때 반드시 비영리 기관을 골라야 한다. 신용상담 업계는 지난 몇 년 간 악명을 떨쳤는데, 이는 당연한 일이다. 몇몇 기관은 비영리 단체라는 명패만 내걸고, 사실상 신용카드 회사의 앞잡이가 되어 채권추심 업무를 떠맡았다. 또 어떤 기관들은 비싼 상담료를 요구하고 피상담자가 스스로 할 수 없는 일에 대해 어떤 서비스도 제공하지 않았다. 불행히도 내가 기꺼운 맘으로 추천할 만한 국가 상담기관은 없다. 그러나 몇몇 사설 기관들은 접촉해 볼 만하다.

만약 교회나 성당, 유대교 회당, 이슬람 모스크 등 종교 기관을 정기적으로 방문한다면, 신부나 목사와 같은 종교 지도자들이 부채 관련 상담을 제공하는 기관이나 조직에 대해 잘 알고 있을지도 모른다. 그들에게 도움을 청하라. 신용카드와의 전쟁을 혼자 힘으로 치러야 한다고 생각하지 마라. 분명 도움을 줄 만한 사람들이 있으니까. 협상을 통해 원금이나 이자를 줄일 수도 있으며, 심지어는 이자 면제가 가능한 경우도 있다. 그러나 기억해야 할 것은 이런 구제책이 있다고 해도 새 개인파산법에 따라 채무자는 부채의 상당 부분을 상환해야 한다는 점이다.

만약 이제부터 철두철미 원칙을 지키면서 신용카드를 쓰기로 굳게 결심했다면, 아니, 그렇게 결심하는 경우에만, 전에 쓰던 신용카드는 해약하고 신규고객에게 가입 첫 해 파격적인 낮은 가입비나 무이자 할부 서비스를 제공하는 카드사로 이전하는 것을 고려해보라. 그러면 이자가 대폭 줄어들 가능성이 있고, 따라서 더 많은 금액을 원금 상환으로 돌려, 상환을 앞당길 수 있다. 새 채권자인 신규 카드회사가 이체잔액을 현금서비스로 취급해 이자가 훨씬 빨리 늘어나는 일이 없도록, 반드시 서면으로 문의 및 확인하도록 하라.

여러 은행이 제공하는 이자율 혜택을 조사한 다음에는, 신용카드 "게임"을 해보자. bankrate.com, cardratings.com, cardweb.com과 같은 온라인 사이트를 방문해 신용카드사가 제시하는 혜택을 비교하라. 지금 거래하고 있는 카드사에 전화해서 자신이 원하는 새 조건을 제시하고 그렇게 해달라고 요청하라. 그렇게 해주지 않으면 신용 카드를 바꾸겠다고 말하라. 카드를 바꿀 때는 예전 카드들을 먼저 없애라. 미결제 잔액을 신규 카드로 이체하고, 예전 신용카드들을 없애고, 서면으로 예전 계좌를 해지하라. 이 모든 과정을 마치기 전에 절대 새 카드를 신청하지 마라. 이런 단계를 거치지 않으면, 결국 더 많은 빚을 떠안기고 더 곤란한 상황을 만들 카드만 수중에 늘어나게 될 것이다.

미결제 잔액 이체를 이용하면 지불해야 하는 이자 금액이 줄고 빚 청산 시기가 앞당겨진다. 예전 빚을 갚기 위해 "리파이낸싱"을 할 때, 월 상환금액을 낮추고 상환 만기일을 연장해주겠다는 조건을 받아들이는 어리석은 짓은 저지르지 마라. 매달 상환하는 수준은 종전과 똑같이 유지하라. 그래야만 종전보다 더 많은 금액이 원금 상환에 쓰이게 되고, 그래서 빚을 모두 상환하는 데 걸리는 기간이 줄어들게 된다.

주택담보대출 갈아타기를 할 때도 마찬가지다. 이것은 채권자들이 채무자에게 편의를 제공하기 위해서가 아니라, 자기들 잇속을 차리기 위해 만든 큰 함정이다. 채권자(은행)들 장단에 놀아나지 마라. 채권자들은 채무자에게 카드대금의 미결제 잔액을 이체하도록 하고 나서, 광고에 제시한 기간 동안 전보다 적은 월 최소지불액을 내도록 한다. 그러나 6~12개월 후면 채무자는 예전 상태로 되돌아가고, 이때부터는 이자마저 차츰 증가한다. 이자율이 낮을 때를 기회로 삼아 가능한 한 대출원금을 많이 상환하는 것이 현명한 행동이다.

두 번째 습관 :

나만의 빚 청산 계획을 세운다!

빚의 늪에서 빠져나오는 또 하나의 비결은 효과적인 빚 청산 계획을 세우는 것이다. 빚을 청산하는 계획들은 이미 제5장에서 언급했다. 여기서는 그 계획들이 어떻게 작동되는지 살펴보자. 신용카드 빚을 갚기 위한 매월 최소지불액에 총수입의 10퍼센트를 떼어주라. 만약 월간 총수입이 3백만 원이고, 최소지불액이 120만 원이라면, 이제부터 지불액으로 무조건 150만원을 쓰라는 얘기다. 온갖 부채를 다 갚겠다고 그 10퍼센트의 금액을 나누어서 보태려고 하지 마라. 가장 빨리 청산할 수 있는 빚을 갚는 데부터 10퍼센트 전부를 써라. 그러면 하나의 빚이라도 상환에 가속도가 붙고, 결과를 빨리 보게 될 것이다. 그러면 계속해서 빚을 갚아나갈 의욕이 생기지 않겠는가. 총수입의 10퍼센트를 바로 이 과제에다 쏟아 붓는 계획을 세워라. 총수입의 10퍼센트가 부담스러운 사람도 있을 것이다. 그렇다면 할 수 있는 만큼만이라도 하자. 중요한 것은 시작하는 것이다. *지금 당장!*

자, 이제 재정적 자유를 얻기 위한 5단계를 하나씩 차근차근 밟아 나가 보자.

■ **부채 정리** 신용카드, 직불카드, 일반대출, 모기지 대출 등등, 모든 부채를 가지런히 모아 정리한다.

■ **부채 일람표 작성** 종이 한 장을 마련해 빚 목록을 작성한다. 이 정보는 아래의 보기 8.1을 이용해 빚 청산 계획을 세울 때 필요하다. 부채의 종류를 적고, 미상환 총 잔액과 월 상환금을 적는다. 이 정보는 다음 단계를 위해 필요한데, 다음 단계로 넘어가기 전에, 우선 격려의 말을 한 마디 덧붙이고 싶다. 자신의 부채 총액을 보고 있으면 침울해질지도 모르겠으나, 낙담하지 마라. 바로 지금 자신의 빚을 해결하기 위해 뭔가를 하고 있지 않은가. 지금 여러분은 각자의 빚을 영원히 없앨 계획을 세우고 있는 것이며, *바로 지금*, 여러분은 자신의 재정적 미래를 스스로 장악하고 있는 것이다.

■ **상환 비율과 우선순위 결정** 이제 어떤 빚부터 먼저 갚아야 할지

를 생각해야 한다. 이것은 효과적인 전략을 짜기 위한 과정이다. 그 우선순위대로 차근차근 빚을 갚아나가야지, 그렇지 않으면 빚은 절대 줄어들지 않는다. 내가 다음 단계에서 설명할 상환 비율 스코어에 따라 빚을 갚아나갈 것을 여러분에게 권한다.

보기 8.1 빚 청산 계획에 제시된 손쉬운 단계를 하나씩 따라가면 된다.

보기 8-1 빚 청산 계획

첫째 줄 ______________________

빚의 종류 (채권자의 이름을 적는다)

둘째 줄 ______________________

총 잔액 (앞으로 상환해야 할 총 잔액을 적는다)

셋째 줄 ______________________

월 지불액 (현재 월 최소지불액을 적는다) · · · · · ·

넷째 줄 ______________________

상환 비율. 현재 부채의 총 잔액(둘째 줄)을 월 지불액(셋째 줄)으로 나누어, 그 결과를 넷째 줄에 적는다. 상환가는 각 부채의 미상환 잔액 대 월 지불액의 비율이다.

다섯째 줄 ______________________

상환 우선순위. 넷째 줄에서 상환 비율이 가장 낮은 빚부터 먼저 청산하도록 힘쓴다. 상환 비율이 낮을수록 상환 우선순위는 높아진다. 그렇게 각각의 부채에다가 번호를 매겨놓는다.

출처 판권은 johnburley.com에 속함. 위 표를 다른 용도로 사용하고 싶다면, johnburley.com을 방문해 저자에게 연락을 취하길 바란다.

참고 위 표는 www.trumpuniversity.com/wealthbuilidng101에서 내려 받아 개인 용도로 쓸 수 있다.

■ **부채 상환** 상환 우선순위가 높은 빚부터 시작하자. 총수입의 10퍼센트를 이 빚의 최소지불액에 투입해서 상환금액을 높여라. 이와 동시에 다음 두 가지 일도 함께 해야 한다. 다른 빚의 월 최소지불액을 계속 납입해야하고, 추가로 빚을 지는 일이 없도록 하는 것이다. 주택융자와 자동차 할부를 비롯해 모든 빚에서 완전히 자유로워질 때까지 이런 방식으로 빚을 갚아 나가라.

■ **빚 갚던 돈을 투자자금으로** 일단 모든 빚을 다 갚았으면, 원금과 이자를 갚기 위해 납입했던 돈을 이제는 순전히 투자를 위해 사용하라. 그렇다. 어차피 그건 매달 계속 빠져나가던 돈이었기 때문에, 그 돈이 없어도 전혀 아쉬울 것이 없잖은가. 그러니까 그 돈이 이제 여러분을 위해 움직이도록 만들어라. 이것은 재정적 자유를 향한 여정에 새로운 길을 닦는 아주 중요한 과정이다. 전에는 빚을 갚느라 어쩌지 못했던 돈을 이제는 맘대로 할 수 있게 됐다. 그 돈을 써버리지 말고 재정적 자유를 얻는 데 써라.

1순위 빚을 갚는 데 썼던 상환금과 총수입의 10퍼센트를 고스란히 2순위 빚을 갚는 데 보탠다. 2순위 빚을 다 갚으면 그 돈을 3순위 빚을 갚는 데 보태고, 3순위에서 4순위로, 4순위에서 5순위로 계속해서 돈을 이월한다. 이런 식으로 빚을 모두 갚고 나면, 그 다음엔 빚 갚는 데 썼던 돈이 고스란히 투자자금이 된다. 이렇게 해서 생각했던 것보다 더 빨리 더 큰 부자가 될 수 있다. 빚을 모두 갚고 나면 돌려막기나 갈아타기를 위해 새로 빚지는 일도 없을 것이다. 빚 하나를 다 갚았으면 거기에 부었던 돈을 모두 다음 빚을 갚는 데 보태는 방식으로 빚을 하나씩 청산해 나가라. 빚 하나를 갚고 그 여세를 몰아 다음 빚을 갚아 나가다 보면 결국 빚에서 완전히 해방될 것이다.

빚을 모두 청산한 뒤 빚 갚는 데 썼던 돈을 다른 곳에 소비하지 말고, 여러분 자신과 여러분이 사랑하는 사람들을 위한 더 나은 재정적 미래를 만들기 위해 사용하라. 다시 한 번 말하지만, 절대 예전처럼 다시 (투자도 아닌) 빚의 늪에 빠져 원금과 이자를 갚느라 허우적거리지 마라. 돈이 자신을 위해 움직이도록 만들어라. johnburley.com/trump을 방문하면 "3~7년 안에 완전히 빚에서 해방되는 방법(주택융자 및 자동차 할부 포함)"이라는 자료를 무료로 내려 받을 수 있다. 내려 받기 가능한 워크시트도 있고, 어떤 빚부터 갚아야 할지 그 순위를 결정하고 언제 재정적 자유를 얻을 수 있는지 날짜를 계산할 수 있는 계산기도 있다.

부채 다이어트 사례: 스탠과 바버러

빚에서 해방된 스탠과 바버러 부부의 성공담을 들어보자. 이 부부의 성공담은 여러분도 누구나 얻을 수 있는 힘의 훌륭한 본보기다. 마흔 살 동갑내기 부부 스탠과 바버러는 어린 자녀가 두 명이었고, 년 소득이 약 7만 달러로 넉넉한 편이었다. 그러나 이들 부부는 빚더미에 앉아 매달 청구서 요금을 내느라 허덕였다. (보기8.2) 더더군다나 자녀교육비와 노후자금을 마련하기 위한 계획이라곤 전혀 없었다. 그들은 내가 재정설계사로 일할 당시 나를 찾아왔는데, 아주 절박한 상황이었다. 수많은 재정전문가에게 상담을 받아봤지만, 하나같이 파산 신청만이 살 길이라고 조언했던 상황이었으니까.

보기 8-2 스탠과 바버러 부부의 부채

빚(종류)	대출금 잔액(달러)	월 상환금액(달러)
개인대출	14,600	790
자동차 할부	15,000	565
주택담보대출	120,000	1,320
합계	149,600	2,675(최소)

추가로 월 상환금액의 10% = 월 268달러

다른 수많은 소비자들과 마찬가지로, 이들 부부 역시 월 수입의 상당 부분을 빚 갚는 데 쓰고 있었다. 개인대출로 14,600달러의 빚을 지고 매달 적어도 약 790달러를 납입했다. 게다가 자동차 두 대의 미상환 잔액이 15,000달러나 됐고, 주택담보대출 잔액도 12만 달러나 남아서, 원리금을 갚느라 매달 각각 565달러와 1,320달러를 납입하고 있었다. 정말 눈이 휘둥그레질 만한 액수였다. 한 달에 빚을 갚기 위해 지불하는 금액이 무려 2,675달러나 됐다.

스탠과 바버러 부부의 재정 상태는 정말이지 암담했다. 그들은 빚더미에 앉은 알거지였다. 만약을 대비한 비상금도 없이, 무턱대고 소비를 하면서 신용카드로 식료품을 사고 있었다. 만약 그들 가족에게 당장이라도 위기가 닥친다면 문제가 아주 심각할 터였다. “부담 없는” 최소지불액 때문에 스탠과 바버러는 이미 궁지에 몰린 상태여서, 매달 지불하는 2,675달러는 사실상 그들 돈이 아니었다.

그뿐이랴, 이들 부부는 무절제한 소비 습관을 제대로 관리하는 법을 터득하지 못해 매달 2,675달러를 날리고 있었다. 이제부터 내가 하는 말을 잘 새겨들어야 한다. 무절제한 소비습관은 빚의 늪에서 빠져나오지 못하게 하는 아주 위험한 행동이니까 말이다. 빚의 늪에 빠진 사람들은 대부분 예전에 산 물건 값을 갚기도 전에 계속해서 또 다른 물건을 산다. 내가 제시한 방법을 따르면, 모든 빚을 갚고 이전 빚을 갚으려고 새로 빚지는 일이 없을 것이다. 빚 하나를 다 갚았으면 그 빚에 붓던 돈을 다음 빚 갚는 데 보태는 방식으로 빚을 하나씩 청산하고, 그때마다 여세를 몰아 점점 더 의욕적으로 빚을 갚아 나가, 마침내 빚에서 완전히 자유로워질 것이다. 빚을 모두 청산하고 나면 -이 부분이 아주 신나는 일인데- 빚 갚는 데 쓰던 돈이 몽땅 AIP로 이체 되어 재정적 자유를 지속적으로 보장할 것이다.

일단 스탠과 바버러의 소비행태를 이해한 다음, 나는 두 사람에게 내 계획이 어떻게 적용될 수 있는지 보여주었다. 두 사람은 자신들의 소비를 통제할 수 있었다. 그런 다음 지출을 줄이겠다고 약속했고, 또한 빚을 청산하기 위해 월 최소지불액 총액의 10퍼센트(268달러)를 추가납입 하는 것에 동의했다. 중요한 점은 빚 청산을 위해 진지하게 첫걸음을 내디뎠다는 것이다.

스탠과 바버러는 원래 매달 납입하던 지불 총액(2,675달러)에다 그 10퍼센트(268달러)를 더해, 모두 2,943달러를 자동이체 방식으로 납입했다. 이렇게 해서 스탠과 바버러는 빚을 모두 상환하고 백만장자가 되는 길로 접어들 수 있다. 정확히 5년 후 모든 부채가 상환된 다음, 그 돈은 AIP로 방향을 틀 것이다. 부부가 은퇴할 때쯤 되면 이 AIP 계좌의 잔액이 수백만 달러로 빵빵하게 불어나 있을 것이다.

■ 스탠과 바버러의 새로운 재정적 미래

이 가족은 내가 제시한 빚 청산 계획을 따름으로써 약 5년 후면 주택융자와 자동차 할부를 비롯한 모든 빚에서 완전히 해방될 것이다. 그 후 부채 정리에 쓰였던 돈을 AIP 계좌에다 투자하게 되면, 두 사람은 65세에 백만장자가 될 것이다.

그러려면 어떻게 해야 할까? 우선 두 개의 자동차 할부금액 중 매월 300달러인 하나를 상환 1순위로 정한다. 여기에 현재 추가할 수 있는 268달러를 보탠다. 이렇게 매달 568달러를 납입하면 6개월 내에 두 번째 자동차에 대한 잔금을 모두 청산할 수 있다.

자동차 할부를 청산했으면 이제 568달러는 다음 순위의 빚을 상환하는 데 보태라. 여기서 가장 중요한 것은, 완전히 빚에서 해방될 때까지 10퍼센트의 추가금을 계속 보태야 함을 이해하는 일이다. 재정습관을 바꾸기로 결심하기 전의 나였다면, 자동차 잔금을 모두 치르고 나서 자동차 할부금으로 들어갔던 300달러를 다른 데 썼을 것이다. 그러나 이제 내가 제시한 빚 청산 계획을 따르는 사람이라면 새로 뭔가를 사서 빚이라는 늪에 빠지는 일을 되풀이하지 않는다. 모든 빚을 다 갚을 때까지 전략적으로 그 돈은 다른 빚을 갚는 데 계속 보탤 것이다.

스탠과 바버러의 빚 중에서 상환 2순위는 비자카드 대금이었다. 잘 지켜보라, 두 사람이 실행에 옮긴 빚 청산 계획의 효과는 굉장하다. 두 사람은 비자카드 대금을 갚기 위해 월 최소지불액 300달러에 568달러 전부를 보탠다. 이제 카드 대금으로 868달러를 납입하면 약 4개월 만에 잔액 3,600달러가 깨끗이 청산된다. 두 사람은 몇 년에 걸쳐 갚았어야 할 두 번째 자동차 잔금과 비자카드 대금을 내가 제시한 계획에 따라 10개월 만에 모두 갚을 수 있다.

그러고 나서 두 사람은 백화점카드 대금(675달러)으로 눈을 돌려, 한 달 만에 잔금을 모두 상환한다. 그러고도 263달러가 남자, 주거래 은행에서 발급받은 신용카드의 대금 상환에 보탠다. 여러분도 이제는 어떻게 돌아가는지 이해했으리라고 본다. 마침내 모든 빚을 청산할 때까지, 먼저 갚은 빚의 상환금을 다음 번 빚을 갚는 데 모두 보태는 것이다. 두 사람은 21개월 만에 소비자 부채와 자동차 할부 잔금을 모두 청산하고, 그런 다음 주택 융자금을 갚는데 총력을 기울여 4년 후 모두 상환한다.

빚을 모두 갚는 데 시간이 얼마나 걸리는지 계산해보라. 상당히 놀라울 것이다. 턱밑까지 빚의 늪에 빠져 허우적거리던 이들 가족이 5년 6개월 만에 완전히 빚에서 해방된다. 하지만 진짜 신나는 일은 무엇인지 아는가! 스탠과 바버라는 이제 애초의 최소지불액 총액(2,675달러)에 빚 청산용 추가 금액(268달러)을 합친 2,943달러를 매달 투자자금으로 쓸 수 있게 된다는 것이다.

예전에는 매달 채권자의 손에 쥐어 주었던 돈을 이제는 자신들의 손에 쥐게 되는 것이다. 그러나 그들은 그 돈으로 뭔가를 또 사들이는 대신 투자를 한다. 반드시 이 점을 명심하길 바란다. 그 돈은 매번 잃는 돈이었다. 더 이상 그들의 돈이 아니었다. 부부는 그 돈을 그냥 날리고 있었다. 그들은 그 돈을 만져보지도 못했다. 그들의 돈이 아니었다. 그러나 마침내 그들은 돈을 되찾았고, 이제 그 돈으로 안정된 삶을 꾸리려 한다. 앞으로 20년 동안 매달 자동이체로 2,943달러를 AIP 계좌에 넣으면, 부부가 65세가 될 때 즈음엔 (수익률이 10퍼센트라고 가정할 때) 돈이 220만 달러로 불어날 것이다. 스탠과 바버러는 빚에서 해방될 뿐만 아니라 백만장자가 된다.

상상해보라. 부자 되기가 이토록 간단하다니 정말 놀랍지 않은가?

빚에서 해방되는 날

언제까지 빚을 모두 갚을지 정하려면, 빚을 모두 합산한 다음 월 상환금에 보탤 여유자금을 계산하라. 여유자금은 총수입의 10퍼센트가 이상적이다. 이만큼의 액수를 떼어 놓을 수 없다면 할 수 있는 만큼만 하라. 얼마가 됐든 시작이 중요하다. 그런 다음 빚에서 완전히 자유로워지기까지 몇 년이 걸릴지 계산하면 된다. 이런 방식으로 하면 어떤 가정이든 3년에서 7년 사이에 주택융자와 자동차 할부를 비롯한 모든 빚에서 완전히 자유로워질 수 있다. 내가 제시한 빚 청산 계획은 간단하면서 현실적인 방안이다. 지금까지 수천 명이 이 방법으로 효과를 보았으니까, 여러분도 효과를 보리라고 확신한다.

몇 가지 중요한 사항을 짚어보자. 지금 당장은, 이자율이 가장 높은 빚을 걱정하지 마라. 내가 제시한 방법으로 빚을 갚아나가면 상환시기가 상당히 앞당겨지기 때문에 높은 이자를 몇 달 지불한다고 크게 손해 보는 일은 없을 것이다. 대부분이 위에 설명한 과정을 착실히 밟아서 빚을 모두 청산할 수 있을 것이다. 채무자 중 상당수는 이자율을 낮추기 어려울 것이라고 짐작된다. 그러나 만약 전에 설명했듯이 이자율을 낮출 수 있다면, 당장 그렇게 하라. 그런 다음 상환 비율을 다시 계산해 상환 우선순위를 새로 매겨라. 필요하다면 그때그때 조정이 가능하다.

이 방법의 성공비결은 샘솟는 의욕이다. 빚이 하나씩 청산되는 것을 보면서 빚을 갚기 위한 노력에 박차를 가할 수 있다. 열의와 성취감이 생기기 때문이다.

현재 빚이 많은 사람이라면 대부분의 경우 낮은 이자율을 적용받을 자격이 주어지지 않겠지만, 그래도 혹시 이자율을 낮출 수 있다면 지금 당장 신청하라. 카드대금 미결제 잔액 이체 혜택을 이용하거나, 또는 소비부채와 같이 금액이 적은 빚은 전부 이자율이 낮은 개인대출로 갈아타는 것도 좋다.

이때 명심할 점은 이것이 이자를 낮추거나 없애기 위함이지, 추가로 대출을 받자는 것이 아니라는 사실이다. 이자율이 낮은 카드를 새로 발급받았다면, 내가 전에 한 말을 명심하라. 일단 이전 카드의 잔금이 모두 상환됐으면, 이전 카드를 해지하고 카드는 잘라버려라. 그렇게 해서 앞으로 있을지 모를 유혹의 싹을 완전히 제거해야 한다. 소비자가 빚의 늪에 빠지는 이유는 단 한 가지. 바로 자제력 부족 때문이다. 지갑 가득 꽂힌 신용카드의 유혹에 넘어가 흥청망청 돈을 쓰게 되는 것 – 누가 그것을 원하겠는가! 내가 자신 있게 말하는데, 또다시 빚더미에 앉게 되면 그때는 걷잡을 수 없이 나락으로 떨어질 가능성이 크다.

마지막으로 한 가지만 더 짚고 넘어가자. 기존 부채에 적용된 이자율을 낮추거나 또는 낮추기 위해 갈아타기를 할 경우, 절대 월 상환금도 함께 낮추는 어리석은 짓을 저지르지 마라. 소비자들은 그러는 경향이 있다. 지금 당장 숨 좀 돌려보자는 행동이지만, 결국은 재앙을 초래한다. 이자율이 낮은 대출을 새로 신청하면서 만기일을 늘려 월 지불액을 낮추는 경우가 종종 있는데, 그러면 또 다시 채권자의 농간에 놀아나게 되는 셈이다. 내 장담하건데, 더 오랫동안 빚더미에 앉아 더 많은 이자를 지불하면서, 덕분에 매달 생기는 소위 '엑스트라' 돈으로 소비를 늘려 추가로 빚을 지게 되는 함정에 빠진다. 새로 대출을 받는 것은 빚을 갚기 위함이지 결코 빚을 늘리기 위함이 아니다.

물론 이것 말고도 빚을 줄이는 방법은 또 있다. 그러나 이 방법은 아주 간단해서 따라 하기 쉽고 효과가 빠르다. 그래도 복잡하게 느껴진다면, 적어도 아래 간단한 원칙들은 기억하자.

—— 불필요한 신용카드는 지금 당장 없애라. 비상시를 대비해 신용카드 한 두 장만 갖고 있으면 충분하다. 일상적으로 사용할 신용카드로는 매월 거래대금 전액이 일시불로 결제되는 아메리칸 익스프레스나 직불카드가 좋다.

—— 현금만 사용하라. (또는 매월 거래대금 전액이 결제되며 오늘날 현금 대용이라 불리는 신용카드를 사용하라.) 그리고 추가로 불필요한 소비재를 외상으로 구매하지 않도록 하라.

—— 빚 청산 계획을 세워 끝까지 실천하라.

—— 3년 내지 7년 후 언제까지 빚을 모두 갚겠다는 상환 날짜를 정하라.

—— 예전의 소비습관으로 되돌아가게 하는 유혹에 부딪치면, 재정적 자유라는 최후의 결과에만 온 신경을 집중하라.

빚의 굴레에서 벗어난다면 우리는 재정적으로나 그 밖의 다른 측면에서 더 행복하고 더 건강한 삶을 영위하게 될 것이다. 그러면 세상 역시 지금 보다 더 살기 좋은 곳이 될 것이다. 모든 사람이 빚 없는 삶을 누릴 수 있다.

이 기쁜 소식을 세상에 전하라! 더 자세한 내용은 johnburley.com/trump에서 얻을 수 있다.

JOHN R. BURLEY

"예산 혐오증" 환자들을 위한 자동 머니 시스템

존 R. 벨리

09

이것은 우리 삶의 현실이다. 특히 재정적인 삶의 현실이다. 누구나 예산을 세워야 한다.

씀씀이를 줄이라는 소리를 듣기 싫어하는 사람들이 많다. 나도 듣기 싫다. 예산이라는 단어만 나와도 짜증이 난다. 대화하는 중에 예산이라는 말이 나올 때마다 들을 수 있는 몇 가지 언짢은 반응을 열거해볼까.

- 예산 때문에 구속도 많고 제약도 많아. 자유롭지가 못해.
- 예산은 너무나 복잡해. 힘들어서 어떻게 거기 맞춰 사냐?
- 예산 세워봤자 소용없어. 어쨌든 실패하게 돼 있다고.
- 예산은 터무니없다니까. 그것 때문에 늘 싸움이 나지.
- 예산 때문에 내가 형편없는 사람처럼 느껴져. 내가 얼마나 돈 관리를 못하는지 알고 싶겠냐고?

목록을 적자면 한도 끝도 없다. 여러분도 틀림없이 예산에 대한 자신의 부정적 생각을 덧붙일 수 있을 것이다.

그렇기 때문에 나는 좀 다른 방식으로 예산에 대해 이야기하기를 좋아한다. 예산에 맞춘 삶이란 우리가 돈을 위해 움직이는 것이다. 그래서 나는 차라리 돈이 우리를 위해 움직이게 하는 "머니 시스템"에 대해 얘기한다. 그것이야말로 진정 우리가 예산을 통해 실현하고자 하는 것이다.

일반 가정이 예산을 이해하고 (또 그보다 중요하게) 예산을 이용하려면, 예산이란 단순해야 한다. 많은 가정이 지출을 통제하기 위해 예산을 세우지만, 장기적으로 보면 실효성이 거의 없다. 예산은 가족 구성원들 사이에 상당한 스트레스를 유발한다. 돈 문제로 발생한 말다툼 때문에 가족의 재정상황은 물론 가족관계까지 결딴나는 경우가 종종 있다. 바로 이것이 예산의 짤막한 이력이다. 대부분의 가정에서 좋은 취지에도 불구하고 예산이 결국 실패담으로 끝나다니 안타까운 일이 아닐 수 없다.

간단히 말해서 예산은 자신의 재정 목표를 점검하고 성취하며 유지하는 데 도움이 되는 유용한 도구여야 한다. 예산이든 머니 시스템이든 사용자를 위해 움직여야지 사용자를 부려서는 안 된다. 여기서 중요한 말은 '사용자를 위해 움직인다.' 라는 것이다.

나는 한때 예산이 너무 싫어서 수년 간 예산 없이 사는 방법을 백방으로 알아보았다. 만약 예산 편성과 집행 없이 성공한 회사를 단 한 곳이라도 발견하면 나 역시 예산 없이 살겠다고 다짐했었다.

결국 어떻게 됐을까? 몇 년 후, 나는 재정을 컨트롤하는 체계를 마련하지 않고 성공한 기업이나 조직은 단 하나도 없음을 분명히 알게 되었다.

내 맘에 들든 들지 않든 상관없다. 이건 엄연한 객관적 사실이다. 재정적 자유를 장기적으로 누리려면, 나 역시 내 돈을 관리할 머니 시스템을 개발

해 실천해야 했다. 내가 충실히, 그리고 성공적으로 예산에 맞춰 살려면 내 머니 시스템은 달라야 했다. 새로운 머니 시스템은 기존의 방식과 거울상처럼 정반대여야 했다. 그것은 다음과 같은 요소를 갖춰야 했다.

- 실천하기 쉽고 즐거워야 한다.
- 시간이 많이 걸리지 않아야 한다.
- 유쾌하게 소비할 수 있는 자유를 제공해야 한다.
- 간단해야 하며, 항상 푼돈까지 일일이 신경 쓰게 만들어서는 안 된다.
- 즉시 결과가 나타나야 한다.
- 실천 단계가 너무 많지 않아야 한다. (다섯 단계 정도)
- 투자자금을 만들어서 평생 생계비 걱정은 안 해도 될 만큼의 현금을 제공해주는 것이어야 한다.
- 적절한 기간 내에 내 개인 부채를 모두 상환할 수 있어야 한다.
- 내가 좋아하는 자선기관에 기부할 여유를 제공해야 한다.
- 장기적으로 진정한 재정적 자유를 제공해야 한다.
- 자동으로 실행되어야 하며, 일단 설정만 해두면 더 이상 신경 쓰지 않아도 될 만큼 간단해야 한다.

요약해보면, 내 재정적 성장을 위해 *실제로 예산을 짤 수 있게* 해줄, 실천하기 쉬운 머니 시스템이 필요했다. 나는 이처럼 새로운 시스템을 "예산 혐오증 환자들의 자동 머니 시스템"이라고 부른다.

자동 머니 시스템

나는 세미나에 참석한 수강생들에게 내 자동 머니 시스템을 소개할 때, 우선 그들이 예산을 어떻게 생각하는지 물어본다. 끙 하고 앓는 소리와 불만의 소리가 잦아들기를 기다렸다가 나 역시 공감한다고 얘기한다. 사실 예산에 관한 한 내 시각은 전혀 재정설계사답지 않다. 나는 이렇게 외친다,

"예산, 정말 짜증나요."

그런 다음 수강생들에게 다른 곳에 가서 재무의 권위자가 그런 소리를 하더라고 얘기해도 좋다고 한 후, 왜 예산이 그리 짜증나는지 자유롭게 이유를 적어보라고 말한다.

그 다음엔 수강생들에게 모두 일어나라고 한다. 그러고 나서 주먹으로 허공을 찌르며 일제히 입을 모아 큰소리로 외치게 한다.

"예산, 짜증 나!"

무슨 바보 같은 짓인가 하겠지만, 이런 식의 통쾌한 외침은 상당히 유용하다. 예산에 대한 낡은 관념을 몰아내는 데 도움이 되니까. 예산의 실효성이나 전통적으로 복잡했던 예산 편성과 집행에 관련된 부정적 경험과 부정적 생각을 없애는 데 도움이 되니까.

여러분도 지금 당장 예산에 대한 부정적인 생각을 없앨 수 있다. 셋을 세면, 벌떡 일어나 허공에 주먹을 찌르며 큰 목소리로 외쳐보라.

"예산, 짜증 나!"

하나, 둘, 셋! 예산 짜증 나! 바로 그거다. 기분이 좋아졌는가? 좋다.

이제 새로운 사고방식을 받아들일 준비를 하자. 내가 제시하는 시스템은 다음과 같은 한 가지 간단한 원칙을 따르기 때문에 신나게 그리고 자유롭게

실천할 수 있다. 수지收支 등식에서 마이너스 부분(지출)을 -참, 전통적인 예산에서는 단지 이 마이너스 부분만 강조한다- 강조하는 만큼, 등식의 플러스 부분(소득, 저축, 투자)도 강조하라는 것이다. 이처럼 밸런스를 유지함으로써 자신의 재정적 성공을 위한 "예산을 짜고" 자신이 진정 소유하기를 원하던 부를 쌓아갈 수 있다. 이건 여러분 각자의 시스템이니, 재미있게 갖고 놀아보자. 원하는 것을 모두 희생할 필요는 없잖은가. 사실, 이 머니 시스템은 사용자가 실행하면서 재미를 느낄 여지가 있기 때문에 효과적이다.

간단하지만 강력한 다음 다섯 단계를 통해 재정적 자유를 누리며 부를 축적할 수 있다. 다섯 단계를 하나씩 간략하게 살펴보자.

■ **자동이체 투자를 실행하라.** 제7장과 제8장에서 살펴보았듯이, 여러분은 AIP 계좌를 만들고, 매월 총수입의 10퍼센트를 헌납하여 체계적으로 부를 축적하자. 그런 다음 자동이체를 통해 자신의 투자지식 수준에 맞는 투자상품에 투자하라. 이렇게 하면 즉시 효과가 나타나 돈이 여러분을 위해 움직일 것이다. 10퍼센트가 꽤 많은 것처럼 들리는가? 사실은 그렇지 않다. 이 정도 금액을 떼어 놓을 수 없다면, 더 적은 액수로 시작하라. 그러나 핵심은 시작하라는 것이다. 수강생들에게 물어보니 수입에서 10퍼센트 정도 빠져나간 것은 전혀 눈치를 채지 못했다고 한다. 이거야말로 새로운 머니 시스템의 첫 단계이다. 이 단계의 실행을 방해하는 세 가지 핑계를 기억해두자. "쥐꼬리만한 액수 모아봤자 무슨 소용이야?" "그럴 형편이 안 돼." 그리고 "돈을 어디에 투자해야 할지 모르겠어." 이런 핑계나 대고 있으면 수익률은 틀림없이 마이너스 100퍼센트가 될 것이다. 돈은 모두 써버려서 어디론가 사라지고, 다시는 만지지 못할 테니까 말이다. 이런 바보짓은 그만 둬라. 아직도 AIP로 투자를 하고 있

지 않은가? 지금 당장 시작하라!

■ **빚 청산 계획을 만들라.** 제8장에서 빚 청산에 관해 자세히 살펴본 바와 같이, 총수입의 10퍼센트를 부채 상환금에 추가로 보태서 매달 체계적으로 빚을 줄여나가라. 이 방식을 충실히 따르면 3~7년 이내에 주택융자와 자동차 할부를 비롯한 모든 빚에서 완전히 자유로워질 것이다.

■ **자선단체에 기부할 계획을 세우라.** 적어도 총수입의 10퍼센트를 자선 목적으로 기부하라. 기부란 부를 창출하고 "착실하게 부를 맡아 지키는" 청廳지기의 도리이자 은혜에 대한 보답이다. 내가 아는 부자들은 모두 자선단체에 기부를 한다. 기부를 통해 조화로운 삶을 유지하고 넉넉한 마음가짐으로 살아가는데, 이런 부자들은 인정을 베푼 만큼 보상을 받는다.

고대 경전經典들을 보라, 거의 하나같이 타인에게 베풀라는 얘기가 나온다. 이런 이유만으로도 자선은 대단히 중요한 일로 여겨야 할 것이다. 우리는 살면서 분명히 주는 만큼 얻는다. 물질로든 마음으로든 무언가를 꾸준히 베풀면 더 많이 벌고 더 많이 얻는 기회가 생긴다. 흥미롭게도 빈곤층과 중산층은 정기적으로 자선단체에 기부하지 않는 반면, 부자들은 대다수가 기부를 한다. 성공은 그 단서를 남기는 법. 그러니 기부에 대해 여러분에게 해 줄 말은 이것이다:

여러분이 베풀지도 않고 부자도 아니라면 (부자들은 거의 모두 기부를 한다), 시도한다고 손해 볼 일이 있을까? 없다. 당장 해보라. 분명 효과가 있다.

나는 여러분의 새로운 머니 시스템에다 이처럼 기부의 계획도 포함시키라고 강력히 제안한다. 물론 이렇게 생각하는 사람이 있을지 모르겠다. "총수입의 10퍼센트를 투자하는 것도 버거운데, 지금 나한테 추가로 10퍼센트는 빚 갚는 데 쓰고, 또 다른 10퍼센트는 자선단체에 기부하라고? 그렇게는 못 하지. 난 그럴 형편이 안 돼."

이해한다. 나 역시 전에는 그랬었다. 그러나 시작이 중요하다는 게 나의 충고다. *지금 당장* 시작하라. 현재 각 부문에 2퍼센트 혹은 3퍼센트밖에 쓸 수 없다면, 그것도 괜찮다. 투자, 부채 상환, 자선단체 기부에 쓰는 돈이 각각 총수입의 10퍼센트가 될 때까지 매달 조금씩 퍼센트를 늘려나가면 된다. 중요한 건 시작이다. 앞서 말한 단계들을 실천하면 재정적 자유를 얻을 때까지 지속적으로 계획을 밀고 나갈 추진력을 얻게 될 것이다.

■ 빚 없이 사는 법을 터득하라. 빚을 멀리한다는 것은 더 이상 빚을 지지 않는다는 뜻이다. 아주 상식적인 얘기 아닌가. 이런 삶의 방식을 각자의 머니 시스템에 포함시켜야 한다. 현금으로만 (또는 매월 대금 전액을 결제해야 하는 신용카드로만) 거래하고, 신용카드 사용을 자제하는 등 간단한 방법들을 실천하면 도움이 된다. 내 생각은 이렇다. 많은 사람들이 "새 양복을 사고 싶어."라고 말한다. 그런데 대금 청구서가 날라 왔을 때 양복 값 전액을 한 번에 갚지 못할 사람이라면, 새 양복은 그에게 꼭 필요한 물건이 아니다. 값을 지불할 수 있는 물건만 사라. 당분간만 자신의 분수에 맞게 생활하면, 전에는 가능하리라고 생각도 못했던 삶을 나머지 인생 동안 쭉 누리게 될 것이다.

■ 나머지는 소비하라! (신나게) 마지막 단계는 아주 쉽다. 앞서 말한

4단계를 충실히 이행하고 기본적인 비용을 다 낸 다음, 남은 돈은 마음껏 써라. 진심이다. 죄의식도 느끼지 말고 원하는 만큼 써라. 하지만 이쯤 되면 사람들은 대부분 자질구레한 물건들을 이것저것 사는 대신 진짜 원하는 것을 구매하고 있다는 사실을 깨닫게 된다. 결국 더 좋은 물건과 더 많은 돈을 갖는다. 여러분도 해보라. 지금 당장 시작하라. 지금까지 설명한 간단한 머니 시스템의 장점 중 하나는 남은 돈으로 자신이 원하는 것은 뭐든지 할 수 있다는 유연성이다.

이제 앞에서 설명한 다섯 단계의 '예산' 이 예전에 삶을 고달프게 했던 예산과는 다름을 깨달았으리라고 본다. 새로운 시스템은 여러분의 삶을 고달프게 하는 게 아니라 여러분을 위해서 부지런히 움직여줄 도구이다.

사람들은 대부분 이 방식을 아주 쉽게 특별히 애쓰지 않고 실천할 수 있다. 현재 빚더미에 앉아 있거나 또는 그러면서 분에 넘치게 사는 사람은 이 시스템 속으로 조금씩 천천히 들어가야 할 것이다. 현 수입과 현 지출 수준에 상관없이 누구나 이 방식으로 재정적 성공을 이룰 수 있다. 이 머니 시스템으로 효과를 보기 위해 수입이나 지출, 또는 양쪽 면에서, 사소한 몇 가지만 조정하면 되는 사람도 있겠지만, 심각하게 조정이 필요한 사람도 물론 있을 것이다. 지금 자신이 원하는 삶을 살고 있긴 하지만, 금전적으로 여유가 없는 사람도 있다. 일단 내가 제시한 새 머니 시스템을 실행하면, 자신이 원하는 삶을 살기 위한 비용을 마련할 수 있다.

이 시스템은 정말 효과가 있다. 전 세계에 흩어져 있는 수천 명의 내 제자들이 이 간단한 다섯 단계를 실천함으로써, 걱정근심 없이 잘 살고 있다. 내가 제시한 머니 시스템의 효과를 보기 위해서 생활방식을 상당히 바꿔야 하는 상황이라고 해도 절대 낙담할 필요가 없다. 시작하기로 마음만 먹었다면, 제대로 가고 있는 것이다. 멈추지 마라. 결국 모든 것은 자신의 선택에 달려 있다. 나는 여러분이 재정적 피폐로 인한 장기적 고통보다는 차라리 변화로 인한 단기적 고통을 택하리라고 믿어 의심치 않는다.

이제 정말 간단하게 새로운 머니 시스템의 효과를 얻을 수 있는 몇 가지 전략을 살펴보자.

지출을 줄여라

평범한 가정이라면 대체로 수입을 늘리기보다 지출을 줄이는 편이 쉽다. 지출을 줄이기 위해서 해야 할 일은 현재의 삶을 복잡하게 만들지 말고 단순화하는 것이다. 지출 내역을 꼼꼼히 살펴보라. 구매 영수증을 보면서, 사고 나서 만족스러웠던 물건이 몇 개이며 전혀 만족스럽지 않았던 물건이 몇 개인지 눈여겨보라. 꼭 필요하지도 않은 서비스에 돈을 지불하고 있음을 깨닫는 사람들이 얼마나 많은지!

신속하고 간편하게 지출을 줄일 수 있는 몇 가지 방법들이 있다.

- 쇼핑하러 갈 때 지갑을 집에 두고 가라. 우선 물건을 둘러보고, 나중에 사러 가라. 그러면 물건을 적게 사게 된다.
- 고객의 구매충동을 자극하는 업체의 마케팅 전략에 민감해져라. 우편, 전화, 이메일 등으로 제품 카탈로그를 보내는 업체의 고객 명단에서 자신의 이름을 없애라.
- 잡상인에게서 물건을 사거나, 전화로 자선단체에 기부하지 마라.
- 현금 인출 카드를 없애라.

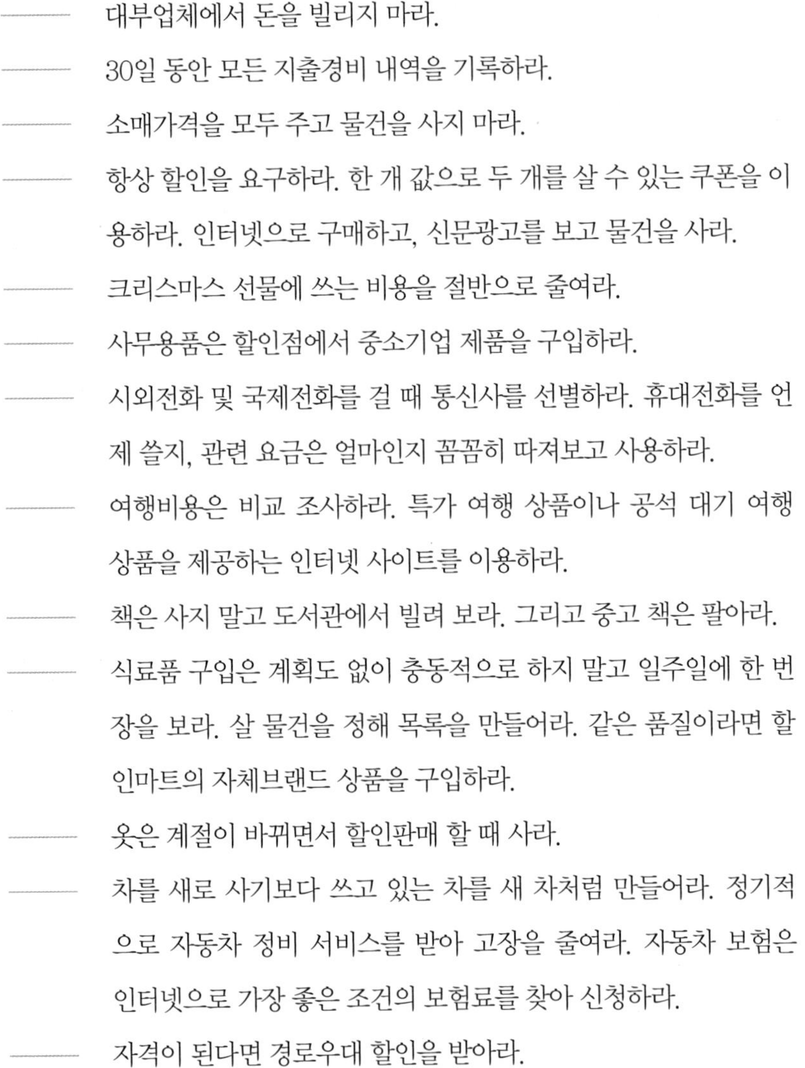

- ——— 대부업체에서 돈을 빌리지 마라.
- ——— 30일 동안 모든 지출경비 내역을 기록하라.
- ——— 소매가격을 모두 주고 물건을 사지 마라.
- ——— 항상 할인을 요구하라. 한 개 값으로 두 개를 살 수 있는 쿠폰을 이용하라. 인터넷으로 구매하고, 신문광고를 보고 물건을 사라.
- ——— 크리스마스 선물에 쓰는 비용을 절반으로 줄여라.
- ——— 사무용품은 할인점에서 중소기업 제품을 구입하라.
- ——— 시외전화 및 국제전화를 걸 때 통신사를 선별하라. 휴대전화를 언제 쓸지, 관련 요금은 얼마인지 꼼꼼히 따져보고 사용하라.
- ——— 여행비용은 비교 조사하라. 특가 여행 상품이나 공석 대기 여행 상품을 제공하는 인터넷 사이트를 이용하라.
- ——— 책은 사지 말고 도서관에서 빌려 보라. 그리고 중고 책은 팔아라.
- ——— 식료품 구입은 계획도 없이 충동적으로 하지 말고 일주일에 한 번 장을 보라. 살 물건을 정해 목록을 만들어라. 같은 품질이라면 할인마트의 자체브랜드 상품을 구입하라.
- ——— 옷은 계절이 바뀌면서 할인판매 할 때 사라.
- ——— 차를 새로 사기보다 쓰고 있는 차를 새 차처럼 만들어라. 정기적으로 자동차 정비 서비스를 받아 고장을 줄여라. 자동차 보험은 인터넷으로 가장 좋은 조건의 보험료를 찾아 신청하라.
- ——— 자격이 된다면 경로우대 할인을 받아라.

시간을 내서 자신의 지출 내역을 기록하다 보면, 분명 한 가지 경향을 알아차리게 될 것이다. 돈이 어디로 흘러가는지도 모른 채 무턱대고 쓰는 경향을 말이다. 무의식적인 씀씀이를 잘 관찰해, 불필요한 물건을 구매하려는 충동을 없애라. 이런 방법으로 돈의 낭비를 막고, 더 많은 돈을 투자와 빚 청산과 자선단체 기부에 쓸 수 있다. 자신이 매년 이자로 얼마를 내고 있는지 안다면 깜짝 놀랄 것이다. 이자로 나가는 돈이 한 푼도 없다면 개인 재무제표가 얼마나 달라보일지 한 번 상상해보라.

컴퓨터화化 하자

여러분이 만약 컴퓨터 사용에 능숙하다면, 시중에 나와 있는 수많은 개인용 재무관리 프로그램 중 하나를 사용할 것을 적극 추천한다. 나와 우리 가족은 인튜잇(Intuit) 사의 퀵큰(Quicken)과 마이크로소프트사의 머니(Money)를 사용한다. 이와 같은 재무관리 소프트웨어를 쓰면 예산도 세우고, 지출 내역도 항목별로 기록하며, 온갖 세무 정보도 저장할 수 있다. 또한 투자 내역을 기록하고, 인터넷 뱅킹을 실행하는 등 여러 가지 일도 할 수 있다. 나는 개인적으로 Quicken이 아주 능률적이며 사용하기 편리한 것 같다. Quicken을 비롯한 재무관리 소프트웨어는 사무용품점이나 전자상점에서 살 수 있다.

위험 신호는 없는가?

위험 신호에는 이런 것들이 있다:

- 돈을 관리하다 보면 실수도 저지르는 법. 미리 예상하라.
- 유연하게 대응하도록 준비하라. 예기치 못한 지출에 대비해 계

획을 세워라.

– 일 년에 한 번, 두 번, 네 번 정기적으로 지출하는 항목을 간과하지 않도록 기재 내역을 재점검하라.

– 예기치 않은 일이 –그것도 초반에– 일어날 수 있음을 항상 예상하라.

일관된 방침을 적용하고 언제든지 중요한 순간에 가족 전체가 참여하도록 하라. 예산 실천과 관련해 가장 큰 문제는 가족의 참여가 부족해서 발생하는 경우가 대부분이다. 나는 남편과 아내 중 한 명이 홀로 적진에 맞서 싸우는 기마병인 양 혼자서 모든 것을 처리하려고 애쓰는 모습을 많이 보았다. 이런 경우 보통은 한 사람이 가족의 재정설계를 세운 다음 나머지 가족들에게 그 계획에 맞추라고 강요한다. 그렇게 되면 잔소리가 이어지고, 비난과 큰소리가 오가다 말다툼이 일어나고, 결국 고성이 오가게 된다.

그러면 안 된다! 새롭게 재정관리 계획을 시작하면서 독불장군獨不將軍의 원칙을 무시하거나, 서로 대립해 험악한 분위기를 만들지 마라. 한 팀으로 움직여라. 맨 처음부터 온 가족을 참여시켜라. 그래야 하는 데는 두 가지 합당한 이유가 있다. 첫째, 가족의 협조가 필요하기 때문이다. 가족 전체가 동참하면, 특정 지출이나 수입원을 간과할 가능성이 크게 줄어든다. 둘째, 만약 계획 단계에서 한 사람이라도 제외되면, 새로운 규칙을 지키라는 갑작스러운 강요에 화가 나서 협조하지 않을 수도 있기 때문이다.

충동구매와 충동지출을 피하라

자신의 씀씀이를 의식적으로 살피자. 진짜로 원하는 것만 사자. 어쩌다 한두 번 순간적인 만족을 추구했다고 패가망신하지야 않겠지만, 그런 일이 수없이 반복 되면 그렇게 될 것이다. 필요하다면 돈을 쓸 때 좀 더 자제력을 발휘하도록 노력하라.

한 달에 걸쳐 돈의 씀씀이를 상세히 기록하라. 지출 내역을 하나도 빠짐없이 적어 자신의 재정 습관과 가족 전체의 재정 습관을 관찰하자는 것이다. 이렇게 함으로써 재정습관에 관한 한 자신이 지금 어디에 있는지를 알 수 있으며, 앞서 설명한 자동 머니 시스템을 충실히 실천하기도 쉬워진다. 반드시 기억하자! 우리가 머니 시스템을 위해 움직이는 것이 아니라 머니 시스템이 우리를 위해 움직여야 한다! 이것을 충실히 실천하면 반드시 보상이 따를 것이다. 더 자세한 내용은 johnburley.com/trump을 참조하라.

“보스”가 돼라

BE THE BOSS:

THE ENTREPRENEUR'S PATH TO WEALTH

4단계

: 사업으로 부자 되기

MICHAEL E. GORDON

사업가처럼 생각하기 10

마이클 E. 고든 박사

창업 정신은 어마어마한 부를 창출하고 개인의 삶을 풍요롭게 만드는 도구다. 나는 경험을 통해 그것을 깨달았다. 나는 모두 11개 사업을 시작했고, 그 중에서 6개를 성공적으로 키워냈다. 그 중 하나는 영국의 상장기업에 매각했다. 나머지 성공하지 못한 (내 사전에 '실패' 란 단어는 없다) 5개 사업은 비록 수익을 내진 못했지만, 나는 그 때문에 결코 위축되지 않는다. 사실 사업을 하면서 내가 배우고 경험한 것들 덕분에 앞으로 성공할 가능성이 얼마나 커졌는지는 헤아릴 수 없을 정도다.

나는 이 챕터에서 개인 사업과 관련해 누구나 배우고 익힐 수 있는 핵심적인 역량 열한 가지를 설명하면서 많은 사람들이 개인 사업의 성공 가능성에 대해 가지고 있을지 모를 오해들을 짚고 넘어갈 것이다.

창업에 대한 오해

창업과 관련된 문헌들을 보면 창업의 실패율, 개인 사업가가 피할 수 없는 어마어마한 희생, 보장되지 않는 고용안정, 재정적 위험부담, 긴 업무시간, 정신적 고충과 좌절감 등 읽는 사람의 사기를 꺾는 이야기들이 가득하다. 이 모든 것에 대해 내가 하고 싶은 말은 딱 한 마디:

웬 허튼 소리들!

주변을 둘러보라! 온갖 비즈니스들이 품고 있는 막대한 부를 상상해 보라. *크든 작든 모든 사업은 창업 정신의 산물이다.* BizStats.com에 따르면 미국 내 사업체는 2,400만 개에 이르며, 그 중 1,800만 개는 개인이 창업해 운영하는 1인 기업이다. 소규모 사업의 경우엔 사업주들이 다른 직장에서 상근 직원이나 비상근 직원으로 근무하면서, 자기 사업을 병행하는 경우도 많다. 미 인구통계국에 따르면 2003년 한 해 동안 (이게 가장 최근 수치다) 창업한 미국인은 거의 75만 명에 달한다.

나는 내 사업을 시작해서 운영할 때 가장 생생하게 살아있다는 느낌을 갖는다. 내가 사업주로서 버는 만큼의 돈을 다른 직업으로는 결코 벌 수 없다. 정신적 고충과 좌절감이 크다고? 내가 커리어와 관련해서 경험했던 최악의 정신적 고충과 좌절감이 뭔지 아는가? 보잘 것 없는 월급을 받고, 기업에서 벌어지는 터무니없는 정치를 참고 받아들이며, 가치를 창출할 혁신적인 아이디어를 추구할 개인의 자유도 없이 남을 위해서 일하는 것이었다.

사실 신중하게 한 걸음씩 사업을 추진한다면, 개인 사업으로 성공할 가능성은 어마어마하게 높다. 재능이나 전문기술, 업계 관련 지식, 자금, 기타 자원은 생각하는 것만큼 많이 필요하지 않다. 설계, 제조 및 포장, 마케팅 및 영업, 유통, 선적, 회계 등의 업무는 모두 외주를 주어 해결할 수 있다. 게다가 인터넷에서 동원할 수 있는 자원은 무궁무진! 그리고 재정적인 위험 수위를 잘 조절한다면 설사 첫 사업이 성공하지 않는다 하더라도, 다음 창업 때는 좀 더 철저히 준비를 할 수 있을 것이다.

사전에 적힌 정의에 따르면 창업정신(entrepreneurship)이란 위험이 발생할 수 있다는 가정 하에 뛰어난 추진력으로 수익성 있는 사업을 시작하여 이를 육성하고 경영하는 것이다. 나는 좀 더 창의적이며 개인적으로 창업정신을 바라본다. 창업정신이란 자신이 원하는 부를 향해 나아가게 하는 마음가짐과 행동, 그리고 과정 모두를 포함한다.

마음가짐(mindset)_ 사업가는 온 세상을 샅샅이 뒤져 사업화할 아이디어와 기회를 끊임없이 찾는다. 사업가는 혁신과 진보에 주력하고, 특별한 가치를 창출하여 이를 고객과 주주에게 부여하며, 가치를 높이는 데 집중한다. 그리고 사업가는 성공에 대한 보상을 받고 싶어 한다. 그들이 부가가치를 높이면 높일수록 그들이 받는 재정적 보상은 더욱 커진다.

행동(actions)_ 사업가는 지극히 진취적이다. 일단 기회를 잡으면, 목표 달성에 필요한 자원을 동원하기 위해서라면 산을 옮기는 일도 마다 않는다. "저스트 두 잇! (Just Do It!)"이라는 나이키의 표어처럼, 그들은 제 나름의 방식으로 생각을 밀고 나간다.

과정(process)_ 창업정신은 역동적이고 지속적이며 살아 숨 쉰다. 창업자이며 투사인 사업가는 아이디어 단계에서 부의 창출 단계까지 전 과정을 밀고 나간다. 그 과정 중에 자원을 동원하고 함께 할 팀을 구성하여, 빈

틈없는 전략을 고안하고 사업계획을 세워서, 꿈만 같은 첫 고객을 잡으며, 성장을 위한 과제들을 처리할 것이다. 그래서 궁극적으로는 부유함을 얻게 될 것이다.

왜 창업을 해야 할까? 거기에는 네 가지 이유가 있다.

개인의 잠재력을 실현하니까

나는 사업가가 되기 전에 10년 동안 화학공학 기술자로 일했다. 유명회사에서 꽤 높은 직책을 맡고 있었지만, 내 사업을 시작하고 싶다는 강한 욕망에 사로잡힌 후로는 도무지 그 열망을 잊을 수 없었다. 친구 한 명과 직장동료 한 명이 가세해, 우리는 사업 아이디어와 기회를 찾아 두리번거리기 시작했는데, 매력적으로 보이는 한 가지 사업에 시선이 꽂혔다. 우리는 낮에는 본업에 충실하면서 밤이나 주말에는 함께 간단한 사업계획을 세우고, 창업계획을 추진하기 시작했다. 아이들이 자라면서 들어갈 돈은 많아지고, 주택융자금도 갚아야 하고, 대출한도는 제한적인데다, 개인적으로 어떤 불확실성도 병적으로 싫어했기에, 나는 위험이라면 질색하던 사람이었다. 그러나 나는 그러한 장애물들이 내 시야를 흐리도록 내버려 두지 않았다. 우리가 시작한 사업이 수익을 보기도 전에, 내가 꿈을 추구한 데서 오는 보상은 어마어마했다. 나는 생동감을 느꼈고, 자립했다는 자부심과 거칠 것이 없다는 자신감을 느꼈던 것이다. 이처럼 내가 맛보았던 창업이 주는 행복이란:

- 아무것도 없이 시작해 특별한 가치를 창출할 수 있는 가능성
- 내 인생의 목표를 달성하기 위해 '도전' 하는 용기와 열정

- 내 사업체의 주인이 되어 열심히 일한 만큼 보상을 받는다는 만족감
- 사업가로서 개인 역량을 키워나간다는 자부심
- *단지 시도하는 것만으로도* 가슴 따뜻하게 느껴지는 자신감과 자긍심
- 내게 가장 소중한 자산인 내 시간을 스스로 관리하는 만족감
- 전에는 상상도 못했지만 이제 나와 내 가족을 향해 활짝 열릴 재정적 성공의 문을 머릿속에 그려보는 설렘

많은 돈을 거두고 간직하니까

내가 낮에는 여전히 본업에 충실하고 있는 동안 우리 사업은 매출이 생기면서 약간의 수익을 올렸다. 그런 다음 '리스크'가 아주 적어 보이고 잠재능력이 완전히 꽃을 피운 듯 보일 때, 나는 본업을 그만두고 내 사업을 키우는 데 완전히 몰입했다. 개인 잠재력의 실현이 창업의 매력적인 이유이기는 하지만, 창업해야 하는 결정적인 이유는 사실 돈이 아니던가. 아래와 같이 네 가지 방식으로 말이다.

- 제품과 서비스의 수익성 매출을 통한 수입의 흐름
- 회사의 주식을 상장하거나 매입 의사가 있는 인수자에게 사업체를 팔거나, 또는 사업성장에 따른 이익을 계속 거둬들임으로써 얻는 사업 수확
- 사업 활동을 하면서 합법적으로 지출한 돈에 대한 세금 공제
- 개인 자산 보호 및 개인배상책임으로부터의 보호

처음 두 가지 혜택은 너무나 자명하고, 다음 두 가지 혜택은 좀 더 설명이 필요하다. 이 주제에 대해서는 변호사이자 세금 전략가인 J. J. 칠더즈가 제18장 '돈을 절약하는 세금 전략' 및 제20장 '내 재산은 내가 보호'에서 상세히 다룰 것이다.

세금 공제 혜택을 누리니까

다음 항목들을 비롯해 창업비용 및 사업 운영비에 대해 세금을 공제받을 수 있다.

- 사업 활동에 쓰는 개인 차량 및 회사 차량
- 사업 활동과 관련된 여행의 경비 일체 (마케팅, 영업, 고객관계 관리, 소요물품 구매, 대리점 교육, 교역 전람회 참가, 경쟁업체 추적 등을 위해서)
- 사업 운영과 직접 연관이 있는 접대비용
- 회사가 자금을 지원하는 직원들의 의료보험, 국민연금, 이익 분배 등
- 가족을 채용해 봉급을 줄 수 있는 혜택들
- 전문 기술의 유지와 향상을 위한 지속적인 교육
- 자선단체 기부금

모든 경비를 빠짐없이 서류화하고, 내역과 날짜 및 시간을 정확히 기록하라.

자산 보호와 개인배상책임으로부터의 보호가 가능하니까

사업을 통해 벌어들인 돈을 지키려면 개인 자산 보호 및 개인배상책임으로부터의 보호라는 문제에 관심을 기울일 필요가 있다. 사업주와 그의 가족들은 공격 받기 쉽기 때문에 아주 다양한 이유로 소송에 휘말릴 수 있다. 이러한 위험을 과소평가해서는 안 된다. 그러나 자신의 사업에 적합한 회사 형태를 (유한책임 파트너십 등) 구성해 *이를 적절히 유지한다면,* 개인배상책임을 최소화할 수 있다. 이렇게 개인배상책임으로부터 보호받기 위한 법적 수단에는 여러 가지가 있다. 주식회사(C법인체, S법인체), 유한책임 파트너십, 세법 501(c)3에 의한 면세 비영리법인 등이 있다. 더 자세한 내용은 제18장과 제20장을 살펴보라.

창업을 위해 필요한 핵심 능력

창업의 혜택이 그토록 크다면 어째서 그렇게 많은 사람들이 모험적인 사업을 착수하지 않고 주저하는 것일까? 그들은 스스로 다음과 같은 질문을 하고 있기 때문이다.

나한테 사업가 기질이 있는가?

지난 15년 간 고등학생부터 박사학위 소지자, 회사 중역에 이르기까지 각계각층의 수강생 수천 명에게 창업정신을 지도해왔지만, 이런 걱정을 하는 건 단지 여러분만이 아니다. 하지만 이것은 *잘못된* 질문이며, 사람을 무기력하게 만드는 질문이다. 창업 정신은 '그렇다', '아니다' 라고 대답할 성질의 것이 아니다. "그렇다. 나는 사업가 기질이 있다."라든가 "아니다. 나는 사업가 자질이 없다."라고 말할 수 없는 문제란 말이다. 창업 정신은 유전되는 게 아니다. 염색체나 유전적 기질과는 아무런 관계가 없다. 타고난 사업가란 없다. 단지 성공하고자 하는 의지와 개인 능력과 관련 지식 덕분에 꿈을 실현하는 것이다. 그리고 여러분은 여러분을 성공적인 사업가로 만들어 줄 핵심 능력을 습득하고 향상시킬 수 있다.

자기 자신에게 *제대로 된* 질문을 하라:

사업가로서 알아야 할 지식을 어떻게 습득할 수 있지?

성공 가능성을 극대화하기 위해 필요한 능력은 어떻게 향상시킬 수 있지?

성공한 사업가들은 개인의 저력이 될 능력을 익히고 강화하는 법을 잘 안다. 여러분 자신도 이런 핵심능력을 익힐 수 있다는 사실을 깨닫기도 전에 스스로 포기하지 말라. 개인 사업을 시작해 번창하게 만들고 싶은 마음이 강렬하다면 자신의 능력 범위 안에서 성공적인 사업가가 될 수 있다. 내 말을 믿어라. 다음은 내가 예전에 쓴 책에서 뽑아본 사업가의 저력이 될 핵심 능력 목록이다.

- **현황 파악 능력** 정보를 관찰하고 수집하는 능력, 구상 중인 사업과 나에게 영향을 미칠 수 있는 기회와 위협을 이해하는 능력을 갈고 닦

아라. 자기 자신의 개인적 강점, 역량, 경험, 도전과제, 동원 가능한 자원의 한계 등을 모두 고려하라. 잘못된 가정으로 접근하면 항상 잘못된 답이 나오게 마련.

■ **대담한 비전을 좇는 능력** 합리적인 현황 파악 단계를 거치고 나면 다음은 성과 측정할 수 있고 명확한 목표를 세울 차례. 대담해져라! 자신이 생각하는 것보다 훨씬 더 많은 것을 성취할 수 있다. 그러나 금광을 찾을 때만큼의 노력이 필요하다.

■ **누가 뭐래도 굴하지 않는 능력** 목표를 향해 나아가다 마주치는 획기적인 사건들을 그때그때 적절하게 처리하는 데 관심을 기울여라. 목표를 향한 여정 중에 수많은 장애물들을 만나겠지만, 어떤 방해물에 부딪쳐도 노력을 중단해서는 안 된다. 꿋꿋이 밀고 나가 일을 성사시켜라. 더 무슨 말이 필요할까.

■ **단호하고 호혜적인 협상 능력** 호혜적互惠的 협상에 능한 사람은 다른 사람과의 교류에 유리하다. 자신이 원하는 바를 얻으면서 동시에 상호 이해와 양보를 기반으로 생산적인 관계를 유지할 수 있다. 다음은 호혜적 협상을 위한 기본 규칙[1]이다.

- 이해받고자 노력하기 전에 경청하고 이해하라.
- 업무처리 과정과 사람을 혼동하지 말라.
- 입장이 아니라 이해관계에 초점을 맞춰라.
- 객관적 기준을 고수固守하라.

—— 상호이익이 될 옵션을 강구하라.

■ **효과적인 문제해결 능력** 사업하면서 또는 일상적인 삶에서 해결해야 할 문제가 발생하지 않는 날은 거의 없다. 문제해결 능력은 공부[2]와 연습을 통해 학습해야 하는 능력이다. 우선 문제를 꼼꼼히 살펴 규명하고, 바뀐 내용을 조사하여 여러 가지 원인 중 진짜 원인을 찾아내고, 해결 방법을 검증해야 한다. 문제해결 능력이 뛰어날수록 사업 성공률은 극적으로 높아진다.

■ **올바른 의사결정 능력** 사업 운영에서든 일상생활에서든 올바른 결정을 내리는 능력은 성공의 필수조건! 의사결정 능력 역시 학습을 통해 향상될 수 있다3. 의사결정 과정은 우선 결정사항이 담긴 문구를 명확히 하는 것에서 시작한다. 그러고 나서 올바른 결정을 통해 성취하려는 목표를 규정하고, 여러 대안들을 마련해 평가한다. 미래에 벌어질 일들을 고찰한 다음, 마지막에 합리적인 결정을 내린다. 이것은 누구나가 학습하고 실생활에 적용할 수 있는 의사결정 과정이다. 이 방법으로 의사결정 능력뿐 아니라 문제해결 능력까지도 체계적으로 향상시킬 수 있다. 결정을 단숨에 내릴 필요는 없다.

■ **브레인스토밍 능력** 브레인스토밍은 한 집단의 생각과 경험, 그리고 상상력을 총동원하여 창의적인 아이디어를 내놓고 문제를 해결하는 방법이다. 집단 구성원들의 종합적인 지식은 어느 한 개인의 지식에 비해 굉장히 방대하다. 바로 그런 점이 브레인스토밍의 위력이다.

■ **자원 동원 능력** 사업가의 사전에 의하면, 자원이란 최소한의 위험으로 모험적인 사업을 더 빠르게 더 확장시켜주는 모든 것을, 그야말로 모든 것을, 뜻한다. 이런 자원을 활용하는 법을 이해하지 못하면 아무것도 달성할 수 없다. 물적 자원, 자금, 인프라스트럭처, 인력, 지식, 개인의 자유분방한 상상력 등이 자원에 포함된다.

■ **의사전달 능력** 현황 파악이 끝나고 대담한 포부를 세워 실행 방법을 구상했으면, 다음 할 일은 무엇일까? 주주에게 지속적으로 일관되게 의사를 전달하지 않았다면 다음 단계란 있을 수 없다. 사업주는 주주에게 자신이 무엇을 달성하려고 하는지, 그리고 주주에게 무엇을 기대하는지를 분명히 밝혀야 한다.

■ **단호하게 행동하는 능력** 창업이란 몸으로 직접 부딪쳐가며 싸우는 경기다. 구상하고 계획을 세우고, 이런저런 조건을 맞춰서 전략을 짠 후 머릿속에 그림을 그리고 끝나는 것이 아니라 행동으로 옮겨야 하는 것이다. 생각대로 사업을 해낼 방법을 궁리하라. 그런 다음 거침없이 실행에 옮겨라.

■ **일사불란하게 처신하는 능력** 무엇이든지 해주고 싶은 사람이 있는가 하면, 일분일초도 같이 있기 싫은 사람이 있다. 인간 됨됨이와 행동거지에 따라 이렇게 구분되는 것이다. 청렴결백, 정직, 신의, 책임감, 높은 지식수준, 프로정신, 성숙도, 시간엄수, 뛰어난 협상과 경청의 기술, 그리고 순서로는 마지막이지만 중요하기로는 어느 것에도 뒤지지 않는 유머에 이르기까지, 성공한 사업가는 이런 성품들을 두루 갖추고 있다.

흔들림 없이 이런 성품들을 유지하라.

아래 보기 10.1은 사업가에게 필요한 열한 가지 능력을 요약 정리한 것이다. 여러분 각자의 장점과 개선 과제를 파악하는 데 도움이 될 것이다. www.trumpuniversity.com/wealthbuilding101에서 내려 받을 수 있다.

보기 10-1 **사업가에게 필요한 핵심 능력**

사업가에게 필요한 핵심 능력	자가 진단 (최소) 1-2-3-4-5 (최고)	개선 사항
현황 파악 능력		
대담한 비전을 좇는 능력		
누가 뭐래도 굴하지 않는 능력		
단호하고 호혜적인 협상 능력		
효과적인 문제해결 능력		
올바른 의사결정 능력		
브레인스토밍 능력		
자원 동원 능력		
의사전달 능력		
단호하게 행동하는 능력		
일사불란하게 처신하는 능력		

참고 위 표는 www.trumpuniversity.com/wealth building101에서 내려 받아 개인 용도로 사용할 수 있다.

출처 www.CompetitiveSuccess.com 사업가에게 필요한 핵심 능력(Essential Entrepreneurial Power Skills), Copyright© 2005년 마이클 E. 고든.

장애물 넘기

마음속으로 직접 사업을 하고 싶은 바람이야 간절할지 몰라도, 실제 창업에는 (사실이든 느낌이든) 장애물과 위험이 따른다. 창업은 시행착오가 있을 수밖에 없는 활동임을 잊지 마라. 시도하면 할수록 더 많은 것을 배우게 되고, 덕분에 재기할 때 훨씬 뛰어난 능력을 발휘하게 된다. 앞서 얘기했듯이, 내 창업 성적표를 살펴보면 열한 가지 사업을 시작해 실제로 운영비가 제대로 흘렀던 사업은 6개뿐이었다.

장애물과 위험에 대한 해결책은 무엇일까? 어떤 위험에도 대처할 수 있는 법을 터득하여, 단 한 번의 기회를 놓쳤다고 완전히 손을 떼는 일이 없도록 해야 할 것이다.

이렇게 해보면 어떨까. 헬스클럽, 네트워킹 모임, 또는 사업과 관련된 기타 행사나 사교 모임에서 성공한 사업가를 우연히 만나게 되면, 사업가로서 그동안의 삶에 대해 물어봐라. 한 번의 시도로 성공했다는 사람은 거의 없거나 아마도 전혀 없을 것이다. 그들은 계속해서 밀고 나갔으며, 첫 기회를 발판으로 다른 기회를 찾거나 아예 첫 기회를 버리고 새로운 기회를 찾아 나섰을 것이다.

토머스 에디슨의 유명한 일화는 칠전팔기의 끈질긴 정신을 잘 보여 준다.

인류 역사상 가장 위대한 발명가인 토머스 에디슨이 (사진, 증권시세 인쇄기, 의료용 X선 촬영기, 탄소 송화기 등 1093개의 특허를 보유) 전구의 필라멘트를 개발하기 위해 연구 중이었다. 에디슨과 연구팀은 온갖 재료를 가지고 상

상 가능한 모든 환경에서 8천 번이 넘는 실험을 했다. 어느 지인이 에디슨에게 이렇게 물었다고 한다. "에디슨 씨, 8천 번이나 실패를 하고도 어떻게 실험을 계속 할 수 있습니까? 매번 허탕을 치니 좌절감에 풀이 죽을 만도 한데 어째서 그러지 않죠?" 에디슨이 담담하게 대답했다. "나는 한 번도 실패한 적이 없습니다. 시도할 때마다 뭔가를 배웁니다. 실험을 하면 할수록 성공에 더 가까이 다가가게 됩니다. 그러니 저는 결국엔 성공할 겁니다." 아하!

여러분의 발목을 잡는 장애물은 무엇인가? 어떤 장애물이 나타나든 사업의 성공에 방해가 되도록 내버려두지 마라. 오히려 '지금이 행동을 취할 때' 라는 신호로 받아들여라. 다음과 같은 장애가 등장할 수 있다.

■ **자금 부족** 이런 장애물이 생기면 당장 어떤 조치를 취해야할지 스스로에게 물어 부담을 경감하라. 창업자금은 어디서 구해야 하는가? 어떻게 해야 돈 때문에 하려던 사업을 중단하거나 제한하지 않을 수 있을까? 한정된 자금으로 사업이 번창하려면 어떻게 해야 하지? 모험적인 사업을 착수해 육성하려면 돈이 얼마나 필요할까? 이런 장애물 덕분에 친구나 조언자와 머리를 맞대고 자유롭게 이런 저런 방법들을 생각해낼 훌륭한 기회가 생긴다.

■ **재정적 손실의 가능성** 에디슨의 칠전팔기 정신을 가슴 깊이 새겨라. 기회라고 생각되는 사업에 조심스럽게 투자하라. 이번 사업을 성공적으로 운영하지 못해도, 다음번에 재시도할 때는 좀 더 능수능란해져서 사업의 성공률이 높아질 것이다. 진짜 기회를 잡았다는 확신이 들면 그때 가서 지출을 대규모로 늘려라. 구체적으로 걱정하는 재정 손실액은

얼마인가? 어느 정도 손실을 봤을 때 사업이 망하리라 생각하는가? 최악의 경우 모두 얼마의 자금을 잃을 것으로 예상하는가? 삶을 위협할 정도의 손실액을 이야기하는 것인가? 아니면 평생에 한 번 있을까 말까한 기회를 시험하기 위해서라면 잃어도 아깝지 않을 손실액을 이야기하는 것인가?

간단히 말하자면 대답은 이렇다. 가족과 자신의 미래를 위험에 빠트리는 지경이라면 안 된다! 그러나 새 SUV 자동차(4천만 원)를 포기하고, 가족여행(2천만 원), 하루에 커피 두 잔(1년에 2백만 원), 담배(1년에 170만 원), 초코칩 쿠키(이걸 안 먹는다는 것은 내게는 큰 희생이거든) 등을 포기해야 하는 상황에 대해 이야기하는 것이라면 (각자가 할 수 있는 희생을 적어보라), 이 정도의 희생은 얼마든지 할 수 있을 것이다.

창업 자금을 마련하는 데는 어떤 방법들이 있을까?

- 안간힘을 써서 비용을 최소로 줄여라. 구두쇠가 되는 것이다!
- 무료 자원, 무료 장비, 무료 인력을 동원하라.
- 밤에, 주말에, 사업을 계획하라.
- 제대로 된 사업을 하고 있다는 확신이 들기 전까지는 개발 비용과 착수 비용에 최소한의 자금을 써라.
- 파트너를 한 명 이상 구하라.
- 다른 사람들과 브레인스토밍을 하라.

■ 수입원 상실, 일터 상실 등의 경력상 리스크 이것은 간단한 문제다. '돈 되는 사업' 을 발굴해 성공적으로 경영하게 되면, 상상할 수 있는 그 어떤 것보다 더 환상적이고 자신에게 안성맞춤인 커리어를 창조하는

셈이니까. 또한 함께 일할 동료들도 입맛대로 고를 수 있다.

나는 두 번째 사업을 시작하면서 해외 시장을 겨냥하고 싶었고, 지금도 이 사업만큼은 내가 CEO로서 운영 중이다. 내가 해외에 나가 있는 동안 나 없이도 조직이 잘 굴러갈 수 있도록 조직 기반을 튼튼히 다질 필요가 있었다. 두 번째 사업을 시작하면서 내가 원한 것은 지구촌을 누비며 국제무역 박람회를 운영하고 전 세계의 유통업자들과 고객들을 직접 만나는 것이었다. 사장이 되지 않았더라면 내가 생각했던 이런 이상적인 일들을 하기가 상당히 어려웠을 것이다. 그렇더라도 자신이 잡은 기회가 진짜라는 확신이 들고 필요한 자원이 마련되기 전까지는 본업을 그만두지 마라.

■ **자신감 부족** 자신감은 성공의 경험에서 나온다. 그러므로 도전하라. 칠전팔기 정신으로 도전하지 않으면, 평생 자존감의 부재를 느끼며 살아갈 것이다.

처음 몇 번의 도전이 성공적으로 끝나지 못하더라도, 이런 경험을 통해 자기 자신에 대한 인식이 높아지는 법. 토머스 에디슨처럼 용기를 내서 계속 도전하라. 그렇게 하면, 에디슨이 그랬듯이, 결국에는 성공할 것이다. 다만 주의 깊게 현금 흐름을 살피며 나아갈 필요는 있다.

■ **압박 받는 가족관계** 내 경우, 사업을 추진하고자 하는 열정과 가족과 함께 지내고자 하는 열망 사이에서 균형을 잡는 일이 정말 중요했다. 내가 첫 사업을 시작했을 때, 아이들은 어렸다. 게다가 첫 사업을 운영하던 도중에 아버지가 돌아가셔서, 가족들 모두 정서적 도움이 필요했다. 나는 가능하다면 내 모든 활동에 가족들을 참여시키려고 노력했고,

모두 함께든 개별적으로든 가족들과 시간을 보낼 참신한 방법들을 궁리했다. 가족을 염두에 두고 가족의 요구사항에 관심을 기울이면 사업과 가족 모두 조화롭게 유지할 수 있다.

■ 건강, 스트레스, 긴 업무시간 기력이 소진될 때마다 긴장을 풀어라. 일과 휴식의 균형을 맞춰라!
운동을 하고, 몸에 좋은 음식을 섭취하고, 친구나 가족들과 여유 있게 시간을 보내며, 일 이외의 다른 활동에 참여하면서, 명상을 하거나 노래를 부르거나 신나게 놀아라. 음악을 듣고, 큰소리로 웃고, 춤을 추고, 영화를 보러 가고, 독서를 하라. 다만 사업가로서의 포커스만은 잊지 마라.

■ 절호의 기회 부족 사업에 있어서 기회는 핵심 주제이다. 다양한 아이디어를 찾아 실패작은 추려서 버린 다음, 성공 가능성이 높은 기회들만을 엄선해야 한다. 이 방법에 대해서는 다음 챕터에서 좀 더 상세히 다룰 것이다.

■ 위험에 대한 최소한의 허용치 구체적으로 어느 정도의 위험부터는 감수가 불가능할지 스스로에게 물어보라. 위험들을 상세히 구분해서 똑똑히 이해할 수 있도록 하자. 사업의 꿈을 달성하기 위해 어느 정도의 위험 감수는 불가피하다지만, 위험은 관리할 수 있고 객관적으로 바라볼 수 있다.
위험 허용치를 바라보는 데는 몇 가지 방법이 있다. 내 경우 5천 분의 1 법칙이 있다. 내가 좋아하는 일은 전 세계를 누비며 놀라운 일들을 경험하는 것이다. 몇 년 전 나는 "비행에 대한 내 위험 허용치는 얼마인가?"

라는 질문을 스스로에게 던져보았다. 비행기가 추락할 확률이 백만 대 중에 한 대라면? 10만 대 중에 한 대라면? 천 대 중에 한 대라면? 100대 중에 한 대라면? 나는 내가 안심하고 비행기를 탈 수 있는 위험 허용치를 5천 대 중 한 대가 추락할 확률로 결론지었다. 어떤 위험도 감수하지 못하고 두려움에 벌벌 떨며 산다면 세계 여행을 하고 싶다는 내 꿈은 결코 이룰 수 없을 테니 말이다. 그런 삶이 무슨 의미가 있을까? 내겐 아무런 의미도 없다. 스스로에게 물어보라. "사업에 대한 열정을 추구함으로써 얻게 될 보상을 감안할 때, 기꺼이 감수할 수 있는 위험은 어느 정도인가?"

■ **무기력증** 누구나 무기력하게 느껴질 때가 있다. 그럴 땐 친구들과 머리를 맞대고 이야기를 나누자. 자신의 무기력증을 똑바로 볼 수 있도록 도와달라고 친구들에게 요청하라. 자신의 목표를 재점검하라.

나는 개인적으로 만사가 지지부진할 때 끝도 없는 좌절감에 빠져드는데, 그럴 때면 반드시 *무언가를 해야 한다.* 여러분에게 해 줄 조언도 이것이다. 무엇이든지 하라! 아주 사소한 것도 좋고 무엇이든 좋으니 사업에 보탬이 되는 일을 하라. 행동하면 슬럼프에서 빠져나오게 될 것이다.

■ **난 아직 사업가가 될 재목이 아니야** 그렇지 않다! 앞서 이야기했듯이, 누구나 창업을 위해 필요한 핵심 능력 열한 가지를 배우고 향상시킬 수 있는 잠재력을 갖고 있다.

자신의 성품과 특성이 담긴 연장통이 좀 더 단단해지면, 칠전팔기의 정신으로 도전하겠다는 자신감을 얻게 될 것이다. 그러면 적어도 예전보다 자신의 삶을 좀 더 잘 관리하고 있다고 느끼게 될 테고, 그래서 결국에는 자기 사업을 하고자 하는 열정에 사로잡혀 창업의 길로 들어서게 될 것이다.

이 챕터에서는 창업의 꿈과 그 꿈의 성취에 대해 이야기했다. 큰 용기와 자유롭게 뿜어져 나오는 열정, 정확한 목표를 달성하려는 집념, 그리고 어마어마한 몰입에 대해 이야기했다. 이 챕터를 끝내면서 나는 여러분에게 시인 괴테의 말을 전할 터이니 음미해보기 바란다.

사람이 결심을 확고히 하기 전까지는 망설임이 있고, 물러날 기회가 있고, 언제나 무력감이 찾아온다...... 할 수 있는 것이 무엇이든지, 또는 할 수 있게 되기를 꿈꾸는 것이 무엇이든지, 시작하라. 대담함 속에 천재성과 위력과 마력이 있다. 지금 당장 시작하라.

MICHAEL E. GORDON

"내 사업"을 시작하라

11

마이클 E. 고든 박사

여러분은 앞 장에서 꼭 사업가의 커리어를 추구해야 하는 두 가지 강력한 이유를 배웠다. 첫째는 자기 자신의 잠재력을 실현하기 위해서고, 둘째는 부를 창출하기 위해서이다. 이 장에서는 창업에 대한 오해와 진실을 짚어보고, 사업기회를 포착하여 새로운 벤처를 설립하는 과정을 살펴볼 것이다. 자기 사업을 한다는 것은 상상할 수 있는 그 어떤 것보다 더 신나고 더 도전적인 여정이다. 열정, 목표에 대한 일념, 그리고 성실성과 현명함을 바탕으로 한 노력이 있다면 성공의 고지에 도달할 것이다. 다음에 소개할 단계들을 하나씩 밟아나가라. 마지만 7단계에 이르면, 여러분의 돈을 벌어들이는 기계는 이미 돌아가고 있을 것이다.

1단계 여러 가지 사업 아이디어를 찾아보라.

2단계 가장 유망한 기회 하나를 선택하라.

3단계 효과적인 실행개요를 만들어보라.

4단계 사업의 아이덴티티를 형성하라.

5단계 이정표 차트를 그려라.

6단계 자원을 동원하라.

7단계 매직과도 같은 첫 번째 고객을 잡아라.

1단계 : 여러 가지 사업 아이디어를 찾아보라

대다수의 사업가들은 그들의 창의적인 생각을 곧바로 사업화하여 수익을 낼 수 있으리라고 생각한다. 그러나 그렇지 않다! 사업 구상은 출발선일 뿐, 모든 사업 구상은 엄격한 평가와 선정 과정을 거쳐야 한다. 가공하지 않은 다이아몬드 속에 섞여있는 석탄 덩어리는 골라내야 하지 않겠는가? 사업구상은 사업기회와는 다르기 때문에 서로의 차이를 이해해야 한다. 구상한 내용이 기회가 아니다 싶으면, 일분일초도 지체 말고 잊어라. 거기에 쓰는 한 푼도 아깝다. 아예 가망이 없으니까. 만약 기회인지 아닌지 확신이 서지 않는다면, 그 여부가 분명해질 때까지 연구조사하면서 조금씩 한 발 한 발 내딛어 조심스럽게 진행하라. 그러나 확실히 기회라는 생각이 들면, 그때는 가속 페달을 밟아 이 챕터에서 소개하는 모든 내용들을 성공의 길라잡이로 삼으라.

헌데, 가망이 있는 구상인지 아닌지 어떻게 알 수 있을까? 다음의 사례를 살펴보자. 내 아내 마리아는 자기 가게를 열고 싶어 했다. 그래서 어느 화창한 봄날, 우리는 아내의 관심을 끄는 사업을 알아보기 위해 동네를 한 바퀴 둘러보았다. 나는 아내에게 우리가 지나는 길에 있는 모든 점포를 하나씩 눈여겨보고 스스로 다음 세 가지 질문을 해보라고 부추겼다.

— 좋은 사업인가?
— 내가 열정을 쏟고 싶어할만한 사업인가?
— 내가 고객에게 독특한 부가가치를 제공할 수 있는 사업인가?

아내는 흔쾌히 내 부추김을 받아들였다. 위 질문들 외에도 다른 많은 질문들이 아내의 머릿속에서 꼬리에 꼬리를 물었다. 그날 오전에 우리는 적어도 50개 점포를 살펴보았다. 피자 가게, 미용실, 옷가게, 보석상, 복사점, 골동품 위탁판매점, 신문잡지 판매점, 멕시코 음식점, 화원, 사무용품 판매점, 안경점, 스시 전문점, 커피숍, 중고 책 판매점, 철물점 등등 수없이 다양한 가게들을 보았다. 어떤 것도 아내의 마음에 들지 않았고, 성장 잠재력이 많아 보이는 사업도 없었다.

그 때 갑자기 흥미로운 가게가 마리아의 눈에 띄었다. 손수 장신구를 만드는 사람들에게 목걸이, 귀걸이, 핸드백, 모자, 장갑 등을 제작할 때 쓰는 아주 다양한 비드(구슬)와 도안을 파는 가게였다. 우리는 가게 안으로 들어가 찬찬히 둘러보았다. 얼마나 많은 손님, 어떤 연령과 성별의 손님이, 어떤 시간에 오는지, 또 무엇을 사는지, 등을 관찰하여 머릿속에 기록했다. 그러고 나서 우리는 몇 가지 품목을 고른 다음, 매출 한 건당 규모를 파악하기 위해 현금등록기 가까이에 서 있었다. 30분 동안 판매가 몇 건이나 일어나는지 세어보았다.

우리는 나중에 근처 식당에서 커피를 마시며 우리가 보고 온 공예점의 매출규모를 시간, 일, 주, 년 단위로 예측해보았다. 우리가 '대강 어림잡아

본 결과' 이 점포의 연간 매출액은 50만 달러를 초과했고, 기타 경비를 빼기 전의 이익률은 약 50퍼센트였다. 그렇다면, 비드 매출액 100달러 당 인건비와 재료비만 50달러 정도가 든다는 얘기였다. 여러 가지 측면에서 매력적인 사업이었다. 단골 고객 유치가 가능하고, 재고가 부패할 염려도 없고, 위치도 좋은데다, 추가 점포 설립으로 성장 잠재력이 있었다. 그리고 마지막으로 어렵지 않은 단순한 사업이었다. 게다가 아내는 이 사업을 통해 자신의 예술적 재능을 발휘할 수 있겠다는 생각을 했고, 비드공예에 매료돼 가게를 찾는 손님들을 마음에 들어 했다.

그러다가 아주 깜짝 놀랄만한 일이 벌어졌다. 아내의 입에서 기발한 생각들이 줄줄 흘러 나왔다.

"내가 저 가게 주인이라면, 비드공예를 좋아하는 사람들의 동호회를 만들 텐데. 사람들이 우리 가게에 모여서 비드공예에 대해 이런저런 정보를 나눌 수 있도록 편안한 사교 공간을 만드는 거야. 커피랑 차도 마시고 간단한 주전부리도 하면서. '비드공예 카페' 라고 부르면 좋겠네. 강사도 초빙하고, 작품 전시회도 열고, 위탁 판매도 하고 말이야."

아내는 손님들에게 특별한 가치를 선사할 방법을 궁리하고 있었던 것이다. 두 시간 걸어 다닌 보람이 있잖은가.

이렇듯 간단한 사례에서, 가능성 있는 사업아이디어를 찾아 검증하는 방법에 대한 사업가적 자질의 전형을 볼 수 있다. 깔때기가 하나 있다고 상상해보라. 아내는 나와 동네를 한 바퀴 돌면서 50개가 넘는 가게를 깔때기에 가득 채웠고, 그런 다음 자신의 판단력을 이용해 적성에 맞지 않는 것들을 솎아냈다. 그러나 적성에 맞는 것이라는 점만으로는 충분치 않다. 적성에 맞는 것은 출발점에 불과하다. 아내는 참신한 생각들을 줄줄이 끄집어냈고, 자신이 독특한 가치를 제공할 수 있다는 사실을 깨닫자 자기 옷을 입은 듯

편안해 했다. 이제 아내의 사업아이디어는 이 챕터 후반부에 소개할 '기회 선정 체크리스트'를 이용해 훨씬 엄격한 조사 과정을 거칠 것이다.

■ 아이디어는 어디서든 얻을 수 있다

새 사업을 위한 아이디어는 말 그대로 어디에서든 얻을 수 있다. 나는 적극적으로, 원기왕성하게, 뚜렷한 목적을 가지고, 사업 구상에 나서야 한다는 주의다.

날씨가 화창한 날이면, 조깅을 하거나 자전거 페달을 밟으며 전보다 조금 멀리까지 동네를 돌면서 두 눈을 부릅뜨고 주변에 부동산 개발 기회가 없나 살핀다. 별 소득이 없더라도, 최소한 즐거운 경험을 하게 된다. 운이 아주 좋으면, 좋은 사업 기회로 삼을 수 있는 사업 아이디어를 발견한다. 최근에는 이런 식으로 동네를 둘러본 보람이 있어서 토지 두 곳을 발견했다. 또 나랑 함께 일하는 부동산 중개인 세 명 역시 항상 나를 위해 좋은 기회를 엿보고 있다.

나는 매물로 나온 상가 점포를 찾기 위해 수시로 brokerservicenetwork.com 사이트에 들어가 정보를 검색하고, 레이더망에는 잡히지 않지만 성공 잠재력이 높은 소규모 상장기업에 대한 정보를 얻기 위해 주식 투자 관련 모임에도 참석한다.

사업아이디어를 걸러내는 깔때기란 개념은 이미 내 잠재의식 속에 뿌리 깊게 자리 잡고 있다. 좋은 사업 아이디어를 몇 가지 건지려면, 많게는 50개에서 적게는 10개 정도를 깔때기에 담아야 한다는 것을 잘 안다. 내가 사업 구상의 열쇠를 얻기 위해 즐겨 찾는 장소는 아래와 같다.

- 내 열정이 이끄는 곳이라면 어디든지.
- 매력적인 산업의 교역 박람회라면 어디든지.
- 신문에 나온 부동산 기회와 사업 기회. *(Banker and Tradesman, Investor's Business Daily, Wall Street Journal* 등)
- 프랜차이즈 박람회.
- 다른 기업들의 모범적인 관행들.
- *Inc., Entrepreneur, MIT Technology Review, Popular Electronics, PC World* 등의 잡지나 카탈로그.
- 에너지 부족사태, 아시아의 상업화, 인구 및 인구통계, 미국의 국가 부채 증가, 지구 온난화, 디지털세계의 도약, 개인용 전자제품 등등 어찌할 수 없는 세계적인 추세들.
- 사업가 친구들과의 브레인스토밍.
- 사업가와 투자자들이 모이는 비즈니스 및 기술 관련 네트워킹 모임들.
- 서점에 들러 훑어보는 온라인 수익 모델에 관련된 책들.

자, 여기서 잠시 쉬어가도록 하자. 잠깐 시간을 내서 여러분은 어디서 '아이디어 헌팅' 을 하는지 열거해보라.

2단계 :

가장 유망한 기회 하나를 선택하라

전도유망한 아이디어와 수익가능성

있는 사업 기회; 이 둘 사이에는 어마어마한 차이가 있다. 앞서 우리는 내 아내의 사업 구상들을 살펴보면서, 그녀의 목표와 기술 정도, 위험 허용치, 그리고 열정이라는 요소들을 고려해, 적성에 딱 '안성맞춤'인 사업이 무엇인지 생각해보았다. 이 부분은 오히려 쉬운 단계였다. 이제 아내의 구상은 더욱 까다로운 장애물들을 수없이 넘어야 한다. 사업 기회의 전제조건을 설명하기 위해, 보기 11.1에 다각적인 요소들을 개략적으로 소개했다.[1] 체크리스트를 처음부터 끝까지 짚어보면서, 각 항목에 대해 1부터 5까지 등급을 매겨보라. (요소에 가장 부합할 때 5점을 준다.) 여기서 여러분의 목표는, *한 가지* 사업 기회를 추진하기 위해 자원을 쏟아 부을지 말지를 결정하는 것이다.

보기 11-1 **기회 선정 체크리스트**

분류	기회 선정 체크리스트	등급 / 평가 (최저) 1-2-3-4-5 (최고)
개인의 적성	나의 사업 구상이 나의 기술, 열정, 위험 허용치, 목표 등과 어울리는가?	
고객을 위한 가치	내가 구상 중인 제품이나 서비스가 고객의 지속적인 문제들을 해결해주는가? 독창적이고, 혁신적이며, 창의적인가? 비용 대비 효과적이고 상당한 부가가치를 고객에게 제공하는가?	
시장의 다이내믹	시장은 크고 성장 중인가? 경쟁자, 구매자, 공급자, 대체품, 향후 경쟁품 등의 측면에서, 이 산업은 유리한가?	

분류	기회 선정 체크리스트	등급 / 평가 (최저) 1-2-3-4-5 (최고)
	틈새시장이 미개발 상태고, 경쟁업체는 지리멸렬 미약하며, 고객에 쉽게 다가갈 수 있기 땜에, 시장점유율을 높일 수 있는가?	
수익성과 확장성	수익을 기대할 수 있는 고객의 강력한 요구, 욕구, 수요가 있는가? 수익성 있는 반복 판매의 잠재력은? 시장이 가격에 얼마나 민감한가? 손익분기점과 흑자 캐쉬 플로우에 재빨리 도달할 수 있는가?	
재정적 이슈	사업을 시작하고 성장시키는 데 충분한 자금이 확보되었는가? 해당 사업에 투자했을 때 자신뿐 아니라 다른 투자자들에게 매력적인 투자수익을 제때에 줄 수 있는가?	
경영진	나와 내 팀은 업계 관련 지식, 기술, 경험, 그리고 강력한 사업가 자질을 지니고 있는가? 어떤 역경에도 굴하지 않겠는가?	
경쟁 우위와 차별성	나의 경쟁 우위는 어디서 올 것인가? (제품/서비스의 독창성, 최저 비용, 미개발된 틈새시장 진입, 튼실한 고객 관계, 유통 통로에 대한 접근성, 독창성, 독점적 노하우, 향후 경쟁자의 위협에 대한 방벽, 선점우위 등) 지구촌 시장의 팽창, 에너지 부족, 파괴적 기술, 새로운 비즈니스 방법론, IT 활용으로 인한 경쟁자 타파, 아웃소싱 채널, 자원 부족 등 냉혹한 추세에 비추어 볼 때 합당한 사업 기회인가?	

분류	기회 선정 체크리스트	등급 / 평가 (최저) 1-2-3-4-5 (최고)
치명적인 결점 (바꿀 수 없는 결함)	내 사업에 극복할 수 없는 특별한 결점은 없는가? 과열 경쟁, 시장진입 비용, 작은 시장 규모, 고객 수요의 결핍, 적정 가격으로 제품과 서비스 제공 불가능 등등.	

참고 www.trumpuniversity.com/wealthbuilding101에서 위 표를 내려 받아 개인 용도로 사용할 수 있다.

이것은 중요한 체크리스트다. 다음 단계로 가기 전에 여기서 멈춰라. 이 페이지에다 표를 해놓고, 이 리스트를 이용해서 여러분의 사업 아이디어와 잠재적 기회들을 하나하나 점검하라. 합격/불합격 판결을 내려라.

3단계 :
효과적인 실행개요를 만들어보라

진정한 사업 기회라고 생각되는 것을 일단 확정하고 나면, 이제 본격적으로 이를 추진할 차례이다. 그러나 아무런 계획 없이 중요한 여정을 시작할 수 없는 법. 사업을 시작하고 운영할 때도 마찬가지다. 원하는 곳에 도달하기 위해서는 로드맵이 필요하다. 로드맵 없이 열심히 공을 들이면 두서없는 —또한 틀림없이 실망스러운— 결과가 나오리라는 것은 불을 보듯 뻔하다. 일반적으로 사업계획서라고 하면, 많은 시간을 들여 연구조사를 한 결과물을 반영한 두꺼운 문서를 떠올린다. 그러나 현 단계에서는 완벽한 사업계획이 필요치 않다. 사업계획서의 축소판인 실행개요實行槪要(Executive Summary) 정도면 충분하다. 다음 사례는 내 책 *《창업정신의 기초》*에서 발췌한 '비드공예 카페에 대한 실행개요'이다.

비드공예 카페 실행개요

2008년 1월

회사

본 비드공예 카페는 초급에서 전문가까지 다양한 수준의 비드공예 애호가들에게 공동체 환경을 제공할 새로운 개념의 회사다. 브룩클린 빌리지에 위치한 본 업체는 정기적으로 그리고 빈번하게 강좌를 제공할 것이고, 전 세계에서 구입한 온갖 비드와 도구, 그리고 각종 재료와 부속품을 판매할 것이다. 더불어 본사가 직접 공급하는 비드공예품과 위탁 판매에 의한 공예품을 함께 판매할 예정이다.

우리가 고객에게 제공하는 가치는 매력적이고, 미적 감각이 뛰어나면서도, 친근한 공간을 창조하는 데 기반을 둔다. 단골손님들은 동료애를 만끽하거나 공예기술을 배우기 위해서, 그리고 아름다운 비드공예 작품을 직접 만들기 위해서 이곳을 찾게 될 것이다. 60평의 우아한 실내에 작업대와 작업공구를 제공하고, 여기에 추가로 차와 꿀, 민트와 레몬을 무료로 제공한다. 샌드위치, 샐러드, 고급 커피, 페이스트리 등 기타 스낵 등은 판매한다. 필요에 따라 솜씨 좋은 강사들을 상주하게 한다. 강좌가 없을 때는 동영상을 제공해, 단골고객들이 필요한 재료와 공구를 구입하여 스스로 학습할 수 있도록 한다. 미적 정서를 조성하기 위해 배경음악을 틀어놓는다. 사업 확장은 기존 점포 인수, 신규 점포 개업, 또는 프랜차이즈 사업을 통해 실현한다.

우리의 미션

친목 도모의 장이며 학습과 창작을 할 수 있는 공간으로서 수익성 있는 일련의 비드공예 점포를 내는 것.

성공의 열쇠

- 동료애, 비드공예, 미적 정서라는 매혹적인 문화에 기반을 둔 성공 콘셉트를 실행한다.
- 마케팅, 마케팅, 또 마케팅으로 승부한다.
- 가장 바람직한 위치를 차지하고, 인수나 점포 개설, 또는 프랜차이즈를 통해 본 사업을 확장한다.
- 신규 점포 개업을 위해 재정자원을 동원한다.

시장 특징

소매 수준의 비드공예 비즈니스는 지역적이고 분산된 시장이다. 경쟁은 지역에 국한되며, 지배적인 브랜드를 가진 경쟁업체는 전혀 없는 상태다. 지리적으로 볼 때, 우리 점포에서 반경 16킬로미터 내에 동종 점포가 10개 있다. 매력적이며 수익성 있는 비드공예 사업에서 현재 한 가지 간과되고 있는 점은 사교적인 공동체의 분위기다. 우리가 선두주자가 되더라도 우위는 오래 가지 않을 것이다. 다른 경쟁업체들이 우리의 우수사례를 모방할 수 있으며 우리의 사업구상을 그대로 베낄 수 있을 것이다. 그러나 우리는 공격적인 지역 광고와 판촉 활동을 통해, 빠른 시간 안에 시장점유율을 확보할 생각이다. 일단 시장점유율을 확보하면, 단골 고객이 생길 것이고, 우리는 그들을 붙들어 둘 노력을 늦추지 않을 것이다.

경쟁 상황

경쟁업체	위치	친목활동	자재공급	강좌	카페
The Beading Cafe	브룩클린	있음	있음	있음	있음
Bead Co. of America	보스턴	없음	있음	있음	없음
Red Crystal	워터타운	없음	있음	있음	없음
Beads Boston	뉴턴	없음	있음	없음	없음
Beautiful Creations	윈스롭	없음	있음	없음	없음
Ancient Stars	워터타운	없음	있음	없음	없음
Bell Art Supplies	뉴턴	없음	있음	없음	없음
Rose Garden	브룩클린	없음	있음	없음	없음
Bini' s Tree House	보스턴	없음	있음	없음	없음
Personal Jewels	케임브리지	없음	있음	없음	없음

경영 팀

비드공예 업계에서 광범위한 경험과 지식을 쌓은 노련한 비드공예 애호가 두 명으로 구성된 견실한 팀이 운영을 맡는다.

— 마리아 알레한드라 피가레도, CEO: 15년 동안 취미로 비드공예를 해 온 비드공예 애호가로서, 넉넉한 미학적인 경험과 영업 경험을 바탕으로 본 업체를 경영할 것이다. 3년 동안 휴스턴의 보석상에서 파트타임 감독으로 일한 경험이 있어서, 영업과 자재 공급선을 잘 이해하고 있다. 지난 6년 간 집에서 비드

공예 강좌를 열어, 비드공예의 고급 기술을 습득해왔다. 창업에 대한 열의와 기초가 튼튼한 경력을 바탕으로 비드공예 체인을 구축할 수 있을 것이다.

— 진 고든, 마케팅 담당 부사장; 뛰어난 보석세공사. 귀금속이나 광물질 또는 비드로 독창적인 보석을 디자인, 제조, 판매하는 데 열정을 갖고 있다. 진 고든은 자신의 마케팅 수완을 활용해 오프라인과 온라인에서 공예품 위탁판매 사업을 설립해 수년간 수익을 내왔다.

예상 재무제표 (단위: 1000달러)

	2008	2009	2010	2011	2012
점포 수	1	1	1	2	3
매출 실적					
제품 판매	110	180	320	500	650
수강료	30	60	80	120	250
식음료 판매	40	80	100	230	300
총 매출	180	320	500	850	1,200
매출원가	90	160	250	425	600
영업이익	8	36	55	94	140
자금 소요	100	–	–	200	250

투자 요약

다음과 같은 여러 가지 요소들 때문에 비드공예 카페는 매력적인 사업기회이다.

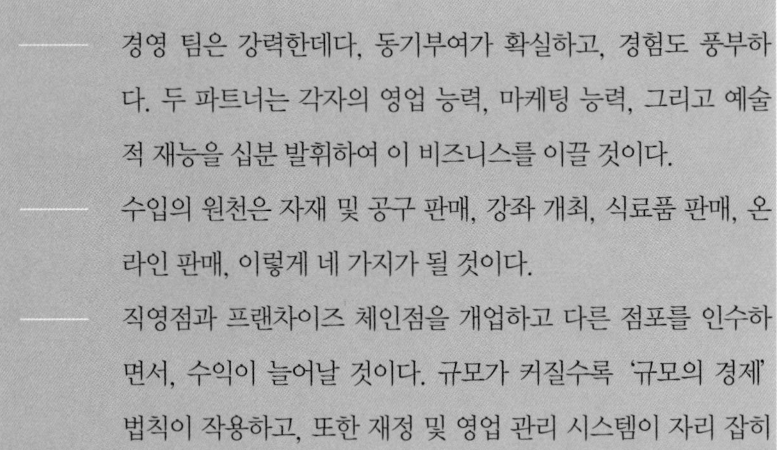

- 경영 팀은 강력한데다, 동기부여가 확실하고, 경험도 풍부하다. 두 파트너는 각자의 영업 능력, 마케팅 능력, 그리고 예술적 재능을 십분 발휘하여 이 비즈니스를 이끌 것이다.
- 수입의 원천은 자재 및 공구 판매, 강좌 개최, 식료품 판매, 온라인 판매, 이렇게 네 가지가 될 것이다.
- 직영점과 프랜차이즈 체인점을 개업하고 다른 점포를 인수하면서, 수익이 늘어날 것이다. 규모가 커질수록 '규모의 경제' 법칙이 작용하고, 또한 재정 및 영업 관리 시스템이 자리 잡히면서 수익은 더욱 늘어날 것이다.
- 이윤이 꽤 높아서 매력이 있는 사업인데, 앞으로 새 점포를 열 때마다 이윤이 늘어날 것이다.
- 적절한 시기. 아직까지 친목 도모와 공예품 제작을 동시에 할 수 있는 카페 환경을 제공하는 경쟁업체가 없다.

비드공예 카페

02020 매사추세츠, 브룩클린, 캐리 가 302
Tel: (617)890-XXXX　Fax: (617)890-YYYY
www.TheBeadingCafé.com

제안: 여기서 잠시 읽기를 멈추고, 이 페이지에 표시를 해두자. 여러분 각자가 이미 사업 기회를 찾았다면, 비드공예 카페를 본떠서 각자의 실행개요를 작성해보라. 이 짤막한 서류는 위험요소를 대폭 줄여주는 동시에 성공 확률을 상당히 높여줄 것이다.

4단계 :

사업의 아이덴티티를 형성하라

내가 설립한 벤처 기업들 중 하나를 예로 들어보겠다. 온라인 업체 AngelDeals.com은 창업자에게 벤처 자본과 "엔젤투자자 기술력은 있으나 자금이 부족한 창업초기의 벤처기업에 자금 지원과 경영 지도를 해주는 개인투자자 – 옮긴이"의 데이터베이스에 접근할 수 있는 권한을 제공하고, 사업계획을 세우는 데 도움이 될 설명서와 체크리스트를 제공하여, 창업자가 인터넷에서 자금을 조달할 수 있도록 돕는 회사이다.

나는 이 사업의 아이덴티티를 만들기 위해, 우선 구상 중인 벤처에 사용할 도메인 이름을 찾으려고 www.GoDaddy.com에 방문했다. 내가 구상 중인 사업의 목표가 창업자들과 개인 투자자, 즉 "엔젤"을 연계하는 것이기 때문에 AngelDeals.com이라는 이름을 등록했다. 그러고 나서 그 이름으로 보스턴에서 사업을 해도 좋다는 허가를 받기 위해 보스턴 시청에 50달러를 지불했다. 그 다음 나는 창업 전문변호사의 도움을 받아, C 타입이나 S 타입의 회사, 또는 유한책임회사나, 501(c)(3)조에 의한 비영리법인 중 한 형태로 회사를 설립하게 될 터였다. (제20장, "내 자산은 내가 보호"에서 J.J. 칠더즈가 자신에게 적합한 회사 형태를 선택하여 설립하는 방법을 더욱 자세히 다룰 것이다.) 또한 도서관에도 가서 찾아보고, http://smallbusiness.findlaw.com/business-structures/business-structures-quickstart.html도 검색해보라. 나는 사업체 설립과 관련해 창업 전문 변호사와 회계사의 도움을 받을 것을 적극 권장한다.

그런 다음 나는 은행에 가서 AngelDeals.com이란 회사를 운영하기 위해 내 명의로 당좌계좌를 개설했다. 무료 당좌계좌에 500달러를 입금한 후

무료 수표를 주문했다. 그리고 나서 사무용품점에 가서 전문적인 느낌이 나는 명함을 주문했다. 그리고 마지막으로 MS 워드로 회사 편지지 양식과 봉투를 만들었다. 5시간도 안 돼서, 나는 내 아이덴티티를 갖게 되었다. 이런 아이덴티티가 왜 그리 중요할까? 이 아이덴티티는 점차 여러분의 몸에 배이고, 명함을 한 장 내밀 때마다, 편지나 이메일을 보낼 때마다, 또는 수표를 끊을 때마다, 여러분은 세상에 이렇게 외치는 셈이 될 것이다. "보시오. 이것이 내 비즈니스요!" 새로운 아이덴티티에 익숙해지고 나면, 그 어떤 것도 여러분을 막을 수가 없게 된다.

5단계 :

이정표 차트를 그려라

이정표 차트는 창업 전에 반드시 해야 할 모든 중요 사항들을 규정한다. 나는 별의별 노력을 다 기울이는 가운데, 1일, 1주, 1개월, 1년 단위로 꼭 해야 할 일들을 눈으로 볼 수 있게 만드는 것이 얼마나 중요한지 깨달았다. 보기 11.2는 AngelDeals.com의 사업을 구상하고 이를 시작하기 위한 이정표 차트이다.

특히 화살표를 눈여겨보자. 화살표를 따라가면 포커스를 잃지 않기 때문에, 지체 없이 주된 목표에 도달할 수 있다. 각각의 이정표를 보면, 언제 무엇을 해야 할지를 알 수 있다. 이정표를 한 개라도 놓치면, 상당히 요란스러운 자극을 각오해야 한다. 이 차트를 책상 위 벽에다 붙여두라. 이 차트가 여러분을 빤히 쳐다보는데, 시치미 뚝 떼고 못 본 척 하기는 어려울 테니까.

보기 11-2 AngelDeals.com 창업을 위한 이정표 차트

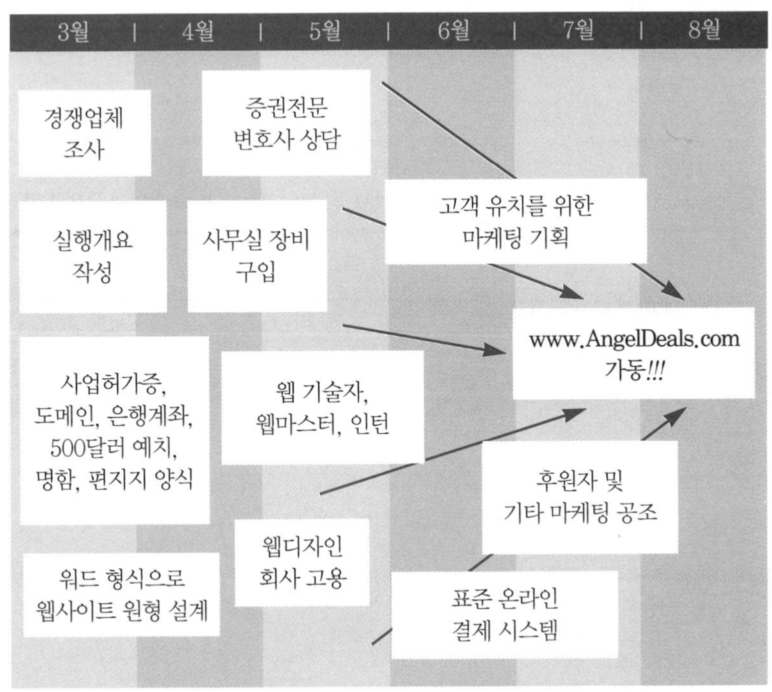

출처 경쟁에서 성공하기 센터, 'AngelDeals.com의 창업을 위한 이정표 차트'. Copyright© 2005 by Michael E. Gordon. 사용 허가를 받으려면, www.CompetitiveSuccess.com에서 저자에게 문의 바란다.

AngelDeals.com 창업에 필요한 자원 리스트는 보기 11.3과 같다. 특히 가장 효과적인 자원을 동원하는 데 노력을 기울인다면, 그에 넉넉한 보상이 따를 것이다. 충분한 자원 없이는 필요한 업무를 제때에 수행할 수 없으며, 최상의 성과도 낼 수 없다.

6단계 :

자원을 동원하라

보기 11-3 AngelDeals.com 창업에 필요한 자원들

창업 시 필요 자원	원천	자금 사용

참고 위 표는 www.trumpuniversity.com/wealthbuilding101에서 내려 받아 개인 용도로 사용할 수 있다.

출처 www.CompetitiveSuccess.com '엔젤딜스.컴 창업에 필요한 자원들(Needed Resources for the Start-up of AngelDeals.com)'.

7단계 :

매직과도 같은 첫 번째 고객을 잡아라

이제 대망의 순간을 맞을 일만 남았다. 첫 번째 고객! 최초의 고객이 생기고 나면, 여러분과 여러분의 사업에 대한 사람들의 생각은 완전히 달라진다. 이젠 더 이상 개발 단계의 회사가 아니니까. 이제 막 영업을 시작한 회사가 되었으니까. 여러분은 창업 과정의 하고많은 —그리고 힘들기 십상인— 단계들을 거쳤다. 이제 그 모든 노력이 결실을 맺으려 한다. 첫 고객을 잡기 전까지 여러분의 노력은 검증된 것이 아니다. 이제 한 명의 첫 고객이 요술쟁이처럼 모든 것을 술술 풀어줄 것이다. 여러분에 대한 사람들의 신용은 하늘 높이 치솟을 것이다.

나는 내 첫 번째 사업에서 첫 번째 고객을 잡은 순간을 생생하게 기억한다. 진짜로 어떤 구매 에이전트가 자기 회사의 표준을 만들기 위해 2,700달러어치 주문을 낸 것이다! 뛸 듯이 기뻤던 그 순간의 감격은 말로 표현할 수 없다. 나는 내 자신의 주요 관심사가 바뀌었음을 알아차렸다. 나는 개업에 신경 쓰던 단계를 넘어서, 첫 주문을 어떻게 처리할지와 더 많은 고객을 어떻게 유치할지에 신경을 쓰게 된 것이다.

최초의 구매 고객이 그처럼 매직과도 같다면, 어떻게 그런 첫 고객을 잡을 수 있을까? 브레인스토밍을 하자. 상상력이 풍부하고 긍정적이며 의욕이 넘치는 투자자들과 친구들을 총 동원해서 그들의 도움을 받아 첫 고객을 잡을 방법을 고안해보라. 몇 가지 예를 들어볼까.

"게릴라 마케팅"을 활용해서 최초의 고객을 잡자. 게릴라 마케팅이란 "적은 비용으로 큰 성과"를 올리기 위해 저렴하고, 특이하며, 공격적이고 눈에 띄는 홍보방법을 활용하는 것이다. 잠재고객에게 직접 광고지를 나눠주거나, 또는 친구, 동료, 기타 거래처로부터 고객을 소개받거나, 또는 비용을 들여 효과적인 마케팅 및 광고 캠페인을 벌여라.

——— 고객에게 꼭 사야 한다는 부담을 지우지 말고, 고객을 위해 '맞춤형' 제품을 제공하라. 고객에게 가치가 있도록 만들어야 한다. 만약 고객이 제품이나 서비스가 맘에 들어 주문을 하게 되면, 그 고객의 추천사를 광고지에 싣고 싶다고 말해주라.

——— 첫 주문은 가능한 한 가장 싼 가격으로 받는다. 소매점을 운영할 경우, 첫 고객 100명에게는 정가의 50퍼센트를 할인해주는 것이다. 꼭 사야 할 의무 없이, 한 달간 무료 체험 기간을 제공하는 것도 좋은 방법. 진지한 보증 제도를 실시하라 – 고객이 원하면 무조건 환불을 보장해야 한다.

——— 영업의 깔때기 개념을 활용하자. 깔때기 입구로 들어가는 유망고객이 100명일 경우, 이 중 10퍼센트가 관심을 보이고, 그래서 단 한 건의 구매만 성사되어도, 여러분은 성공하는 것이다. 각 단계에서 고객으로 전환하는 비율을 높일 수 있으면, 진정한 성공은 따 놓은 당상!

——— 누구도 막을 수 없는 자신의 힘을 적극 활용하라. 최초의 그 고객을 잡기 위해서라면 무슨 짓인들 못하겠는가.

이와 같은 방법들을 실마리로 하여, 계속 브레인스토밍 하라. 첫 번째 고객은 틀림없이 나타날 것이다. 장담한다!

이 챕터에서 논의한 일곱 단계는 자기 사업을 시작하고 키우는 과정이다. 각 단계를 적절히 실행에 옮길 때마다, 물질적 번영과 자긍심을 선사할 '돈 되는 사업' 을 하겠다는 자신의 목표에 더 가까이 다가가게 될 것이다. 이 챕터를 길잡이로 삼으면, 여러분은 사업가정신을 통해 실질적인 부를 창출하는 길목에 들어서게 된다.

RICHARD PARKER

비즈니스를 인수하여 내 것으로

리처드 파커

12

어차피 일을 해야 한다면, 자신을 위해 일하는 편이 낫지 않을까! 부를 축척하고 싶어도, 다른 사람을 위해 일을 해서는 부자가 될 수 없다. 이건 이미 비밀도 아니다. 그러나 여러분에게 한 가지 중대한 비밀을 알려주겠다. *피고용인에서 고용주로 도약하는 것은 생각보다 훨씬 쉽다.*

"내 사업"을 소유하게 되면, 이래서 좋다:

- 내 재정의 미래가 온전히 내 손에 달려 있다.
- 내가 노력한 만큼 대가를 얻는다.
- 내 사업에서 가치를 창출하여, 나중에 많은 돈을 받고 판다.
- 내 자신과 내 가족들에게 더 나은 라이프스타일을 제공한다.

자신이 들인 노력이 자신이 받는 보상에 직결된다는 사실을 모르는 사람들이 많다. 그러면서 그들은 자신의 미래가 상사나 회사의 전반적인 성과, 또는 변덕스러운 주주에 의해 좌우된다는 사실을 못마땅해 한다.

비즈니스를 인수한다는 생각은 꿈같은 소리로 들리는가? 사실은 그렇지 않다. 내가 앞으로 여러분에게 이야기하려는 구체적인 단계들을 따르면서, 각자가 만반의 준비를 갖춰 차근차근 사업체 인수 과정을 밟아간다면, 여러분 역시 각자가 꿈에 그리던 비즈니스를 소유할 수 있다.

내가 처음 사업체를 인수했던 1990년, 당시엔 나를 이끌어 줄 사람 같은 건 꿈도 못 꾸었다. 그때 난 대기업의 소비재 부서에서 일하면서 연봉으로 십만 달러를 벌고 있었으나, 주식시장에서 6만 달러를 날린 후였다. 첫 아이 출산도 얼마 남지 않은 터라, 상당히 마음을 졸이던 때이다. 곤경에서 빠져나올 방법이라고는 복권에 당첨되든지 아니면 내 사업을 시작하든지 둘 중 하나를 택하는 것이었다.

때때로 실수를 저지르기도 했지만, 나는 사업체를 인수할 때마다 새 교훈을 얻으면서, 사업체 인수에 성공하기 위한 핵심 8단계를 깨닫게 되었다.

- 자신에게 알맞은 사업을 찾아라.
- 어디서 정보를 얻을지 알아두라.
- 사업체를 방문해서 매도자를 직접 만나라.
- 그 비즈니스의 가치를 매기라.
- 협상하라.
- 인수 자금을 조달하라.
- 스스로 성실하게 실사實査하라.
- 체결의 단계에서

먼저 무지하게 열심히 일할 태세가 돼있어야 한다. 처음에 나는 일주일에 60시간 이상을 일에 쏟아 부었고, 머릿속은 항상 내 사업 생각으로 가득했다.

그만한 가치가 있을까? 물론이다! 사업체를 인수한 첫날, 나는 곧바로 내 일정표에다 아이들과 보낼 시간과 매주 수요일 오후 플라이 낚시를 하러 갈 시간을 포함시켰다. 사업체 인수는 돈을 벌기 위한 것이지만, 돈 이상의 것들을 위해서도 필요하다. 그래서 나는 내 비즈니스를 DIOMO, 즉 "내 스스로 해내기 (Doing It On My Own)"라고 부른다.

1단계 :

자신에게 알맞은 사업을 찾아라

자신의 강점과 약점에 대해 아주 솔직해져라. 자신에게 알맞은 사업이란 자신의 강점이 성장 원동력이 되고, 약점이 방해가 되지 않는 사업이다. 단순히 특정 제품을 좋아한다고 해서 그 제품을 취급하는 사업을 선택해서는 절대 안 된다. 애완용 새를 좋아한다고 해서 이국적인 애완용 조류 판매점을 운영할 자격이 있다는 뜻은 아니다. 이런 판매점을 운영하려면 무엇보다 마케팅 수완이 꼭 필요하다.

무엇이 됐든 여러분이 가장 잘 할 수 있는 일; 그것이 인수하고자 하는 사업의 매출과 수익을 성장시킬 가장 중요한 원동력이어야 한다. 그것을 잘 보여주는 한 가지 사례를 제시하겠다.

마거릿은 정규 교육을 받은 변호사였다. 마거릿은 어느 이사 업체를 인수하

기로 결심했는데, 이 업종에 전혀 경험이 없었다. 이 업종은 평판이 그리 좋지 않았으며, 거의 남성들이 독점하다시피하고 있었다. 마거릿의 가장 큰 강점은, 즉 가장 잘 하는 것은, 사람들을 대할 때 편안하게 해주고 믿음이 가게 하는 것이었다. 이런 강점이 성공의 '원동력'이 되었다. 마거릿은 사람들이 대체로 이사 업체를 좋아하지 않는다는 것을 파악했고, 가장 핵심이 되는 문제를 짚어냈다. 가정에서 이사를 총괄하는 사람은 대부분 여성이다. 여성들은 말주변 좋은 영업사원이나 트럭운전수를 상대하는 것을 별로 좋아하지 않는다. 그래서 마거릿은 고객과 전화 상담을 하고, 최초 면담을 할 여성 직원들을 채용했다. 5년도 안 돼서, 백만 달러였던 매출이 7백만 달러로 성장했고, 수익은 2십만 달러에서 거의 2백만 달러에 육박했다.

다음과 같은 질문들을 스스로에게 던져보고, 아주 솔직히 대답해보라:

- 내가 잘하는 것은 무엇인가? 내 가장 큰 장점과 약점은 무엇인가?
- 어떤 유형의 사업이 내 강점을 기반으로 성장할 수 있을까? 내가 원하지 않는 사업은 무엇인가?
- 개업 첫날부터 수익을 내기 위해 자금이 얼마나 필요한가? 내가 기대하는 바는 무엇인가?
- 내가 종업원들을 관리할 수 있을까? 대중을 상대하는 편이 좋은가, 아니면 업체를 상대하는 편이 좋은가?
- 내가 제일 잘 아는 업종은 무엇인가? 내가 개척할 수 있는 틈새시장이 있는가? 나는 어떤 전문직에서 가장 큰 성공을 거두었던가?
- 사업을 위해 기꺼이 희생할 수 있는 것은 무엇인가? 제약은 없는가?

위 질문에 대한 답은 여러분이 인수를 위해 사업체를 방문할 때마다 고려해야 할 "금과옥조金科玉條"다. 오랜 세월에 걸쳐 나는 전망 좋은 사업인지 아닌지를 판단하는 데 이 금과옥조가 지나침도 부족함도 없다는 사실을 알게 되었다. 그 다섯 가지의 금과옥조는:

1. 영업과 마케팅 중심으로 운영되는 비즈니스여야 한다.
2. 독점적 요소를 어느 정도 갖고 있는 사업이어야 한다. 예를 들어 특정 보호지역 내에서만 판매되는 제품이나 서비스 같은 것.
3. 총 이윤이 높은 제품이나 서비스를 취급하는 비즈니스. 그래야만 사업 운영에 필요한 다양한 활동에 자금을 조달할 수 있고, 더러 실수가 있어도 견디기가 수월해진다.
4. 제공하려는 제품이나 서비스에 대해 미리 붙박이 수요가 있어야 한다.
5. 가격 경쟁력만 있는 제품이나 서비스여서는 안 된다.

여러분은 각자 스스로의 원칙을 세워야 한다. 이것은 너무나 중요한 일이다. 여러분의 금과옥조는 구체적이어야 한다. "가족과 더 많은 시간을 보내고 싶다."라고 해선 안 된다. 대신 "월요일에서 금요일까지 외에는 내 시간을 비즈니스에 할애할 수 없다."라고 말하라.

세월이 흐르면서, 내 리스트에는 여섯 번째와 일곱 번째 원칙이 추가되었다.

6. 종업원이 거의 없는 사업체를 인수한다.
7. 동일한 고객 기반에서 반복거래(repeat business)를 창출한다.

나는 어쩔 수 없다면 6번 규칙과 7번 규칙은 기꺼이 포기할 것이다. 그러나 절대 처음 다섯 가지 원칙은 깨트리지 않을 것이다. 여러분도 그래서는 안 된다.

2단계 :

어디서 정보를 얻을지 알아두라

일단 자신에게 알맞은 것이 무엇인지 알았으면, 적절한 사업을 찾기는 쉽다. 사람들은 대부분 자신에게 알맞은 사업을 찾기 위해 매물로 나온 끝도 없이 긴 사업체 목록을 전부 살핀다. 이것은 잘못된 접근방식이다. 자신이 원치 않는 사업은 제외하고, 원하는 사업체에 초점을 맞춰라. 매물로 나온 사업체의 정보를 얻을 곳은 상당히 많다.

■ **온라인** www.bizquest.com, www.bizbuysell.com, www.businessesforsale.com과 같은 웹사이트에서 매물로 나온 사업체의 정보를 얻을 수 있다. '사업체 매물'이나 '사업체 인수' 등의 검색어를 입력해 도렘첨군 행정구역 단위로 조사할 수 있다. 매물 목록에 사업체에 대한 상세한 내용이 게시된다. 사업체 위치, 희망 가격, 계약금, 소유자 혜택 (매도자의 현금흐름, 수정 후 이익, 해당 사업체가 만드는 것 등), 교육 유무, 연락처 정보 등이 게시된다. 또한 사업체를 파는 사람이 사장인지 아니면 중개업자인지도 알 수 있다.
처음 연락하면서 많은 정보를 달라고 요구하지 마라. 대신 이렇게 말하라:

"나는 이 사업체에 관심이 있습니다. 진지하게 인수를 고려하고 있는 사람입니다. 일을 진행시킬 수 있도록 제가 서명해야 할 비밀 준수 약정서 같은 게 있다면 보내 주십시오."

그런 다음 목록 번호와 웹사이트 주소를 적어 놓고, 만약 48시간 안에 답장을 받지 못하면, 다시 연락을 취하라.

■ **지역 신문** 온라인에 비해 신문에서 정보를 찾는 경우는 적을지 모르나, 지역 신문을 정기적으로 살펴보라. 보통 '사업체 매매' 란 제목의 광고란에 게시된다.

■ **업계 간행물** 사람들은 대부분 이것을 간과한다. 인수하고자 하는 사업체의 유형을 파악했으면, 관련 업계에서 나오는 간행물을 구해서 광고부분을 잘 살펴라. 매도자와 상담할 때마다, 해당 업종과 관련된 업계 소식지를 찾아서 읽어라.

■ **사업 중개인** 사업 중개인은 부동산 중개인과 업무방식이 다르며, 주에 따라 이들의 목록도 천차만별이다. 사실상 매입자를 위해 일하는 중개인은 거의 드물다. 대부분의 경우, 매도자에게 돈을 받고 그를 대표하여 거래를 만든다. 그렇다고 해도, 인수자에게 도움이 될 수 있다.

■ **회계사와 변호사** 되도록 많은 회계사나 변호사들과 '네트워킹'을 하자. 그들은 사업체를 팔고자 하는 고객들을 많이 알고 있을지 모른다. 그런 고객들을 조사하여, 자신을 소개하는 편지를 보내고 어떤 사업체에 관심이 있는지 밝혀라.

■ 친구나 가족, 그리고 이외 다른 지인들 말을 퍼뜨려야 한다. 사업체 인수는 일자리를 찾는 것과 비슷하다. 가능한 모든 노력을 기울여야 한다. 가족, 친구, 은행가 등 인맥을 총동원하라. 상공회의소 모임이나 지역에서 열리는 업종별 박람회에 참가하라. 언제 어떻게 알맞은 단서가 나타날지 모르는 일이다.

■ 직접 방문 사업주들을 직접 만나라. 일단 자신이 인수하고자 하는 사업 유형을 파악했고 해당 업종에 대해 알고 난 다음엔, 이렇게 하라. 나는 보통 회계사나 변호사에게 그들이 사용하는 편지지에 편지를 써서 전달해 달라고 부탁한다. 그렇게 하면 더 좋은 인상을 주기 때문이다. 편지에 연락 받을 번호를 적어 보내라. 그래야 도움을 준 회계사나 변호사를 통하지 않고 직접 연결이 가능하다. 아니면 처음부터 자신의 편지지에 직접 편지를 써서 보내도 좋다. 더 자세한 사항은 www.trumpuniversity.com/wealthbuilding101.com를 참고하라.

3단계 :

사업체를 방문해서 매도자를 직접 만나라

이것은 자신에게 *알맞은* 사업체의 범위를 좁히고, 그래서 사업체 인수의 금과옥조를 미세하게 조정하는 가장 좋은 방법이다. 광고를 보고 사업체를 인수할 수는 없잖은가. 매도자와 만나 직접 이야기를 해보고 비즈니스에 대해 실질적인 정보를 얻어야 한다.

사업체의 잠재적 인수자라면 반드시 물어야 할 몇몇 핵심 질문들이 있다. 몇 가지만 예를 들어볼까:

- 비즈니스에 대한 개략적인 설명을 해 줄 수 있는가?
- 왜 팔려고 하는가?
- 매도 조건을 상세히 설명해 줄 수 있는가?
- 당신은 계약서에 제시된 기간보다 더 오랫동안 우리를 교육시켜 줄 의사가 있는가? 또는 당신을 자문으로 고용할 수 있는가?
- 본 사업체가 앞으로 맞닥트릴 가장 큰 장벽은 무엇이겠는가?
- 밤잠을 설치게 하는 문제는 어떤 것인가?
- 종업원들에게 지켜야 할 계약상 또는 구두상의 의무가 있는가?
- 당신은 이 사업을 좋아하는가?
- 주요 경쟁업체는 어디인가? 그리고 그들 경쟁업체에 대한 더 많은 정보를 어떻게 얻을 수 있는가?
- 내가 사용 가능한 자원은 무엇인가?
- 경영 계획 또는 마케팅 계획을 가지고 있는가?
- 당신의 고객은 어째서 당신에게 물품을 구입했는가? 매출의 10퍼센트 이상을 차지하는 고객이 있는가?
- 연봉은 얼마나 되는가? 휴가를 포함한 기타 혜택은?
- 만약 처음부터 다시 시작한다면, 무엇을 다르게 운영하고 싶은가?
- 새 사업주로서 자금 조달의 문제가 없다면, 본 사업체의 성장을 위해 구체적으로 무엇을 할 것 같은가?

그러고 나서 다음과 같이 저쪽에서 물어 볼 질문에 대답할 준비를 하라.

- 배경(출신, 학력, 경력 등)이 어떻게 되는가?
- 전문 분야가 무엇인가?
- 재정 상황은 어떠한가?
- 사업체 인수의 일정日程은?

간략하게 대답하고, 핵심만 전달하라.

■ 후속 조치들

사업주를 만난 후, 스스로에게 물어보자:

"매도자는 맘에 드는가? 믿음이 가는가? 그 비즈니스는 맘에 드는가? 그 사업체를 운영하는 내 모습을 상상할 수 있는가?"

이 모든 질문에 '그렇다' 라는 대답이 나오지 않으면, 다른 비즈니스로 옮겨가라. 잊지 말고 중개인이나 사업주에게 시간을 내줘서 고맙다는 인사를 전하라. 그들은 앞으로 소중한 고객의 원천이 될지도 모른다.

4단계 :

그 비즈니스의 가치를 매기라

자, 재미는 지금부터다. 매도자가 생각하는 사업체의 가치는, 보통 진짜 가치와는 상관이 없다. 가치 평가는 기술이지 학문이 아니다. 매도자가 요구하는 가격은 잊어버려라. 사업체의 가치를 제대로 평가하려면, 이렇게 해야 한다:

- 과거 재정 상태를 검토하라.
- 투자수익률이 충분한지 확인하라.
- 비즈니스가 새 주인에게 어떻게 넘어올 것인지를 판단하라.
- 비즈니스에 내재된 문제들을 이해하라. (예를 들어, 거래의 상당 부분을 너무 적은 수의 고객이 차지하고 있는 점)
- 마지막으로, 현실적인 성장잠재력을 추산하라

가치평가 방법은 무수히 많지만, 소규모 사업체를 인수할 경우, 사업체의 재정 상태에 대한 가치를 평가하는 데 대체로 다각적인 방법이 사용된다. 여러분이 사업체를 인수한 후에도 모든 것이 현상 유지된다는 가정 하에 "사업주의 모든 혜택 (Total Owner Benefits)" 공식을 사용하라. 그러니까, 사업주의 연봉, 부채 상환이나 이자 지불, 사업체 육성 등의 목적으로 그 비즈니스가 얼마를 벌어들이는지를 계산하는 방법이다.

이 공식은 다음과 같다:

순이익 + 사업주의 연봉 + 사업주의 특전 + 이자
+ 감가상각 – 자본 지출 = 사업주의 모든 혜택

2년에서 3년의 기간에 대해 이 수치들을 살펴보라. 예를 들자면:

순이익 (납세신고서 기재 내용):	80,000달러
사업주 연봉:	70,000달러
사업주 특전[1]:	50,000달러
감가상각:	20,000달러

이자:	5,000달러
합계:	225,000달러
(–) 자본 지출비[2]:	25,000달러
합계:	200,000달러

[1] 사업주 특전에는 사업체에 청구된 의료보험, 배우자의 자동차, 개인 휴가, 또는 식사 등의 비용이 포함될 수 있다.

[2] 이 업체는 평균적으로 낡은 장비를 교체하는 데 연간 25,000달러를 쓰기 때문에 이 부분을 빼줘야 한다.

매도자가 '사업주의 모든 혜택' 에 비해 세 배나 되는 6십만 달러를 판매가로 불렀다고 가정해보자. 소규모 사업체의 경우는 대체로 '사업주의 모든 혜택' 의 1배에서 3배 정도로 가치가 매겨지기 때문에, 이 가격은 높은 축에 속한다. 그만한 가격을 지불할 가치가 있는 사업체일까? 만약 그 사업체가 계속 성장할 수 있다면, 그리고 거래 조건이 말이 된다면, 그럴 수도 있다. 그렇기 때문에 합당한 가치평가를 위해서는 재정부문이든 그 외 부문이든 그 비즈니스의 모든 부분들을 검토해야 하는 것이다.

멋진 가치평가 도구가 있다. www.trumpuniversity.com/wealthbuilding101을 방문하여 내 책 《*사업체 인수의 기술*》에 나오는 '비즈니스 평가(Valuing a Business)' 를 살펴보고 그 도구를 다운로드 받으면 된다.

5단계 :

협 상 하 라

협상 단계에 들어가면, 사업주에 대해 많은 것을 알게 된다. 어떤 사업체를 인수하든지 반드시 다뤄야 할 문제들이 있다. 소규모 사업체 매매 거래법에 경험이 있는 변호사를 고용한다면, 자문도 얻을 수 있고, 적절한 보호도 받을 수 있다. 그러나 협상의 대부분은 인수 희망자와 사업주 사이에서 이루어질 것이다.

양쪽 모두에게 이로운 "윈-윈" 거래란 이론적으로야 대단하게 들리지만, 현실적으론 사업체를 사고팔 때 항상 그러기가 쉽지 않다. 여러분은 더 큰 위험부담을 떠안는 매입자의 입장이기 때문에 당연히 "윈" 하는 입장이어야 한다. 그러나 사업체를 팔려는 사업주 역시 어느 정도 만족스러워야 한다. 파는 사람에게 가장 결정적이고 중요한 문제들이 무엇인지 파악하고, 그것을 충족시켜줘라. 그러면 그는 여러분이 원하는 것이면 무엇이든지 다 줄 것이다. 어느 지점에서 난관에 부딪쳤다면, 다른 지점으로 옮겨가고, 만약 필요하다면 다시 돌아가라. 거래를 하지 않기로 마음먹었을 때에만 강경한 입장을 취하라. 겁쟁이가 되지 마라. 그렇다고 으름장을 놓지도 마라. 다음의 사례를 살펴보자.

에드워드는 유통회사 하나를 사려고 했다. 매도자인 스탠과 그의 아내 리넷은 은퇴를 하고 싶어 했다. 이 회사는 현명한 매입자가 인수한다면 쉽게 성장할 수 있는 사업체였다. 스탠 부부는 상당히 적정한 가격과 조건을 제시했으나, 에드워드는, 협상이 거의 끝나갈 때까지, 자꾸만 더 많은 걸 얻으려고 거듭 요구했다. 에드워드는 이슈마다 상대편을 밀어붙였고, 결코 양보하지 않

았다.

마침내 최종 계약서에 서명하고 돈이 오가야 하는 마지막 날, 에드워드가 스탠에게 말했다. "저는 당장 들어가서 스텔라부터 잘라버리고 싶어요." (스텔라는 오랜 세월 스탠을 보좌해온 일반 직원이었다) 스탠은 에드워드의 말을 듣고 딱 잘라 말했다. "협상을 시작하면서 지금까지 당신이 나를 밀어붙여도 참고 있었소. 매번 다 내가 양보했소. 돈은 도로 집어넣으시오. 원하면 고소해도 좋소. 당신한텐 안 팔겠소." 그리고 나서 스탠은 나가버렸다.

에드워드는 충격을 받았다. 그는 좋은 기회를 놓쳤다. 4개월 후, 스탠과 리넷은 다른 인수자에게 더 많은 돈을 받고 사업체를 팔았다.

전형적인 계약의 경우, 협상해야 할 개별 조항은 50가지나 된다. 그 중에서 몇 가지만 살펴보자.

■ 가격과 매매 조건 여기에는 사업체의 매도 가격, 계약금, 융자 조건, 거래의 틀 따위가 포함된다. 예를 들어 고객이 편중偏重된 문제가 있다거나, 사업이 쇠퇴하고 있다거나, 또는 큰 계약이 생길 "전망"이 있는 경우라면, 성과 기준의 거래, 혹은 이익 연계連繫의 구조로 거래를 할 수 있다. 즉, 장래 어떤 사태가 실현되거나, 지속됨에 따라서 매도인이 프리미엄을 받는 구조다.

■ 나는 어떤 자산을 매입하고 있는 것인가? 사업체를 인수할 때 따라오는 자산이 무엇인지, 그리고 그 자산들은 '저당이 설정되지 않고 깨끗한' 것들인지 정확히 인지해야 한다. 장비, 회사 홈페이지, 특허, 지적재산권, 그리고 무형자산 등이 여기에 속한다.

■ 자산 매각인가, 재고 판매인가? 특정 사업 허가권이나 계약을 양도하는 거래가 아니라면, 거래의 구조를 재고 판매가 아닌 자산 매각으로 하라. 그래야만 매입 자산 가치를 "증대시켜서" 다시 감가상각 할 수 있다. 이것은 곧 주요한 세금혜택을 의미한다. 또한 그럴 경우, 재고 매입 시 승계 받게 되는 책임도 모두 피할 수 있다.

■ 경쟁 진입 금지 이 조항은 매도자가 특정 기간 동안 그리고 특정 거리 내에서 다시 동종업계에 뛰어들어 인수자와 경쟁하는 것을 방지하는 항목이다.

■ 고객 편중 또는 공급업체 편중 문제 이런 문제를 다루기 위한 보호책이나 해결방법이 필요할 것이다. '가격과 매매 조건' 항목에서 설명했듯이, 이익에 연계시키는 방법이 훌륭한 방어책이다.

■ 점포임대계약의 양도 받아들일 수 있는 조건으로 인수자에게 점포임대계약이 양도되어야 한다. 이것은 매장의 위치가 수익 창출을 좌우하는 경우 특히 중요하다.

■ 성실의 의무 충분한 시간을 갖고 해당 업체의 장부와 기록을 꼼꼼히 살펴보라. 경영 상황을 면밀히 심사하라. 보통 영업일수로 20일이면 충분하다.

■ 교육 사업의 종류에 따라 계약체결 후 교육 기간이 달라진다. 여러분 자신에게 알맞은 기간을 협상하라. 만약 매도자가 1년씩이나 머물

면서 교육을 해줘야 한다고 생각한다면, 업체 선택이 잘못된 것일 가능성이 높다.

6단계 :

인수 자금을 조달하라

모든 사람들이 은행에 속고 있다. 은행 광고를 보면 은행마다 마치 금고문을 활짝 열고, 창업하는 신규기업에 무한대로 자금을 빌려줄 것 같지만, 현실은 그렇지 않다.

소규모 사업체를 인수하기 위해 자금을 조달하는 방법은 오로지 4가지뿐이다.

- 전액 현금으로 지불하기
- 가족과 친구들에게 빌리기
- 정부 지원 대출 받기
- 매도자의 금융지원

앞의 세 가지 방법에는 단점이 있다. 그 이유를 알아보자.

■ 전액 현금으로 지불하기 비록 여유가 된다고 해도, 가격에서 상당액을 깎아준다거나 거래 규모가 아주 작다면 모를까, 전액을 현금으로 지불하는 것은 불합리하다.

■ 가족과 친구들에게 빌리기 가족과 친구들에게 의존하려면, 그들을 인수 과정에 참여시키고 정확히 얼마를 빌려줄지 약속받아라. 그들의 의도가 비록 진실할지라도, 약속을 지키지 않는 경우가 종종 생긴다. 자금이 충분하다는 점을 입증하지 못하면, 매도자나 중개인은 여러분을 진지하게 받아들이지 않을 것이다.

■ 정부 지원 대출 받기 미국 중소기업청은 은행이 여러분에게 대출해주는 금액의 75퍼센트를 보증하며, 거래의 80퍼센트까지 재정지원을 한다. 이런 종류의 대출은 분명 매력적이기는 하나, 이런 혜택을 받을 수 있는 사람은 극소수다. 지원자와 해당 사업체가 자격조건에 부합되어야 하는데다, 기준이 엄격하고 수수료도 높다. 여러분의 집이라든지 상당한 개인담보를 요구하는 경우가 많을 것이다.

■ 매도자의 금융지원 매도자의 금융지원을 받지 않고서는 절대로 사업을 인수하면 안 된다. 그것이 내 생각이다. 매도자가 여러분에게 이야기한 것이 모두 사실임을 확인시켜 주는 데 이보다 더 좋은 방법이 어디 있겠는가? 만약 매도자가 거래 대금 중 일부를 융자해주지 않으려고 한다면, 실질적으로 가격 양보를 얻어낼 때까지, 그리고 사업체에 충분히 익숙해져서 다른 자금조달 방법을 마련할 때까지, 서류에 서명하지 말고 기다리자.

이자율은 협의할 수 있는데, 은행 이자와 비슷해야 한다. 상환기간을 늘려준다면, 이자율을 높이는 데 동의하라. 정신 나간 소리로 들리겠지만, 어음에 융통성을 부릴 수 있어서 충분히 가치가 있고, 다음 사항들을 협상할 수도 있다.

- 계약 체결 후 첫 3개월 내지 6개월을 거치 기간으로 잡는다.
- 상환 기간 내에 원금의 일부를 뭉칫돈으로 갚을 수 있다.
- 개인 자산을 융자금의 담보로 잡지 않는다.
- 융자금을 조기 상환할 수 있다.

만약 사업이 잘 되고 있다면, 융자금을 조기에 상환할 생각을 하라. 메리 베스는 숙녀복 상점 두 곳을 인수하면서, 매도자에게 12만 5천 달러짜리 약속어음을 썼다. 2년 후, 그녀는 매도자에게 전화를 걸어 8만 달러를 즉시 지불할 테니, 어음 전액을 상환하는 걸로 하자고 제안했다. 나중에 메리가 빙그레 웃으며 나한테 뭐라고 했는지 아는가? 그 제안을 하자마자 곧바로 매도자의 자동차 시동 거는 소리가 수화기 너머로 들리더란 거다.

■ 리스크에 부담 갖지 말라 사업체 인수에는 창업과 마찬가지로 위험이 수반된다. 그러나 인수자는 기꺼이 이런 위험을 감수해야 한다. 무모하게 굴 필요는 없지만, 사업체를 인수하여 부를 축적할 기반을 마련하려면 전에는 선택하지 않았을 몇몇 행동들을 어쩔 수 없이 취하게 될 것이고, 개인 자산의 증대를 위해 부채를 떠안을 수밖에 없는 경우도 있을지 모른다. 그런 조치를 취할 수 있는 마음의 준비를 하라.

생전 처음 상당한 규모의 사업을 인수할 때, 나는 끌어들일 수 있는 자금을 모조리 동원했고, 수중의 신용카드도 모두 사용했다. 하지만 첫 사업을 위해 애걸복걸해서 빌린 그 10만 달러가 불어나 450만 달러 규모의 회사로 성장하였다. 같은 상황이라면 나는 역시 그렇게 할까? 물론이다! 어째서? 내 능력과 재주에 꼭 맞는 좋은 사업이었기 때문이다.

7단계 :

스스로 성실하게 실사하라

이 단계에서 여러분은 매수하고자 하는 회사의 장부와 기록들을 모두 열람하게 된다. 이때는 위약금이나 배상금을 지불할 필요 없이 법적으로 거래에서 손을 뗄 수 있는 마지막 기회이기도 하다. 계약서의 성실의무 조항에 "이유가 무엇이든지, 인수 희망자 자신의 절대적인 재량으로" 여러분이 했던 제안을 —매도자에 대한 어떠한 추가 의무도 없이— 모두 철회할 수 있다는 내용을 분명히 명기해야 한다. 이 부분에 대해서는 전문 변호사가 "물샐틈없는" 표현으로 초안을 잡도록 하라.

이 단계는 충분한 시간을 갖고 완료해야 한다. 또 실사를 단순히 재정 상태에만 국한하지 마라. 만약 매도자나 중개자가 실사 기한을 촉박하게 정해 밀어붙인다면, 그들을 경계하라.

인수 희망자는 재정상태, 자산 현황, 경쟁 구조, 고객 구조, 종업원, 매출과 마케팅 전략, 기존 시스템들, 모든 계약, 공급업체들, 그리고 법적 사안들과 기업 사안들까지 모든 것을 철저히 조사해야 한다. 내 책 *《사업체 인수의 기술》* 중 "성실의무"라는 챕터에 이 모든 범주에 대해 검토해야 할 것들을 200개 항목의 체크리스트로 소개해두었다. 그 중 몇 가지만 살펴보자:

- 변호사가 모든 법적 문제와 부채 문제를 검토하게 하고, 지적재산권이나 상표권 또는 특허권도 확인하게 하라.
- 해당 업계에 경험이 있는 공인 회계사에게 모든 재무 관련 문서를 수집하여, 은행 거래 내역 및 재무제표를 재점검하고 약식 감사를 실시하도록 하라.

- 회사가 매출을 어떻게 일으키는지 살펴라.
- 고객은 누구인가? 그들은 계속해서 구매할 것인가?
- 모든 계약서를 검토하라. 만약 거래의 10퍼센트 이상을 차지하는 핵심 고객이 있다면, 인수 계약을 체결하기 전에 그 고객을 만나거나, 또는 인수 후 핵심 고객을 잃을 경우 보호를 요구하는 조항을 계약서에 명시하라.
- 경쟁업체는 누구인가? 그들은 얼마나 위협적인가?
- 업계 컨설턴트를 고용해서 시설 장비를 감정하고 교체 비용을 추정하게 하라.
- 시스템은 충분하가? 충분치 않다면 교체하거나 도입하기 위해 얼마나 비용이 들겠는가?

■ 문제점 다루기

실사하다 보면 몇 가지 문제점이 발견되기 마련. 그러나 소소한 문제가 보일 때마다 쪼르륵 매도자에게 달려가지 마라. 짚어야 할 문제점들을 정리하여 기다려라. 어떤 사업이든 비밀과 문제점이 있는 법이다. 진짜 큰 문제와 소소한 문제를 구별하라. 드러난 문제가 너무 많다면, 재협상할 필요가 있을 것이다.

7단계 :
체결의 단계에서

여러분이 실사를 모두 마치고 실제로 계약을 체결할 때쯤에도 세부사항 때문에 발목이 잡힐 수 있다. 계약과 관련해 처리해야 할 서류 분량은 아직도 아찔할 정도다. 나는 작년 중소기업청이 지원하는 대출을 받아 사업체 인수 계약을 체결했는데, 당시 인수자가 서명해야 할 서류 뭉치의 높이가 30센티미터는 더 됐던 것 같다.

서류 작업에 익숙해져라. 계약에 필요한 각종 문서를 모으는 데 변호사가 아주 중요한 역할을 할 것이다.

■ **임대차 양도서** 이 서류에는 임대인이 임대차 관계를 여러분에게 양도하겠다는 동의가 들어간다. 이때 임대인은 여러분의 이력서와 재무제표를 보고 싶어 할 수도 있다. 임대인은 보통 이런 문서를 처리하는 데 발 빠르게 움직이지 않기 때문에, 여러분 언제 계약을 체결해야 되는지 구체적으로 알려줘야 한다. 임대차 기간 중 남은 기간 동안 매도자가 계속해서 보증인으로 남을 경우, 여러분은 면책免責의 보증을 해줘야 할 수도 있다. 마지막으로 잡다한 경비(임대인의 현금 경비, 변호사 수임료, 업무 시간 등)에 대해서도 미리 대비하자.

■ **약속 어음** 약속 어음은 돈을 빌려주는 사람에게 빚을 갚겠다는 증서다. 만약 매도자에게 약속 어음을 썼다면, 여러분은 개인 자산을 담보로 잡을 필요가 없다.

어음 조항에는 다음과 같은 권리가 포함된다:

- 위약금 없이, 언제 어느 때든지 융자금 전액을 상환할 수 있다
- 위약금 없이, 1년에 두 번 원금을 일괄 지불할 수 있다.
- 계약 체결일로부터 30일 내지 180일을 거치 기간으로 잡을 수 있다.
- 처음 3~6개월은 이자 없이 원금만 상환하는 기간으로 협상할 수 있다.
- 계약 체결 후 나타날 수 있는 부채들은 (예를 들어 매도자가 전기세나 수도세 등을 연체한 경우) 어음금액에서 '상쇄' 할 수 있다.

■ **담보권 조사 및 설정** 이 서류들은 매도자가 여러분에게 양도한 모든 자산에는 근저당이 없음을 입증하는 증거물이다. 만약 매도자가 판매 자산에 대한 어음을 갖고 있다면, 매도자는 여러분에게 제공한 융자를 위한 담보로서 해당 자산에 저당을 설정할 수 있다.

■ **인수 가격 배분(Purchase Price Allocation)** 여러분의 회계사에게 인수 가격 배분 문서를 만들어서 매도자의 회계사와 직접 협상하게 하라. 세금이란 측면에서 인수자와 매도자 양쪽에 서로 상충하는 의미를 갖는다.

■ **이전세(Transfer Taxes)** 여러분이 취득한 자산에 대해 특정 세금이나 비용을 지불할 의무가 생길 수 있다. 자동차나 기타 차량의 경우, 소유권 이전 비용, 면허세, 그리고 현재 가치에 입각해 산정된 세금이 있을 수 있다. 변호사와 회계사에게 자문을 구하라. 이런 세금들은 지역별

로 다양하다.

나는 대형 이사 업체의 매각에 관여한 적이 있는데, 그때 채권자의 변호사가 거래완료 명세서에 이런 비용을 기입하는 것을 "까먹었다." 계약을 체결하는 날 —좀 더 정확히 말하자면 계약 체결 90분 전— 이 변호사는 인수자에게 계약 체결 시 현금 81만 달러를 추가로 내야 한다고 태연하게 말하는 것이 아닌가? 나는 은행한테 통보했다. 특별히 좋은 조건으로 인수자에게 이 추가금액을 대출해줘야만 한다고. 그렇지 않으면 이번 거래는 무산될 테고, 이 때 인수자에게 발생되는 비용과 심적 고통 및 불편을 은행이 책임져야할 것이라고 말이다. 3분도 채 안 돼서, 은행의 수석 부점장이 전화를 걸어와 협상을 벌였다. 거래 때마다 이런 대접을 받을 수는 없지만, 그 당시엔 수백만 달러가 걸린 상황이었다. 그때 깨달은 교훈이 있다. 계약을 체결하기 전에 재정 및 계약상의 의무를 잘 알고 있어야 한다는 것이다.

다음단계 :

배짱을 갖고 밀어붙여라

이 챕터를 마치는 여러분은 이제 막 프로 선수가 된 신인 쿼터백과 비슷한 처지라고나 할까. 이제 막 빅 리그에 진출한 것이다. 유니폼, 선수들, 팬, 코치, 전략서 등 모든 것이 새롭다. 매일 새로운 경기방법을 배우고, 경기장면을 찍은 비디오를 보고, 코치와 머리를 맞대 상대팀을 연구하고, 몇 시간씩 연습을 할 것이다. 그러고 나면 진정한 실력을 보여줄 때가 온다. 긴장되는가? 물론 긴장되겠지. 마음에 준비가 됐는가? 두말하면 잔소리! 초조한 맘이야 경기를 몇 번 치르면 사라지겠지만, 스스로 준비를 해왔고 올바른 단계를 밟아왔으니 하루하루가 점점 쉬워질 것이다.

사업체를 인수하는 것도 이와 마찬가지. 만반의 준비도 마쳤고, 철저히 조사도 했고, 인수할 비즈니스도 연구했다. 그러니 이제 거래를 성사시킬 차례! 여러분의 코치로서 나는 말한다.

"가서 잡아라! 준비는 끝났으니!"

긴장감이나 불안감을 느낄 수도 있지만, 그 모든 것은 엄격히 말해 사업이라는 경기를 멋지게 치르고자하는 열망이다. 계약을 체결하라. 그러면 절대 뒤돌아보지 않으리라. 절대로!

좀 더 많은 정보를 원한다면

www.Bizquest.com에서는 전반적인 정보를 얻을 수 있다.

www.BizBuySell.com과 www.BusinessesForSale.com은 비즈니스 인수에 대해 조회할 수 있는 사이트인데, 미국뿐 아니라 해외의 사업체 목록을 검색할 수 있다.

www.BizMiner.com에서는 재무분석과 마케팅 조사와 관련된 정보를 얻을 수 있다.

미국 정부 지원 대출에 대한 정보를 얻고 싶으면, 중소기업청 사이트(www.sba.gov)를 방문해보라.

브로커 관련 정보를 원하면 www.brokerpages.com과 국제 비즈니스 브로커 협회 사이트(www.ibba.org)를 참조하면 좋겠다.

RICHARD PARKER

BUY YOUR OWN BUSINESS

RICHARD PARKER

OWN PROPERTY:

THE REAL ESTATE PATH TO WEALTH

5단계

: 부동산으로 부자 되기

GARY W.ELDRED

왜 부동산에 투자하지?

13

게리 W. 엘드릿 박사

재정적 자유를 성취하기 위해서, 그리고 풍요로운 삶을 제공할 걱정 없는 노후를 즐기기 위해서, 부동산보다 나은 투자 상품은 없다. 가장 대중적인 자산 중에서, 주거용 임대부동산은 최소위험 대비 최대 수익률을 제공해왔다. "그거야 다 옛말이죠." 이렇게 말할지도 모른다. "앞으로는 어떨까요?" 좋은 질문이다. 그래도 내 대답엔 변함이 없다. 단, 한 가지 단서가 있다.

과거 주거용 부동산은 주식과 채권에 비해 지나치게 저평가되었다. 그러한 가치의 격차 때문에 여전히 부동산은 매력 있는 투자 대상이지만, 더 이상 '황금알을 낳는 거위'는 아니다. 오늘날 부동산에 투자하려면 최근 10년 중 전반부 활황의 시기 동안 지녀야만 했던 것보다 더 많은 배움과 정보가 필요하다.

은퇴자금을 마련하느라 분주한 베이비붐 세대와 미래 부채를 위해 자금을 마련하려고 자산축적에 여념이 없는 연기금, 그리고 재산 불릴 방법들을 찾고 있는 기존의 부자들이 온갖 투자대상의 가격을 올려놓았다. 다우존스 평균 지수가 현재 최고 상한가에 육박하고 있고, 약 4.75퍼센트에서 오르락내리락 하는 장기 국채 수익률은 40년 새 최고 수익률에 가깝다. 그리고 단독 주택의 평균 가격이 현재 22만 5천 달러를 상회하고 있다. 10년 전 기록의 두 배가 넘는 가격이다.

의심의 여지가 없다. 오늘날의 투자자들은 (어떤 범주에 투자하든지) 1930년 대 이후 그 어느 때보다 더 힘든 어려움에 직면하고 있다. 낮게 드리운 과실들은 대부분 초기 투자자들이 이미 다 따버렸다. 그러나 뱃속은 더 큰 소리로 아우성이다.

힘든 도전이지만 불가능은 아니야

1990년 대 말 이후, 부동산 가격이 급격히 상승하고 그에 발 맞춰 현금 흐름과 임대수익률이 비교적 하락세를 나타내자, 주요 언론들은 끊임없이 부동산 "거품"에 대해 이러쿵저러쿵 말이 많았다. 언론의 잘못된 기사를 접한 많은 사람들은 이제 부동산이 더 이상 좋은 투자대상이 아니라고 생각한다. 백년 만에 보는 부동산 가격 하락을 예상했는가? 가슴 졸일 필요 없다. 1940년 대 이후로, 그처럼 잘못된 예측은 지천에 깔려있었다. 놓쳐버린 싸구려에 초점을 맞추는 실수를 저지르지 마라. 지금부터 10년 후면, 이전의 모든 10년이 그랬듯이, 오늘의 부동산 가격은 낮게 보일 것이다.

따라서 부를 축적하는 노력에 거주용 임대부동산은 포함되어야 한다. 의심의 여지가 없다. 모든 범주의 자산이 어느 정도 미래를 약속하지만, 전체

를 봤을 때, 임대부동산의 수익을 능가하기는 어렵다. 부동산에 투자하면 이렇게 득을 본다:

1. 경쟁적인 소득 흐름
2. 남의 돈으로 얻는 수익
3. 분할상환에 의한 부의 창출
4. 인플레이션에 의한 부의 창출
5. 가치 상승에 의한 부의 창출
6. 전략적 운용
7. 즉각적인 가치
8. 최적의 유동성
9. 소득세 측면의 혜택
10. 포트폴리오 다각화

이렇게 혜택이 많은 투자가 부동산 말고 또 어디 있을까.

1 경쟁적인 소득 흐름

내가 처음 임대용 주택과 임대용 아파트를 사기 시작했을 때, 순수익률 10~16퍼센트를 제공하는 부동산을 손쉽게 찾을 수 있었다. 순수익률은 임대수입에서 현금 지불 비용 일체와 모기지론을 뺀 금액과 연관된다. 순수익을 부동산 가격으로 나눠서 계산해보라. (예를 들어 1만 달러/10만 달러=10% 수익률) 미국 중서부 같은 지역에서는 아직도 이렇게 높은 수익률을 기대할 수 있다. 그러나 일반적으로 오늘날 임대수익률은 매매 당시 4퍼센트 내지 8퍼센트에 달한다. 예전과 비교하면 4퍼센트 내지 8퍼센트 수익률이 그리 높은 것 같지 않지만, 주식이나 채권과 비교하면 단연코 수익성이 높다. (기억하자, 지금 우리가 얘기하고 있는 것은 수익이지, 자산 가치 증대가 아니다.)

■ **임대용 부동산 대 주식** 현재 S&P 500 지수의 연 배당금(소득) 수익률은 1.8퍼센트를 밑돌고, 나스닥의 경우 0.40퍼센트에도 못 미친다. 다우존스 지수는 약 2.20퍼센트로 다소 높은 편이다. 여러분이 다양한 범위의 주식에 분산투자해야 한다는 조언을 충실히 따랐다면, 백만 달러 규모의 포트폴리오로 1만5천 달러에서 2만 달러의 연간 수익을 (평균수익률 1.5~2퍼센트) 달성할 수 있을 것이다. 반면에 백만 달러 규모의 부동산을 보유하고 있다면, 운영비를 제외한 임대료 수익으로 연간 4만 달러에서 8만 달러까지 벌 수 있을 것이다.

백만 달러를 주식에 넣어두면, 빈곤수준 이상으로 살아가기 위해 노후자금 밑천을 야금야금 갉아먹어야 할 것이다. (재정설계사들은 이걸 여러분의 인출 비율이라고 부른다.) 하지만 백만 달러를 부동산에 투자하면, 평균이나 평균 이상의 삶을 영위하기 위해 그 밑천을 갉아먹을 필요가 없다. 여러분의 순가치는 줄어들지 않고, 계속해서 늘어날 것이다.

■ **채권 대 부동산** 현재 장기 채권의 수익률은 약 5.0~6.0퍼센트. 상당한 회수불능 리스크를 무릅쓰지 않는 한, 채권에 1백만 달러를 투자하면 연간 5만~6만 달러의 수익을 기대할 수 있다는 의미이다. 채권 수익은 고급 임대부동산으로 실현할 수 있는 소득 수준과 비슷하다. 또한

종목별로 분산된 주식 포트폴리오에 비하면, 단연코 수익률 순위에서 채권이 우위를 차지한다. 하지만 한 가지 걸리는 점이 있다. 채권 소득은 물가가 오르고 경제가 성장해도 증가하지 않을 것이라는 점이다. 소비물가지수가 올라가면, 채권소득의 구매력은 지속적으로 약해질 것이다. 구매력의 관점에서 보면, 오늘날 6만 달러의 소득은 10년 후 4만 달러쯤에 해당할 것이다. 반면에 시간이 갈수록 주식 배당금과 부동산 임대료는 매년 오르는 경향이 있다.

■ 소득에 대한 판정 그렇다면 판정 결과는? 주식 소득은 시간이 갈수록 늘어나지만, 수익률이 시원찮아서 수입이 그리 많지 않다. 채권 수익률은 주식보다 높지만, 성장 가능성이 없다. 더군다나 물가가 치솟을 경우, 채권 소득의 실질가치는 하락한다. 역사적으로 보건대, 임대용 부동산을 보유할 때 경쟁적 수익률과 성장을 달성하고 인플레이션에도 보호받는다.

2 남의 돈으로 얻는 수익

지금까지 논의한 것은, 대출이 하나도 없이 주식이나 채권 또는 부동산을 보유했다는 가정을 바탕으로 했다. 거의 모든 재정상담사들이 하나같이 이야기한다: 투자자는 돈을 빌려서 주식이나 채권을 사면 안 된다고. (또 대체로 현명한 대출이란 불가능하다고.) 왜냐면 대출 비용이 너무 비싸고 리스크가 크기 때문이다.

그러나 임대용 부동산 매입을 위한 자금을 조달하는 데 안전하게 대출을 이용할 수 있다. 대출을 받아 부동산을 취득한 경우 계산을 통해 설명해보자.

■ 긍정적 레버리지는 현금수익률을 높인다 수익률 7.5퍼센트인 20만 달러짜리 연립주택을 발견했다고 가정하자. 몽땅 현금으로 집값을 치르지 않고, 대신 16만 달러는 모기지론을 받는다. 이자율 6퍼센트에 30년 만기 분할상환 조건이다. 계약금으로 4만 달러를 현금으로 지불한다. 대출을 받아, 즉, "레버리지"를 하여, 부동산을 삼으로써 수익률은 7.5퍼센트에서 8.44퍼센트로 오른다. 어째서 그럴까:

순소득 (0.075×20만 달러)	15,000 달러
원금 상환 및 이자 지불	11,624 달러
원금/이자를 뺀 현금의 흐름	3,376 달러
현금 흐름에서 나온 차입 수익률 (R)=	현금 흐름 / 투자된 현금
R=	3,376 달러 / 40,000 달러
R=	0.0844 (8.44퍼센트)

채권자에게 빚을 갚아야 하기 때문에 얼핏 *연간*소득액이 줄어든다고 생각하기 쉽지만, 위와 같이 투자한 현금에 대한 수익률은 증가한다.

위의 간단한 사례는 소득으로 차입 수익률을 계산하는 방법을 보여준다. 부동산의 종류와 금융조건에 따라 수익률은 달라질 수 있다. 실제로 투자자들은 "현금 대 현금 수익률 (cash-on-cash return)" 목표를 맞추기 위해 부동산 가격과 금융 조건을 종종 협상한다. 만약 이게 여의치 않으면, 다른 부동산이나 다른 도시를 물색한다. 투자자들은 소득에서 나오는 수익률을 높이기 위해 대부분 레버리지, 즉, 다른 사람의 돈에 의존한다.

■ 낮은 현금수익률이나 마이너스 수익률도 말이 되는가? 경쟁이 치열한 요즘 시장에서 투자자들이 실현하는 현금 흐름에 대한 레버리지 수익률은, 사실상 레버리지 없는 경우의 수익률을 밑도는 경우가 많다. 어떤 지역에서는 금융비용 때문에 현금 흐름이 마이너스가 되기도 한다. 이런 경우를 설명하기 위해 다음과 같은 사례를 가정해보자. 20만 달러짜리 레버리지 없는 연립주택의 수익률이 7.5퍼센트가 아니라 5퍼센트다. 그러면 다음과 같은 계산이 나온다.

순소득 (0.05×20만 달러)	10,000 달러
원금 상환 및 이자 지불	11,264 달러
원금/이자를 뺀 현금의 흐름	(−1,264 달러)
소득에 따른 차입 수익률(R)=	−1,264 달러/4만 달러
R=	−3.16%

이렇듯 불리한 수치가 나오는 임대용 부동산을 구입하면서 대출을 받는 것이 합리적인 일일까? 그럴지도 모른다.

기억하자, 이런 유형의 투자를 정확히 평가하기 위해서는 *총(total)* 예상 수익을 계산해야 한다. 소득이 중요한 역할을 하긴 하지만, 다른 요소들 또한 고려하라.

임대료가 얼마나 빨리 오를 것이라고 기대하는가? 부동산을 좀 더 잘 관리하여 임대소득을 증대시킬 수 있는가? 부동산이 더 높은 수익성을 내도록 사용할 수 있는가? (예컨대 임대아파트를 콘도미니엄으로 활용?) 분할상환(모기지론 상환금), 집값 인상, 인플레이션 등이 소득을 얼마나 높일 것인가? 해당 부동산 덕분에 세금 혜택을 얼마나 받을 것인가?

내가 부동산업에 뛰어들었을 때, 투자자들은 다음과 같은 부동산 구매 규칙을 따랐다:

"현재를 위해 지불하고, 미래는 공짜로 얻어라!"

레버리지 "현금 대 현금" 수익률이 (부동산의 품질과 임차인에 따라) 15~30퍼센트가 안 되는 부동산은 거들떠보지도 않았다. 위에서 언급한 것처럼 다른 대규모 소득원이 추가적으로 있으리라는 예상은 했지만, 우리는 그런 것을 "떡고물"로 간주했다. 우리는 단지 "떡"(당장의 소득)을 위해서만 돈을 지불했으니까.

불행히도 그런 축복받은 나날은 더 이상 없다. 오늘날은 미래를 위해 돈을 지불해야 한다. 하지만 여러분이 기대할 수 있는 넉넉한 미래의 보상을 감안하면 —특히 비교적 수익률이 낮은 주식이나 채권과 대조하면— 위에서 설명했듯이 소득의 다른 원천들이 좋아 보일 때는 마이너스 현금 흐름조차 말이 될 수 있다.

3 분할상환에 의한 부의 창출

부동산을 생각할 때 투자자들은 보통 플러스 현금 흐름뿐만 아니라 가치 증대도 원한다. 그리고 시간이 가면 임대용 부동산은 대체로 이러한 소망을 충족시킨다. 그런데 돈을 빌려 구매한 부동산의 현금 흐름이 플러스가 되지 못하면 어떻게 될까? 그런 부동산은 비록 플러스 현금 흐름이나 가치 증대를 실현하지 못해도 비교적 매력적인 수익을 창출할 수 있다.

놀랍지 않은가?

예를 들어보자. 20년 간 부동산을 소유하면서 임대료로 운영비를 충당하고 대출 잔금 16만 달러를 갚고, 연소득 순수익률은 0퍼센트라고 하자. 소유한 지 20년 되던 해 말에 부동산을 애초 구입가격인 20만 달러에 판다. 그러나 처음 지불한 계약금 4만 달러가 20년 후 빚 없는 부동산 소유권으로 성장한 것이기 때문에, 투자 수익률은 거의 8.5퍼센트에 달한다.

만약 계약금이 2만 달러이고 임대료 징수액으로 20년 후 모기지론 잔금을 모두 갚는다면, 구입/판매가 20만 달러에 이루어지는 경우 거의 12퍼센트가 넘는 수익률을 실현한 것이 된다.

4 인플레이션에 의한 부의 창출

*Money*라는 잡지 2006년 1월호에 실린 어느 기사는 1950년 이후 주택 가격이 연 평균 4.5퍼센트로 증가해, 인플레이션을 감안하면 연간 약 1.6퍼센트라는 하찮은 수익률을 실현했다고 보도했다. 그러면서 이 잡지는 이것이 주식에 비해 주택 수익률이 형편없다는 증거라고 결론지으며, 독자들에게 충고 했다: "투자로 높은 수익률을 실현하고 싶다면, 부동산은 피하고 주식을 사라." (*Money* 2007년 5월호에도 이처럼 부적절한 기사가 실렸다.)

숫자를 말하는 언론인을 믿지 마라 장전된 총을 가진 아이를 어떻게 믿겠는가. 그리고 숫자를 해석하는 언론인은 더욱 믿지 마라. *Money*가 보도한 수익률 수치와 결론은 독자들을 깨우치기보다는 그릇된 길로 인도한

다. 기사에서 부동산 소유의 경우 임대소득과 세금혜택, 그리고 다른 형태의 수익들이 제외되었음은 상당히 중요한 대목이다. 각각의 투자대상이 제공하는 ―또는 합리적으로 기대되는― "리스크를 감안한" 수익을 정확히 설명하지 않는 한, 여러 가지 투자대상이 갖는 상대적 장점을 의미 있게 비교할 수 없다. 하지만 *Money*의 기사는 또 다른 중요한 대목에서 실수가 있었다.

레버리지 위에서 1.6퍼센트라고 보도된, 인플레이션이 감안된 부동산 수익률은 레버리지에 의해 몇 배로 커진다. 투자자가 임대용 부동산을 구매할 때 100퍼센트 현금으로 값을 치른다면, 기사에서 계산된 집값 인상 수치는 옳을 수도 있다. 그러나 거의 모든 부동산 투자자들이 차입(레버리지)을 이용하기 때문에, 그러한 계산은 방법에서나 결과에서 모두 부족한 바가 많다.

20만 달러짜리 부동산 매입으로 되돌아가보자. 이 부동산을 10년 간 소유했다가 판다고 치자. 살 때 계약금으로 4만 달러를 투자했고, 이자율 6퍼센트에 30년 만기 조건으로 16만 달러는 대출받았다. 10년 후 이 부동산을 팔면, 모기지 잔금이 여전히 12만 9200달러 남는다. *Money*가 보도한 대로 연평균 가격인상률이 4.5퍼센트라고 하면, 여러분의 판매가격은 31만 600달러에 이른다. 주머니에 18만 1400달러가 (31만 600달러 – 12만 9200 달러) 들어온다. 이 기간 동안 인플레이션은 2.9퍼센트. (4.5–1.6=2.9퍼센트) 이것은 애초에 투자한 현금 4만 달러를 353퍼센트 늘렸다는 얘기다. 그러나 이전 10년 동안, 물가는 겨우 33퍼센트 증가했다. (2.9퍼센트 인플레이션을 복리로 계산).

물가오름세에 맞추려면, 애초 투자한 4만 달러가 5만 3,237달러까지만 올라도 충분한데, 사실은 인플레이션을 감안해서 13만 6,300달러로 (18만 1400 달러를 10년 간 물가상승률 연 2.9퍼센트로 디스카운트한 수치) 증가했다. 이런 수치들을 통해 인플레이션으로 인한 가격 상승이 부동산을 소유한 투자자의 실질적인 부를 상당히 높인다는 사실이 쉽게 이해된다.

인플레이션에 의한 이득: 부동산 대 주식 미국의 물가오름세를 좀 더 장기적 관점에서 관찰하면 연 평균 3퍼센트에 달하지만, 가끔은 오랫동안 3퍼센트보다 훨씬 높은 오름세를 보이기도 한다. 한 번은 (1960년 대 중순부터 1980년 대 초까지) 소비자물가지수(CPI)가 무려 세 배 이상 껑충 뛰어, 1966년 95.4였던 것이 1982년 289.1에 달했다.

1966년과 1982년 사이, 주택 평균 가격은 2만 1천 달러에서 7만 달러로 상승했다. 다우존스 평균지수의 변화 추이를 살펴보면, 주가는 CPI를 따라잡지 못했고, 사실상 명목수치에서 추락했다. 1966년 1,000에 이르렀던 지수가 1982년 1월에는 겨우 875를 기록한 것이다.

역사는 반복될까? 그거야 아무도 모르는 일. 경험에 비춰 보건대, 인플레이션의 위험에 대비하려면, 부동산만큼 —특히 레버리지 임대부동산만큼— 구매력을 보호하는 자산은 없다. 투자대상 분석에 따르면 차입 부동산이 인플레이션 기간에 현상유지만 되는 것이 아니라, 운 좋게도 부동산의 실제 재산 가치까지 몇 배나 증가한다.

5 가치 상승에 의한 부의 창출

인플레로 인한 재료비와 인건비 상승 때문에 건설비용이 올라가고, 그에 따라 부동산 가격도 올라간다. 게다가 대개의 부동산은 공급이 제한적인데 반해 수요가 많기 때문에 부동산 가치 또한 상승한다.

만약 여러분이 직업, 소득, 인구 성장으로 이득을 볼 부동산에 투자한다면, 부동산 가치는 평균 물가상승률 4.5퍼센트보다도 훨씬 더 빠르게 상승할 가능성이 높다. 최근 10년 중 초기에는 피닉스, 라스베이거스, 마이애미 등이 이런 장소에 포함되었다. 1980년부터 2005년 사이, 샌프란시스코의 부동산 가격은 연 평균 8.0퍼센트 증가했다. 지난 25년 동안 샌프란시스코의 임대 사업을 보면, 초기에는 임대수입에 따른 수익률이 비교적 낮았지만, 부동산 가치의 폭등은 그 시원찮은 (많은 경우에 마이너스인) 현금 흐름을 보상하고도 남을 정도였다. 물론 시간이 갈수록 샌프란시스코의 -임대수입이 낮은 다른 지역도 마찬가지- 장기 임대업자들은 초기의 원래 임대료보다 두 배 내지 세 배 높게 받아낼 수 있었다.

임대수입이냐 가치 상승이냐? 좀 더 높은 가치 상승률을 위해서, 낮은 수입을 —심지어 마이너스 소득을— 감수해야 하는가?

일반적으로, 오늘날 주택 시장에선 세 가지 선택이 가능하다:

1. 강력한 현금 흐름에 초점을 맞추고 싶다면, 성장이 느리거나 전혀 없거나 또는 마이너스인 지역에 위치한 부동산을 물색할 것이다. 예를 들어, 소위 "러스트 벨트(Rust Belt) 미국에서 강철 산업이 사양화된 곳들이 띠처럼 형성된 지역을 가리킨다. - 옮긴 이" 도시라면, 레버리지 없는 임대용 부동산으로 연간 8~16퍼센트의 수익률을 얻을 수 있다. 현금 흐름은 꽤 크지만, 투자자들은 이 같은 부동산의 가격이 대체로 천천히 오르거나 또는 전혀 오르지 않을 것으로 예상한다.

2. 만약 레버리지를 한 부동산의 가치 상승에서 부를 축적할 동력을 얻고자 한다면, 샌프란시스코나 뉴욕, 보스턴 등 구매자들이 전국 평균보다 더 높은 비율로 (장기간에 걸쳐) 부동산 가격이 오르리라고 기대되는 집값 비싼 인기지역을 선택할 것이다. 안타깝게도 집값이 비싼 지역의 구매자들은 현재 겨우 4~5퍼센트에 달하는 (때로는 그보다 더 적은) 수익률을 감수해야 한다. 모기지론을 얻어 집값의 80퍼센트를 지불한 경우, 한 달에 1천 달러씩 (구체적인 매물가격과 대출 조건 등에 따라 액수가 더 클 수도 있다) 마이너스 현금 흐름을 실현할 수 있다. 이처럼 대규모 마이너스 현금 흐름 때문에, 부동산에 처음 투자하기 시작한 사람들 중에서 부동산 사다리의 이 부분을 꼭 붙들 수 있는 사람은 비교적 드물다. 자신의 생업으로는 이 "5미터짜리 악어들"을 먹일 수 있는 돈을 벌지 못하니까 말이다. 설사 충분히 돈을 번다 해도, 집값이 비싸고 수익률이 낮은 지역의 향후 가치 상승이 과거 실적에 못 미칠 수 있다는 걱정 때문에, 부동산에 투자하지 않으려는 사람이 많다. 그래서 투자자들은 이러한 부동산에 상당히 큰 위험이 내재돼 있다고 생각한다.

3. 현금 흐름이 마이너스이거나, 일자리 기반이 정체 혹은 후퇴하여, 자신이 사는 지역에 투자할 금전적 여유도 없고 하고 싶지도 않다면, 세 번째 유형의 부동산 시장을 고려해볼 수 있다. 그것은 신흥성장 지역을 가리키는데, 이것이 최적의 가능성이다. 이런 지역에서는 1평방피트 당 125달러도 안 되는 새 부동산을 찾을 수 있다. 게다가 그런 부동산은 적당한 현금 흐름을 제공함과 동시에 장차 가격이 상승할 높은 잠재력을 갖고 있다. 주택 전문가들 중 많은 수가 샬럿(Charlotte)과 댈러스(Dallas)를 "최적"지역으로 지목한다. 새로 성장하고 있는 투자지역에 대해서는 제14장에서 살펴볼 것이다.

6 전략적 운용

투자를 생각 중인 많은 사람들 눈에는 임대용 부동산 소유에 수반되는 골칫거리가 한둘이 아닌 것처럼 보인다. "나 같으면 절대 부동산에 투자 안 해요."라고 말하는 사람들도 있다. "새벽 두 시에 변기 뚫어달라는 전화를 누가 받고 싶겠어요?"

물론 부동산을 직접 관리한다면 시간과 노력을 쏟을 테지만, 사서 고생하려는 사람이 아니라면 체계를 세워 자신의 부동산을 유지 보수할 사람을 고용할 것이다. 직접 관리라고 해서 반드시 불합리한 부담이 생길 필요는 없다. 나는 초년 시절, 임대수입이 낮은 부동산에서부터 중간 정도 되는 부동산까지 수 십 개를 모두 직접 관리했다. 동시에 대학에서 전임강사도 했고 또 경영학부 박사과정에 등록했다.

화장실 청소하기, 잔디 깎기, 제멋대로인 세입자들이 월세를 내도록 어르고 달래기와 같은 부정적 측면에 초점을 맞춘다면, 사실 더 중요한 부분을 간과하게 된다: 부동산 관리는 내 부동산에 대한 시장 전략을 만들어낼 보람된 기회를 제공한다는 점이다. 직접 관리는 부담이 아니라 축복이다. 제14장에서 살펴보겠지만, 자체 관리는 사업가의 비전과 행동을 통해 수익을 유발시킨다.

사업가처럼 생각하라

사업가정신을 지닌 소유주로서, 여러분은 시장에 대한 세입자들의 강렬하고 충족되지 못한 요구와 욕구에 맞추어 기능과 혜택을 자신의 부동산에 마련함으로써 순수익을 극대화할 방법을 강구해야 한다.

그렇다. 원한다면 관리 업무를 부동산 관리 회사에게 (또는 고용인에게)

일임하여 관리에서 손을 뗄 수도 있다. 그러나 이 점을 유념하라: 우리 사회에서 사업가정신을 지닌 사람들만이 아주 큰 수익을 챙길 수 있다는 것. 수동적으로 투자하고 덜 관여하는 사람들은 결코 만져볼 수 없는 보상을 말이다.

7 즉각적인 가치

상장된 주식이나 채권을 살 때는 현 시장가격으로 셈을 치러야 한다. 시간이 가면서 가격 인상이라는 재미가 조금 있을지는 몰라도, 지금 당장 현재의 재산을 늘릴 수 없다. 그러나 부동산은 그렇지 않다. 부동산은 시가보다 낮은 금액을 주고 살 수 있다. 매도자가 가격을 깎아주는 흔한 이유는 무엇일까:

- 당장 돈이 필요하니까
- 다른 기회를 추구하기 위해 급전이 필요한 경우
- 시장 상황을 잘 모르니까
- 사업가적 변형에 대한 안목이 없으니까
- 판매/홍보 기술이 부족해서
- 노력 안 들이고 빨리 팔고 싶으니까
- 부동산 중개료를 피하고 싶어서

최근 나는 15만 달러에 임대용 주택 한 채를 구입했는데, 모기지론 사정관이 그 시가를 18~20만 달러로 책정했다. 매도자는 타 지역에서 살면서 그 동안 무능한 부동산 중개인의 말만 믿어왔던 것이다.

그런 거래가 매일 있는 것은 아니다. 그러나 시시때때로 여러분의 부동산 가치를 높여줄 싼 가격을 볼 수 있을 것이다. 혹은 그런 가격을 흥정하게 될 것이다.

8 최적의 유동성

투자상담사들 대부분이 유동성 부족을 부동산의 단점으로 꼽는다. 이러한 보편적 견해에 따르면, 소유한 부동산을 현금화하고 싶어도 부동산이 팔릴 때까지 몇 개월은 기다려야 할지 모른다는 것이다. 반면 주식이나 채권은 팔겠다고 통지하자마자 현금화할 수 있다.

물론이다, 만약 전기료를 지불하기 위한 현금이라면, 당연히 그 돈을 부동산에 투자해서는 안 된다. 그런 돈은 당좌계좌나 항상 입출금이 가능한 저축성계좌에 넣어두어야 한다. 그러나 여러분의 돼지저금통에는 자물쇠를 달아두고 싶은 법이다. 쉽게 현금을 인출한다는 것은, 너무 많은 예비 투자자들이 이국적인 땅으로 휴가를 가거나, 동력보트 또는 새 차를 사느라, 모아둔 현금을 흥청망청 쓴다는 뜻이다.

다행스럽게도 이른바 부동산의 불리함, 즉, 유동성 결핍 덕분에 비싼 장난감이나 사치품에 돈을 쓰고 싶은 충동이 억제된다. 이것은 부를 축적하는 데 이롭다.

그럼에도 불구하고 다음 세 가지 방법으로 비유동성의 문제를 해결할 수 있다.

- 부동산 지분으로 융자를 (크레딧 라인을) 받는다.
- 현금인출 재융자(cash-out refinance)를 받는다.
- 경매를 통해 부동산을 신속하게 매각한다.

진정으로 부동산 지분을 급전으로 전환해야 할 경우, 몇 달이나 기다릴 필요가 없다.

9 소득세 측면의 혜택

"세금"과 "혜택"이라는 두 단어를 함께 붙여 쓴다는 것이 이상해 보이긴 하지만, 미 국세청은 부동산 소유주에게 다음과 같은 독특한 세금 혜택을 제공하고 있다.

- 임대료수입이 전부 소득세 부과 대상에 해당하는 건 아니다. 세법에 따르면 소득에서 감가상각비가 공제할 수 있다.
- 특정 조항에 의한 교환거래를 통해 부동산 포트폴리오를 확대할 수 있고, 이때 축적된 이익에 대해 소득세를 납부할 필요가 없다.
- 개인 주택을 팔아 얻은 이익에 대한 소득세 면세점은 25만 달러다. (부부의 경우 50만 달러).
- 특정 유형의 부동산이나 부동산 보수공사와 관련해, 미 국세청은 소득세가 줄어드는 세금 공제를 제공한다.
- 현금인출 재융자 또는 부동산 지분 연계 크레딧 라인을 통해 취득한 부동산으로 실현한 이익은 비과세 대상이다.

미 국세청은 복잡다단한 규칙과 규제들 사이에 이런 세금 혜택들을 끼워 넣고 있다. 공간의 제약이 있어 세제 규칙과 규제들은 여기에 모두 싣지 못했다. 좀 더 상세한 내용은 내 책 *《부동산 투자 (Investing in Real Estate)》*의 14장을 참조하라. 미국의 경우 부동산 소유주들은 주식이나 채권을 거래하는 투자자들보다 더 적은 세금을 납부하도록 돼 있다. 눈치 빠른 부의 축적자로서 여러분은 항상 여러 가지 투자의 세후 수익을 평가-비교해야 할 것이다.

10 포트폴리오 다각화

이제 여러분도 아시겠지만, 나는 다른 투자보다 부동산을 선호한다. 나는 합리적인 예측뿐만 아니라 경험으로도, 부동산이 갖는 리스크-보상의 유리한 속성을 확인할 수 있다고 생각한다.

그럼에도 불구하고 나는 주식, 채권, 지적재산권, CD(양도성예금증서), MMA 등도 모두 보유하고 있다. 나처럼 부동산을 좋아하는 투자자도 다양한 투자대상에 재산을 분산투자해야 한다. 이것은 누구나 마찬가지다. 주식이 개인의 투자 기준에 더 잘 맞는다고 해도, 적어도 투자 포트폴리오에 부동산을 약간은 추가시켜라. 부동산 투자는 주식의 경우 참고 견뎌야 할 주기적이고 장기적인 위기와 구매력의 위기를 상쇄할 것이다. 하지만 월 스트리트의 충견인 수많은 재정설계사들이 좋아하는 "투자의 5~10퍼센트 정도는 부동산에" 같은 얘기에는 넘어가지 마라.

장기적으로 보면 주식 지수는 오를지 모른다. 그러나 월 스트리트의 교리와는 반대로 주가는 수십 년 동안 침체되어 있을 수도 있다. (인플레이션을 감안하면 더 오래 갈 수도 있다.) 1907~1921년, 1929~1953, 그리고 1966~1982년의 기간을 보자. 주가가 오르기까지 기다리다가는 연금생활이 끝날지도 모를 일이다.

여러분이나 여러분의 상담사가 어떤 투자대상을 가장 선호하든지, 자산의 70퍼센트 이상을 절대 한 바구니에 담지 마라. 서로 다른 자산을 여럿 섞으면 수익률은 향상되지 않을지 몰라도 리스크는 낮아진다. 우선 여러분의 자산을 축적한 다음, 그 자산을 여러 다른 투자대상에 분배하라.

GARY W.ELDRED

주거용 부동산으로 불어나는 소득 14

게리 W. 엘드릿 박사

여러분은 이런 경고성 충고를 분명 들어봤으리라, 아니, 사실 그걸 믿고 있으리라:

"잠재 이익이 클수록 리스크도 크다."

그럼 여기 좋은 소식이 있다. 부동산 투자자들은 큰 수익을 실현하려고 큰 위험을 감수할 필요가 없다.

현재 30년 만기 미 재무성 채권의 연 수익률은 5.0퍼센트 미만. 이런 정부채는 채무불이행의 위험이 없다. 이제 재무성 채권과 30년 만기 담보부채권(mortgage bonds)의 수익률 약 5.75~6.0퍼센트를 비교해보라. 다시 말해서 여러분이나 내가 또는 우리 이웃이 소유한 집을 담보로 하는 담보부채권에 수반되는 위험은 미국 정부의 리스크보다 아주 약간 높을 뿐이다. 그게 자본 시장의 이야기다.

자본 시장은 주택 소유자와 부동산 투자자들에게 쉽게 금고를 연다. 채권자들은 부동산을 담보로 장기 융자를 해주더라도 (그것도 신용이 좋은 채무자에게 융자를 주기 때문에) 돈을 잃을 가능성이 거의 없기 때문이다. 이런 유형의 주택담보대출은 100건 중 1건 정도만이 차압差押의 대상이 된다. 채권자들은 리스크가 낮은 부동산담보대출의 속성을 좋아하는 것이다.

나는 이 챕터에서 한 채에서 네 채에 이르기까지 주택의 임대를 어떻게 평가하고, 금융을 조달하며, 운용하는지를 보여주겠다. 그리고 제15장에서는 어떻게 하면 초보자들이라도 다른 유망한 부동산 및 부동산 관련 자산과 활동으로 시야를 넓힐 수 있는지를 설명하겠다.

극심한 변동: 부동산보다 못한 주식

지난 5년, 10년, 아니, 거의 20년 동안 주가는 25~40퍼센트까지 또는 그 이상으로 떨어졌다. 특히 인플레이션을 감안한 달러 가치로 측정하면 더욱 그렇다. 반면 거주용 부동산 가격은 그 기간 동안 심각한 가격 하락 없이 꾸준히 상승세를 타고 있다. 투기 열풍이나 현지 실업률 급상승과 같은 요소들은 예외로 하고, 주택 시장은 신경이 곤두설 만한 하강기류를 탄 적이 거의 없다.

전국적으로 단독 주택의 평균가격은 거의 매년 기록을 갈아치우고 있다. (보기 14.1을 참조하라.) 해마다 이처럼 확실한 수익을 보장하는 자산이 또 어디 있겠는가? 내가 알기로는 없다.

주택의 평균가격은 거의 매년 새로운 기록을 세웠다.

보기 14-1 미국의 평균 주택 가격

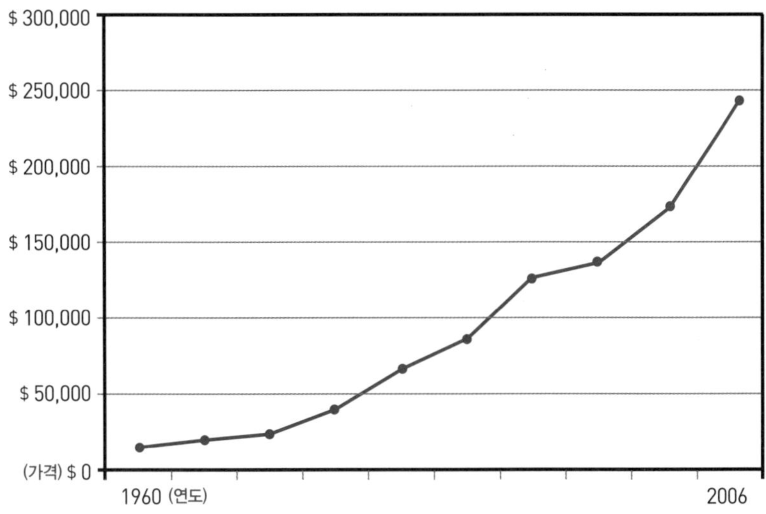

투자 손실은 대부분 (부동산이 아니라) 사람 때문

부동산 시장의 리스크는 본질적으로 낮다. 자본시장도 그걸 증명해주고 있으며, 내 경험으로도 그러하다. 하지만 여러분은 리스크가 낮다는 것을 "주목할 만한 리스크가 전혀 없음"으로 순진하게 해석해서는 안 된다. 주택 구입자나 부동산 투자자 (종종 투기꾼까지도) 수만 명이 부동산 투자로 막대한 돈을 잃었고 앞으로도 계속 잃을 것이다.

왜 그럴까? 왜냐하면 그들이 투자하는 시장(공급과 수요)에 대해 세밀한 지식을 얻지 못했기 때문이다. 그들은 가까운 미래가 방금 지나온 과거를 반영할 것이라고 맹목적으로 가정한다. 그들은 현실적으로 상환할 수 있는 수준보다 더 높은 수준의 주택담보대출을 받거나, 너무 높은 금리를 받아들인다. 그들은 텔레비전에 나와 "현금도, 신용도 필요 없고, 문제될 것 하나 없다."라고 설교하는 전문가들의 말을 어리석게도 믿는다. 그들은 부동산의 가치를 유지하고 향상시키기 위해 투자해야 할 유지보수 및 개조 비용을 예상치 못한다. 그들은 세입자의 요구와 부족한 점을 사려 깊게 해결해주지 못한다. 그들은 패가망신할 정도로 돈을 뿌리거나 돈을 빌려서 정상적으로는 누리기 힘든 화려한 생활을 한다.

다시 말해서 부동산에 투자해 손해를 본 사람들은 부동산 투자 리스크가 높기 때문에 돈을 잃는 것이 아니다. 투자 분석과 개인 재무관리의 원칙을 배워 실천하지 못했기 때문에 돈을 잃는 것이다.

교육이 있어야 성공도 가능

제발 부탁이니, 부동산 소유 그 자체만으로 부자가 된다고 말하는 사람의 충고는 깡그리 무시하라. 스스로가 성공을 위해 노력을 기울이고 책임을 져야 한다. 다음과 같은 문장을 반복해 읊조리자:

"내 스스로 공부하면, 내 씀씀이와 돈 빌리기 습관에 기강이 잡히면, 내가 현명하게 투자하는 기술과 지식을 습득하면, 그러면 부동산 투자를 통해 내가 원하는 만큼 (필요한 만큼) 부를 축적할 수 있다."

자신의 마음을 열어줄 지식 그리고 사업가로서 통찰력을 일깨워줄 지식을 습득하라. 그러고 나서 지식을 행동으로 실천하라.

어떤 행동을 말인가? 효과가 입증된 두 가지 전략이 있다:

- 부동산 가치보다 돈을 적게 지불하라.
- 전략적 관리로 수익을 극대화하라.

한 가지씩 살펴보자.

부동산 가치보다 돈을 적게 지불하라

여러분이 사업가적 통찰력을 키워놓았다면, 다른 사람들이 놓친 가능성과 잠재력을 볼 것이다. 이러한 능력은 부동산의 가치를 파악할 때, 그래서 최저가격을 협상할 방법을 찾을 때 특히 중요한 역할을 한다. 내가 "최저 가격"으로 산다고 할 때 "부동산의 가치보다 돈을 적게 지불하라"를 떠올렸는가? 그랬다면 일부분만 맞은 셈이다. 일반적으로 말해서, 여러분이 부동산 시세보다 적게 지불한다면 좋은 거래라고 할 수 있다. 그러나 사업가적 재능을 활용해 다른 방법으로 가치보다 적게 돈을 지불할 수도 있다. 다음과 같은 가능성들이 있다:

■ 사용되지 않는 (또는 사용빈도가 낮은) 공간을 찾아라 California Closet Company의 광고를 본 적이 있는가? 이 혁신적인 회사가 보여주었듯이 (지금은 다른 기업들이 흉내 내듯이), 바닥을 1평방피트도 늘이지 않고서 공간을 늘릴 수 있다. (심지어 몇 배로 늘릴 수도 있다.) 창조적인 디자인을 통해, 이 회사는 잘 안 쓰이는 옷장, 주방, 차고, 간이차고, 다락방 등을 개조해 더 많은 혜택을 실현한다.

부동산 가치를 평가할 때도 동일한 기법을 적용하라. 기존 공간을 좀 더 생산적으로 만들 무수히 많은 방법들을 눈여겨보라. 방을 적정 규모로 축소할 수 있는가? 영리하게 설계된 선반이나 수납공간을 추가할 수 있는가? 또는 별 볼일 없는 공간(지하실, 다락방, 차고 등)을 깔끔하고 보송보송한 저장 공간으로 전환하거나 또 다른 생활공간으로 탈바꿈시킬 수 있는가?

기억하라. 세입자들은 그들이 지불할 임대료 대비 최상의 혜택을 제공하는 주택을 선택한다. 아주 적은 비용으로 대부분의 부동산을 살기 좋은 곳, 매력적인 곳으로 만들 수 있다. 가능성을 그려볼 수만 있다면 말이다.

■ **미적인 개선을** 미적 감각이 떨어지는 부동산이 멋스러운 집들보다 싸게 팔린다는 것은 이미 잘 알려진 사실. 그런 미운 오리새끼를 물색하라. 시세대로 쳐줘라. 그리고 개선시켜라. 이제 처음 구입할 때 투자한 돈 액수보다 훨씬 더 값어치 나가는 부동산을 소유하게 된다.

부동산의 가치를 평가할 때, 집이 어떻게 보이고, 느껴지고, 들리는지를 꼼꼼히 살펴라. 다음과 같이 한다면 부동산 가치는 얼마나 늘어날까?

- 채광창을 단다.
- 방음 창문을 설치한다.
- 꽃, 관목, 나무들 같은 조경을 통해 전망을 만든다.
- 악취, 보기 흉한 전경, 어둡고 음침한 창문 덮개를 없앤다.
- 욕탕과 주방을 현대식으로 꾸민다. 또는 낡았거나 얼룩진 카펫을 교체한다.

부동산에 투자한 지난 세월 동안, 나는 여러 부동산을 당시 시세에 또는 시세와 비슷하게 구입했다. 나는 항상 사업가적 통찰로 매물을 구입하기 때문에 다른 사람들이 놓친 가능성을 본다. 상당한 구상을 가지고 비교적 적은 돈을 들여 실질적으로 개조하고 개선하여, 임대주택의 (개인주택과 상업용 부동산 포함) 가치는 내가 구입할 때 치른 돈보다 20~40퍼센트까지 상승했다.

■ 좀 더 유리하게 부동산을 다시 포지셔닝하라 부동산의 개선과 함께, 또는 어떤 개선이든 상관없이, 시장에서 부동산의 위치를 새로 자리매김 함으로써 수익을 높일 수 있는 경우가 종종 있다. 일반적으로 시장의 특수한 수요층을 겨냥한 부동산은, 보통 그저 그런 임대건물보다 더 높은 수익을 실현한다.

예를 들어 어린 자녀를 둔 가족에게 주로 매력적인 부동산은 월세 1천 달러로 그런 가족들에게 쉽게 임대된다. 하지만 시장을 주의 깊게 지켜보면, 대학 졸업생들은 (집이 아니라) 방 하나에 대개 500달러를 낸다는 사실을 알게 된다. 여기에 맞춰 시장 전략을 바꿀 경우, 방이 세 개인 주택은 방마다 세를 줘서 월 1,500달러를 벌어들일 수 있다.

세입자 유형에 따라 부동산의 가치를 달리 생각할 수 있다. 거주용 부동산의 경우 다음과 같이 세 단계의 포지셔닝 전략을 밟는 게 어떨까:

- 시장조사를 하라.
- 내가 제공하려는 (또는 제공할 수 있는) 부동산에 가장 많은 돈을 지불할 세입자는 어떤 유형인지 파악하라.
- 바로 그런 유형의 세입자를 끌어들일 수 있는 조치를 취하라.

■ 최저 가격으로 구입하라 부동산 관련 저술가들은 대부분 한 가지 유형의 흥정에 초점을 맞춘다. 팔려는 의지가 강한 매도자에게서 시세보다 낮은 가격으로 부동산을 사는 것이다. 불행히도 그런 매도자를 찾는 투자자들의 수자가 이렇듯 애타게 판매를 원하는 매도자들보다는 훨씬 많다.

다행히도 사업가 기질이 있다면 그 외의 다른 여러 길을 추구할 수 있다. 상상력을 동원하라. 시장의 정보를 체계적으로 수집하고, 연구하여 분석하

라. 헐값의 부동산이 도처에 있음을 알게 될 것이다. 진주가 진흙 속에 묻혀 있더라도, 그 진주를 알아보는 그런 눈을 키워라.

■ **채무자로서 프로파일을 강화하라** 제13장에서 배웠듯이, 레버리지로 부동산 수익을 늘릴 수 있다. 하지만 여러분은 누군가(채권자, 매도자, 또는 아버지)를 설득해 대출을 하도록 만들어야 한다. 이 목표를 어떻게 달성할 것인가? 채무자로서 평판을 강화하라. 누가 됐든 돈을 빌려주는 사람은 여러분이 다음과 같은 "대출심사의 6C"를 얼마나 만족시키는지 물을 것이다.

1. 신용(Credit) 공과금은 제 때 내는가? 빚더미에 앉아 있는가, 아니면 빚 없이 깨끗한가? 신용등급은 어떻게 되는가?

2. 현금 투입(Cash invested) 해당 부동산에 자신의 현금을 얼마나 집어넣을 것인가? 부동산 가치의 50퍼센트를 대출받으려 하는가, 아니면 110퍼센트를 받고자 하는가? 채권자들은 대부분 여러분이 "게임에 발을 담그길" 원한다.

3. 역량(Capacity) 현재 소득으로 월 납부액과 생활비를 무난히 감당할 수 있는가? 아니면 여유가 없이 너무 빠듯해서 갑자기 치과에라도 가게 되면 적자가 나는가? (주의: 여러분이 부동산 투자의 초보자라면, 채권자들은 대부분 앞으로 징수할 임대료를 소득으로 치지 않을 것이다.)

4. 현금보유량(Cash reserve) 정기적으로 저축을 하는가? 실직하거나 병에 걸렸을 때 지불 능력을 유지할 수 있게끔 어느 정도 금액을 축적해두었는가? 한두 달 동안 세가 안 나간다 해도 (관리를 잘 해서 이런 일이 없도록 해야겠지만), 월 상환금을 납부할 수 있는가?

5. 담보(Collateral) 부동산 가치가 구매가격보다 더 높게 책정될 것인가? 부동산이 있는 동네나 도시의 미래는 어떨 것으로 예상되는가? 해당 부동산에 대한 여러분의 사업계획이나 비전이 얼마나 타당한가?

6. 성품(Character) 여러분의 평판이 계획과 약속을 믿을 만한 것으로 만드는가? 아니면 의심할 만한 것으로 만드는가? 들쭉날쭉한 인생에서, 사람들은 여러분이 약속을 지키리라고 믿을까? 여러분이 하기로 한 일은 반드시 하리라고 믿을 수 있는가? 사람들이 여러분을 신뢰할 수 있다고 확실히 믿는가?

■ 부를 축적하기 위해서는 흠잡을 데 없이 굳건한 평판을 유지하라

신용 없는 사람들에게 굳게 닫혀 있는 문도, 채무자의 평판이 굳건하면 열리게 마련. "현금도 없고 신용도 없는" 사람들도 부동산 취득을 위해 자금을 마련하는 경우가 흔하지만, 그들은 예상 수익의 상당부분을 더 높은 융자 비용과 금리, 그리고 수수료로 잃는다. 그들에게 주어질 수 있는 융자는, 품성 좋고, 책임감 있고, 버는 것보다 쓰는 게 적고, 파괴적이 아니라 오직 건설적으로 돈을 빌리는 사람들에게 넘어갈 것이다. 채무자로서 굳건한 명성을 확립하면 채권자들은 (다른 투자자들과 함께) 앞 다투어 거래를 하려고 할 것이다. 또한 여러 가지 거래 기회가 찾아와, 자신에게 가장 유리한 거래/융자 조건을 협상할 권한도 갖게 된다.

전략적 관리로 수익을 극대화하라

매일 매일의 부동산 관리와 달리, 전략적 관리는 세입자들이 거부할 수 없는 가치를 창출하고, 시간과 노력과 돈을 들인 만큼 높은 수익과 낮은 위험을 실현한다. 전략적이며 효율적으로 부동산을 관리하려면 다음 여덟 단계의 조치를 취하라:

■ **구입하기 전에 확인, 확인, 또 확인** 부동산을 물색할 때는 여러모로 (매도자, 공인중개사, 주택 검사관, 변호사, 동료 투자자 등) 정보를 얻을 수 있다. 심지어는 친구나 친척, 또는 이웃들로부터 정보를 얻을 수 있다. 여러분은 부동산 상태, 임대료 수준, 운영비, 유사 부동산 매매가격, 지역 설정, 건물 규제, 정부 규칙과 관행, 바람직한 주변 환경, 여타 경쟁 부동산의 특징과 수준, 임대료 등 수십 가지 요소에 대한 정보와 판단, 그리고 의견을 구할 것이다. 지식 기반을 구축하려면 어떤 투자자든지 다른 사람들에게서 얻은 데이터에 의존해야 한다.

하지만 순진하게 정보를 받아들이지 마라. 그럴 것이라고 예측되는 사실들은 두 가지 이상의 출처를 통해 확인하라. 사람들이 공통적으로 가지고 있는 판단과 의견을 탐색하고 고찰하라. 그들이 정말 뭘 알고 말하는 것인가? 그들의 견해와 충고에 편견이나 이해충돌의 색깔이 가미되진 않았는가? 가격과 시장 전략은 사실과 판단에서 기인한다. 확인하고, 확인하고, 또 확인하라. 내가 얻은 정보는 확신을 가질 만한 것인가?

■ **마음을 사로잡는 가치를 창출하라** 시장의 특수 수요층을 공략할 때 수익 잠재력은 증가한다. 조용한 대학생에게 세를 주고 싶은가? 아니면 어린 자녀를 둔 가족에게 주고 싶은가? 또는 저소득층에 해당하는 세입자에게 주고 싶은가? 휠체어로만 이동이 가능한 사람이나 집단거주 시설을 원하는 노인들에게 세를 주고 싶은가?

여러분이 선택한 세입자 층이 원하는 사항과 혜택을 제공하라. 그러면 그들은 더 높은 임대료와 더 낮은 유지보수 비용과 낮은 퇴거율退居率로 보답할 것이다.

■ 내 타깃에 맞게 임대차 계약을 구상하라 임대차 계약의 조건들이 부동산의 경쟁적 포지셔닝을 강화하도록 만들어야 한다. 경쟁자들이 아무 생각 없이 사용하는, 판에 박은 듯한, 이른바 표준 임대차 계약을 세입자에게 제시하지 마라. 집주인은 자신이 선별한 세입자 부류의 구미에 맞게 임대료뿐 아니라 거의 모든 임대계약 조항을 조정할 수 있다.

- 계약금 액수를 낮춰라 (또는 높여라).
- 세입자에게 요구하는 신용 등급을 낮춰라 (또는 높여라).
- 임대차 기간을 줄여라 (또는 늘려라).
- 임대료 지불 기간을 줄여라 (또는 늘려라). 예컨대 저소득층에게는 일주일 단위로, 부유층의 경우엔 할인 가격에 연 단위로.
- 애완동물을 허용하라 (또는 금지하라).
- 임대료를 고정하되, 계약 갱신의 옵션을 포함시켜라.
- 전자제품, 가구, 창문 덮개 등을 포함시켜라(또는 제외하라).
- 임대차계약으로 부동산을 구매하는 방안을 포함시켜라.

이런 식으로 계속 목록을 작성할 수 있다. 요점이 무엇인지 알았을 것이다. 부동산의 특성과 시설 등을 세입자의 구미에 맞게 바꾸고, 그들의 요구를 감안해 임대차 계약을 작성하라.

■ 최고의 세입자들을 끌어들이라 이제 자신이 제공하는 부동산의 이점이 무엇인지 설득력 있게 전달하라. 지역 신문에 누구나 하는 그렇고 그런 광고는 싣지 마라. 부동산의 혜택과 뛰어난 가치를 선전할 매력적인 광고 문구나 전단지를 작성하라. 그러고 나서 잠재 세입자에게 다가가면서 비용은 적게 드는 매체에 광고를 내라.

목표로 삼은 잠재 세입자들이 현재 어디서 살고, 어디서 일하며, 어디서 쇼핑하는지를 파악하라. 입소문을 낼 방법을 강구하라. 자신이 원하는 목표 대중에게 닿을 수 있는 곳으로 게시판, 회보, 웹사이트, 공인중개소 사무실 등을 이용하라. 견실한 시장전략 안에는 잘 쓴 문구, 세밀한 조사에 기초를 둔 홍보 캠페인이 포함된다.

■ 잡음 없이 이주하게 하라 이제 완벽하게 맘에 드는 세입자를 끌어 모았으니, 긍정적인 분위기에서 그들과의 관계를 시작하라. 친근한 관계를 구축하라. 마치 군대 훈련조교처럼 엄격한 지시를 내리는 일이 없도록 하라. 세입자의 규칙을 설명하면서, 왜 그런 규칙이 필요한지도 함께 설명하라. 주인으로서 세입자에게 바라는 행동을 친근하게 전달하라. 또한 법률상, 임대차 계약상, 또는 운영정책상, 여러분의 책임이 무엇인지, 그리고 자신이 앞으로 어떻게 여러분의 역할을 부지런하게 수행할 것인지도 이야기하라. 세입자를 만나기 전에 기름때 묻은 스토브라든가 깨진 유리창, 흙먼지 묻은 카펫, 잃어버린 열쇠, 부서진 자물쇠, 안전하지 못한 (또는 망가진) 전기 배선, 두꺼비집, 또는 벽 콘센트 등, 문제를 간과하지는 않았는지 확인하라. 내 경험상, 세입 기간 동안 잡음이 없으려면 이사할 때 잡음이 없어야 한다.

■ **최고의 세입자가 나가지 않도록 하라** 세입자가 바뀌는 건 대개 비용이 든다는 뜻. 심지어 호텔도 이삼일 머무는 손님보다 한 달 머무는 손님을 선호하지 않는가. 최고의 세입자를 붙잡기 위해서는 다음과 같은 지침을 따라라.

—— *세입자에게 정보를 주라.* 소독약 살포, 공사 소음, 전기나 수도 차단 등, 이례적인 일이 일어날 예정인 경우, 사전에 세입자에게 통보하라. 집주인이 불쑥 세입자의 생활을 훼방 놓거나 사생활을 침해할 때 세입자들이 기분나빠하는 것은 당연한 일이다.

—— *유지보수를 미리 계획하라.* 문제가 발생할 때까지 기다렸다가 대응하면 안 된다. 한 밤중에 고장이 나면 수리비용은 더 드는 법. 또한 그 때문에 세입자들 사이에 반감이 생긴다. ("올 겨울에 보일러가 멈춘 게 벌써 세 번째야!"). 게다가 미리미리 손봤으면 발생하지 않았을 수리비나 교체비용이 발생할 수도 있다. (예를 들어 망가진 계단 때문에 누군가 부상을 입고 소송을 제기할 수 있다. 또는 물이 새도록 두면 나무가 썩을 수 있다.)

—— *여러분이 건물을 잘 돌보지 않는데, 세입자가 잘 돌볼 까닭이 없다.* 건물이 낙후되면, 좋은 세입자는 떠난다. 그러면 여러분의 집을 집으로 보는 게 아니라 잠시 머무르는 곳으로 볼 세입자, 보잘 것 없는 세입자를 받아들여야 할 것이다.

—— *세입자들이 규칙을 지키게 하라.* 불량한 세입자는 좋은 세입자를 내쫓는다. 집주인이 이주하는 세입자의 본질을 잘못 판단한 경우, 실

수를 곧바로 수정하라. 소음, 애완동물, 주차, 부주의한 쓰레기 처리 등 어떤 문제든, 어떤 세입자도 규칙을 어기는 것을 용인하지 마라. 만약 여러분이 그런 문제들을 용인하면, 결국 건물은 규칙을 어기는 세입자들로 가득할 것이다.

■ **완벽한 세입자라도 임대료만큼은 매번 제 때에** 오늘 임대료를 지불하지 않는 세입자가 내일 지불하는 경우는 드물다. 세입자에게 재정적 도움이 필요한 경우, 은행에 문의하거나 세입자들의 친구나 친척, 사회복지기관이나 또는 자선단체에 알아보도록 일러줘라. 이건 내 경험에서 나온 이야기다. 집세가 늦어지면 여러 문제가 생기게 마련이다.

만약 집세를 내지 않은 (또는 일부만 낸) 세입자를 계속 놔두고 싶은가? 동정심에서 그런다면 몰라도, 사업적 판단으로는 그래서 안 된다. 세입자를 내보내야 할 경우, 여러분이 살고 있는 지역의 법적 절차를 엄격히 준수하라. 조목조목 모든 법적 절차를 지키지 않으면, 처음부터 다시 퇴거 절차를 밟으라는 법원의 명령을 받을 수 있다. 더 심한 경우, 만일 여러분이 법적으로 보장된 (또는 법원이 명령한) 세입자의 권리를 침해했다면, 여러분은 세입자에게 많은 돈을 지불해야할 수도 있다.

■ **임대수입을 늘리기 위해 꾸준히 노력하라** 제아무리 완벽한 부동산 가치도 시간이 지나면 색이 바래고 시대에 뒤떨어지기 마련. 적어도 6개월마다 "셜록 홈즈 모자"를 쓰고 탐정이 되자. 신문광고, 웹사이트 게시판, 또는 다른 정보처들에 게시된 "임대" 목록을 검색하라. 자신의 건물과 (대체로) 비슷한 건물들을 주로 살펴라.

전화를 걸어라. 그 건물을 방문하라. 다른 건물의 상태, 매력, 임대료 수준, 신청 절차, 임대차계약 조건 등을 점검하라. 그러고 나서 발견한 사항들을 잘 살펴라. 세가 얼마나 빨리 나가고 있는가? 어떤 패턴이나 추세가 눈에 띄는가? 이런 시장 조사로부터, 내 건물의 가치를 새로이 제안하여 이득이 되게 할 방법을 찾아 실행하라.

건물에 어떤 특징을 덧붙여야 하는가? (또는 업그레이드해야 하는가?) 시장 상황을 볼 때 임대료를 올리는 것이 (내리는 것이) 합당한가? 공급 부족이나 과잉이 얼마나 생길 것인가? 좀 더 수익성이 높은 수요층을 목표로 부동산의 포지셔닝을 다시 해야 하는가?

임대부동산 주인들 중 몇 퍼센트가 "셜록 홈즈 모자"를 쓰고 경쟁자들을 탐색할까? 다수일까? 아니면 극소수일까? 여러분은 답을 알고 있지 않은가: 극소수.

결국 부동산 분야에서 사업가적 기질을 발휘한다면 수익을 낼 수 있는 기회는 얼마든지 있다.

부동산 취득에 있어서, 임대료 수입을 즉시 향상시킬 방법이란 거의 항상 찾을 수 있다. 그리고 부동산 운영에 있어서 더 높은 입주율, 좋은 세입자 유치, 장기 임대를 실현할 수 있는 것은, 아주 간단한 한 가지 이유 때문이다: 경쟁자들이 전혀 모르고 있는 여러 가능성을 여러분은 알고 있다는 사실. 어떤 종류의 부동산 투자가 자신에게 알맞은지 판단하는 데 도움을 얻고 싶은가? 보기 14.2 부동산 투자자 자가 점검표를 작성해보라.

보기 14-2 부동산 투자자 자가 점검표

질문 1_ 뭐든지 혼자 처리하는 것을 선호하는가? 또는 다른 사람들과 함께 융자받기, 업무, 책임, 의사결정 등을 나눠서 하고 싶은가?

질문 2_ 부동산을 물색하고 구매하는 데 일주일에 몇 시간을 기꺼이 할애하는가?

질문 3_ 투자 결정을 스스로 내릴 것인가? 아니면 중개인이나 변호사, 회계사, 또는 다른 사람들의 도움을 얻을 것인가?

질문 4_ 어떤 유형의 수리에 재주가 있는가? 그런 유형의 일을 하는 것을 좋아하는가? 건물을 수리하고 개선하는 데 일주일에 몇 시간을 기꺼이 할애할 것인가?

질문 5_ 어떤 부류의 사람들을 세입자로 들이고 싶은가? 건물을 스스로 관리할 것인가 아니면 관리인을 따로 고용할 것인가?

질문 6_ 어떤 유형의 부동산이 개인적으로 가장 큰 성취감과 자신감, 그리고 주인 의식을 불러일으키겠는가?

질문 7_ 부동산이나 그 지역을 선택할 때 여러분의 재능이나 취향은 어떤 제약이 될 것 같은가? 동네 환경과 상관없이 어디에라도 투자할 마음이 있는가? 특별히 피하고 싶은 건물 유형이 있는가?

GARY W.ELDRED

부동산 포트폴리오를 확장하라 15

게리 W. 엘드릿 박사

부동산 투자자들은 자신의 시야를 넓히고 있다. 필요에 의해서, 다각화를 위해서, 또는 좀 더 큰 기대 수익을 위해서, 많은 투자가들이 다른 유형의 부동산이나 부동산 관련 자산을 탐색해봐야 한다. 자신이 사는 지역에 있는 작은 거주용 임대 부동산은 부의 축적과 재정적 자유의 획득을 위해 부동산 투자를 선택한 투자자들에게 여전히 효과적인 수단이다. 그러니 여러분도 다음과 같은 대안들을 평가하고 비교해보는 게 어떨까:

- 저가低價 지역 (미국과 전 세계)
- 신흥성장 지역
- 신흥 노후생활 지역
- 상업용 부동산 (사무실이나 점포 건물)
- 자영 창고

— 구획區劃 변경
— 부동산과 부동산 관련 주식

기억하자: 여러분이 사업가처럼 생각할 때 새로운 가능성들은 눈앞에 지속적으로 펼쳐진다. 이 챕터에서 발견하게 될 몇 가지 아이디어들을 곰곰이 생각하라. 지식 부족이나 비전 결핍 때문에 부동산을 이용한 수익창출 능력이 제약받지 않도록 하라. 이처럼 간략하게 가능성들을 살펴봐서는 성공을 위해 꼭 알아야 할 것들을 모두 알 수는 없다. 그러나 나는 앞으로 부동산이 제공하는 무한대의 잠재성에 대해 좀 더 배우고 싶은 마음이 들도록 여러분에게 동기를 부여하고자 한다.

저가低價 지역

샌디에이고나 보스턴에 사는 사람이라면 레버리지 없는 수익률이 4~5퍼센트로 낮은 소규모 거주용 부동산들을 많이 보았을 것이다. 그런데 중서부, 남서부, 남부 지역에서는 앞으로 수익률이 6퍼센트, 8퍼센트, 또는 10퍼센트 내지 12퍼센트에 달하는 부동산이 등장할 것이다.

내가 아랍에미리트의 두바이에 살 때, 동료 한 명은 프랑스에 임대건물을 네 채나 소유하고 있었다. 다른 동료는 미국 앨라배마에 임대차 건물을 여러 채 소유하고 있었고, 또 다른 동료는 호주의 퍼스에 임대주택을 여러 채 갖고 있었다. 그들 모두 부동산 관리 업체를 고용하지 않았다. 누구나 세계 어디에 있든지 임대 건물을 스스로 관리할 수 있다. 장거리 부동산 관리를 두려워마라. 거기에도 비결이 있으니까: 훌륭한 가치를 제공하고 좋은 세입자를 선택하는 것이다. 수리가 필요한 경우, 방이나 집이 비는 경우, 응급상황 등을 관리할 시스템만 잘 갖춘다면, 심각한 문제에 부딪치는 일은 없을 것이다.

세입자도 관리를 도울 수 있다

현지의 도움이 필요할지 모른다. 간헐적으로 빈 방이 생긴다든지, 전반적인 건물 감독이 필요한 경우, 오래 거주한 세입자 중 한 사람의 도움을 받을 필요가 있다. 그 대신 그 세입자에게 임대료를 깎아 주거나 (또는 무료) 다양한 방법으로 거주공간을 개선해 줄 수 있다.

부동산 관리 업체

일반적으로 내가 아는 투자자들은 거주용 부동산 관리 업체에 만족하고 있지만, 나는 개인적으로 대형 관리업체를 이용할 것을 권하고 싶지 않다. 이런 회사들이 내 부동산에 내가 추구하는 경쟁우위를 실현시키려고 노력해줄까? 난 그렇게 생각지 않는다. 왜냐고? 그들은 동시에 내 경쟁자들 수십 명을 위해서도 일하고 있기 때문이다. 직접 관리하는 문제 때문에 여러분의 거주지 밖에 투자하기가 꺼려진다면, 부동산 관리 업체를 고용하라. 단, 해당 업체가 여러분의 사업가적 전략을 따르게 하라. 권한을 위임하되 포기는 하지 마라.

신흥성장 지역

나는 최근 샌프란시스코에서 《*창조적 계급의 등장*

(The Rise of the Creative Class)》을 쓴 리처드 플로리다(Richard Florida), 포브스 지 발행인 겸 《*Life 2.0*》의 저자인 리치 칼가아드(Rich Kalgaard)와 함께 연단에 선 일이 있다. 두 사람 모두 부동산 전문가들은 아니지만, 부동산 투자자들이 심사숙고할 만한 핵심적인 이야기를 전하고 있다.

플로리다와 칼가아드는, 방법은 서로 다르지만, 앞으로 장기적인 수익 성장을 경험할 특정 도시를 비롯해 미국 전역을 조사했다. 그들은 오늘날 사람들이 반드시 일자리를 따라 옮겨가지는 않는다고 지적한다. 대신 리처드가 "창조적 계급"이라고 말하는 사람들이 살고 싶어 하는 곳으로 일자리가 —적어도 급료가 가장 높은 일자리가— 이동한다는 것이다.

잠재수익을 가늠하는 척도

성장이 (가치 증대가) 예상되는 지역을 평가할 때, 일자리, 소득, 가족 규모 등 사회경제학적 통계를 검토하라. 특정 지역에 전입하는 사람들의 유형을 눈여겨보라. 고용 형태, 개업하는 식당이나 카페, 또는 서점 등을 주의 깊게 살펴라. 어떤 종류의 축제, 스포츠 경기, 야외 활동 등이 규모가 점점 커지고 많은 사람들을 끌어 모으는지 파악하라.

작은 동네든 도시든 또는 시골 변방이든, 이 지역은 더 많은 사람들을 끌어 모을 사람들을 유치하는 지역인가? 뚜렷한 특징이 부각되는 지역을 물색하라. 점점 더 많은 사람들이 살고 싶다고 하는 곳을 찾아라. 이런 소망은 사람들의 대화를 이끌어내고 긍정적인 입소문 효과를 낸다. 이렇게 사람들 입에 오르내리면 이사를 생각 중인 사람이 마음을 굳히게 된다. 우리는 대부분 친구들이나 친척들 또는 지인들이 적어도 약간의 부러움을 갖도록 부추기고 싶어 한다. 그런데 우리가 어디 사는지, 어디로 이사할 것인지, 그런 것이 우리가 아는 사람들에게 많은 것을 말해준다.

알맞은 시간, 알맞은 장소

나는 "창조적 계급"에 대한 플로리다의 논의를 읽으면서, 내 자신의 경력이 거기 반영되어 있음을 알 수 있었다. 일을 시작한 이후 지금까지, 나는 내가 살고 싶지 않은 곳에 있는 일자리를 수락해본 적이 없다. 내가 살았던 밴쿠버, 팔로 알토, 버클리, 샬럿츠빌, 윌리엄스버그, 두바이 등은 모두 창조적 계급의 성장 중심지로 높이 평가 받는 지역들이다.

그러나 그의 책을 읽기 전까진 나는 위치 선택이 "계급적" 선택이라기보다 개인적 선택이라고 생각했다. 수백만 명에 달하는 베이비붐 세대가 똑같은 (또는 비슷한) 위치를 선호하기 때문에 부동산 가격이 기하학적으로 상승한다는 생각은 미처 하지 못했던 것이다.

플로리다와 칼가아드의 연구조사와 관찰 내용뿐만 아니라 내 개인적인 경험까지 모두 적용해보라. 그냥 개별화하지 말고, 일반화하라. 마음에 딱 드는데, 아직 저평가 되고 있는 지역은 어디인가? 어떤 도시들이 사람들 입에 오르내리는가? 어떤 장소들이 언론에서 호의적으로 다뤄지는가? "창조적 계급" 지역을 식별하라. 그러면 아마도 투자 유망 지역을 식별하게 될 것이다.

현금 흐름과 신흥성장 지역

일반적으로 신흥성장 지역의 거주용 부동산은 슬롯머신과 같은 현금 흐름을 실현하지 못한다. 그러나 실리콘밸리, 시애틀, 보울더, 워싱턴DC와 같은 기존의 "창조적 계급" 지역보다는 분명 실적이 낫다. 예를 들어 샬럿에 투자할 경우, 계약금 액수, 금리, 분할상환 조건에 따라 처음 몇 년 동안에도 과부족이 없는 (또는 약간만 있는 현금 흐름을 실현하는 매력적인 부동산을 발견할 수 있을 것이다. 하지만 3년에서 5년만 지나도, 임대수입 증가로 인해 현금 흐름은 확실히 플러스로 돌아설 것이다.

소득 증가와 함께 레버리지와 세금혜택이 주는 부의 축적 효과까지 감안하면, 신흥성장 지역의 수익은 장기적으로 연 수익률 12~15퍼센트에 이를 것이고, 이보다 더 높은 수익률도 가능할 수 있다. 수많은 부동산 투자자들은 현재 신흥성장 지역이 확실한 투자 대상으로 선택될 수 있는 여러 투자 특징들을 (낮은 리스크, 소득 성장, 평균 이상의 가치 상승을) 갖고 있다고 믿는다.

신흥 노후생활 (추가 주택) 지역

지금부터 2025년 사이에 미국의 60세 이상 인구는 두 배로 증가할 것이다. 미국 역사상 가장 큰 연령대 변화이다. 마찬가지로 중요한 사실은, 60대 이후 노년층 가운데 수백만 명이 상당한 부유층에 속한다는 점이다. 다른 베이비붐 세대들은 여전히 부동산 투자를 통해 부와 소득을 축적하려고 노력 중이다. 그러니 틀림없다, 노후를 위한 집이나, 추가 주택 (제2의 집)에 대한 수요가 은퇴자들과 베이비붐 세대 사이에서 계속 높을 것이다.

이렇게 인구통계학적 연령 변화와 꾸준히 늘어나는 수명을 생각해보라. 사람들이 즐겨 찾는 휴가지나 노후생활 근거지에 있는 부동산 가격이 계속 올라가는 것을 목격하게 될 것이다. 부동산가치의 대폭 상승을 기대하고 투자하고 싶다면, 다가올 "노년층의 물결"에 부합될 마을이나 도시, 또는 전

원을 물색하라. 사실 많은 부동산 투자자들이 창조적 계급과 예비 노년층 인구의 혜택을 보게 될 지역을 물색하고 있는 중이다.

어디다 투자할까

떠오르는 창조적 계급 지역을 식별하듯, 똑같은 방식으로 곧 휴양과 노후생활의 메카가 될 지역도 식별할 수 있다. 미래의 은퇴자들과 대화해보라. 어떤 지역들이 주목을 받고 인기를 끄는가? 하나하나를 들여다본 다음, 일반화하라. 자신에게 또는 가족이나 친구, 또는 동료에게 매력적으로 보이는 지역은 어디인가? 은퇴 후 거주 지역과 관련된 주제의 책이나 잡지를 골라서, 해답이라기보다 아이디어를 구하라. 책으로부터 정보를 얻든, 아는 사람들로부터 정보를 얻든 상관없다. 자신이 독자적으로 공부한 결과 유망하다고 생각되는 지역에만 투자하라.

소득 투자

휴가 및 노후생활용 부동산을 구입하는 많은 사람들은 일 년 중 일정 기간 동안만 임대하고 다른 기간에는 자신이 이용할 계획을 세운다. 이런 전략이 효과적일 수도 있지만, 임대수입을 과장해서 예측하지 않도록 주의하라.

계절별 임대의 수요는 날씨 (강우량, 강설량 등), 교통편이나 교통 관련 사안들(도로 공사, 항공기 이용 가능성과 비용 등), 그리고 부정적 평판에 따라 (사스 공포 때문에 토론토와 홍콩 여행이 얼마나 줄었던가) 달라진다. 게다가 휴가철이나 특정 계절에 임대하는 건물을 관리하는 부동산관리 업체들은, 총 임대 수익의 20~40퍼센트를 가져간다.

상업용 부동산

주택, 콘도미니엄, 아파트 투자에는 친숙하지 않은 사람이 거의 없다. 그런데 상업용 부동산 역시 실질적으로 유망한 투자대상임을 인식하고 있는 사람은 비교적 적다. 오늘날 부동산 시장에서는 주택이나 콘도미니엄, 또는 작은 규모의 아파트보다 상업용 부동산이 가격은 낮고 소득 수익률은 더 높다.

부동산 관리

부동산 유형에 따라 그리고 임대차계약의 기간에 따라, 부동산관리 업체나 임대 대리인이 필요하지 않을 수 있다.

병원 사무실용 콘도미니엄을 구입해 5년 계약으로 한 의사에게 임대했다고 가정해 보자. 이 의사에게는 임대기간 5년짜리 계약을 세 번 갱신할 수 있는 옵션이 주어진다. 의사가 사무실을 옮기지 않기로 결정하면, 건물주는 장기적으로 걱정할 필요 없이 투자를 지속할 수 있다. 콘도 협회가 건물의 공동영역을 관리하고, 병원 사무실의 인테리어를 유지 보수하는 책임은 의사가 진다.

유리한 점, 불리한 점

상업용 부동산의 두드러진 이점 한 가지: 항상은 아니라고 해도 거의 대부분은 세입자가 자영업자 혹은 전문직이란 것이다. 그들은 한 곳에서 자신의 토대를 닦기 때문에 대개의 경우 자주 이사하지 않는다. 불리한 점은 무엇일까? 세가 안 나가서 몇 달이고 건물이 비어 있는 경우이다. 특수한 부동산을 소유하고 있거나, 열악한 지역에 부동산을 소유하고 있을 경우, 몇 년이고 세가 안 나갈 수도 있다.

임대계약 만기가 곧 다가오는 상업용 부동산을 구입하는 경우, 그 건물의 시장성을 (가격과 시장에 나와 있었던 시간을) 확인하자. 여러분이나 여러분의 중개인이 그 부동산을 재빨리 임대할 수 있으리라고 순진하게 믿어선 안 된다.

상업용 임대계약은 가치를 만들기도, 파괴하기도 한다?

일반적으로 거주용 부동산을 임대하는 세입자는 임대계약 기간이 1년이나 그 미만이다. 새로 구매한 소유주가 기존 소유주의 임대계약이나 세입자가 맘에 들지 않을 경우, 단 기간 안에 자신이 원하는 대로 계약과 운영 정책을 다시 쓰고 이를 실행할 수 있다.

그러나 상업용 부동산은 상황이 사뭇 다르다. 상업용 부동산의 임대 기간은 3년, 5년, 10년, 또는 그 이상인 경우가 많다. 게다가 상업용 부동산의 세입자들은 종종 장기간 동안 계약 갱신의 권리를 갖는다. (예를 들어 처음 5년 계약이 끝나면, 계약을 갱신해 3~5년 더 기간을 늘릴 권리가 있다.)

이와 마찬가지로 상업용 부동산 임대계약은 조건도 상당히 다를 수 있다. 심지어 같은 사무실 건물이나 쇼핑센터에 입주한 세입자들이라도 아주 다른 조건의 임대계약에 서명할 수도 있다. 상업용 부동산 임대계약의 조건은 계약서에 서명할 당시의 시장 상황과 세입자와 부동산 소유주 사이의 상대적인 협상력에 따라 달라지기 때문이다. 2003년 실리콘 밸리에서 사무실을 임대한 세입자는 기술 산업의 최고 전성기였던 1999년에서 2000년 사이에 계약한 세입자들보다 훨씬 유리한 거래를 성사시켰다.

다양한 임대계약 조건

임대 조건에 따라 부동산 소유주의 순수익이 달라진다. 소유주에게 유리한 계약은 높은 수익을 보장하고, 불리한 조건들이 있는 임대계약은 수익을 낮춘다. 몇 가지 예를 들어볼까:

―― 누가 얼마를 지불하는가? 상업용 부동산 임대의 경우, 소유주는 종종 부동산의 운영 경비 전부 또는 일부를 세입자에게 부담시킨다. 어떤 계약에서는 (특히 장기적인 단독 세입자를 들인 부동산인 경우) 세입자가 운영비, 건물 수리비, 주요 교체비용까지도 (예를 들어 지붕, 주차장, 난방기, 환풍기, 냉방기, 공기조절 시스템 등) 지불한다.

―― 세입자가 어떤 공간에 대해 임대료를 지불하는가? 상업용 부동산의 세입자는 종종 1평방피트 당 임대료를 지불한다. 그러나 임대료 대상 면적이 세입자가 개별적으로 사용할 수 있는 면적을 초과하는 경우가 있을 수 있다. 어떤 임대계약의 경우에는 세입자가 복도, 공동영역, 공기조절실, 창고, 공공 화장실 등에 대한 임대료를 지불해야 한다. 심지어는 임대료 부과 공간으로 측정되어야 할 공간까지 (5퍼센트 정도를 더하거나 뺄 수 있음) 정확히 명시한 임대계약서도 있다.

―― 인플레이션에도 불구하고 임대료는 유지되는가? 임대 기간이 5년, 10년, 15년 또는 그 이상 되는 장기 세입자에게 부동산을 임대한 경우, 임대료 징수금은 물가오름세와 함께 상승할 것인가? 언제 임대료를 올릴 것인가? 그리고 얼마나 올릴 것인가?

부동산 소유주는 "퍼센티지 임대료"를 받을 권리가 있는가? 특히 소매 점포의 경우, 세입자가 면적 당 기본 임대료와 더불어 자기 사업 소득의 일부분을 (정확히 규정되어야 함) 지불해야 하는 임대계약이 그런 경우다. 예를 들어 세입자가 주류 판매로 번 소득의 일정 부분을 지불해야 하는가?

임대계약은 하나하나 주의 깊게

그렇다고 임대계약이 너무 복잡하다고 말하려는 것은 아니다. 소규모 상업용 부동산 소유주들 중에는 비교적 간단한 3~4장짜리 계약서를 작성하는 사람도 있다. 하지만 기존의 임대계약서를 하나도 빠짐없이 모두 훑어보기 전에는 깨알 같은 글씨 속에 어떤 함정이 있는지 알 수가 없는 노릇.

부동산을 사고 나서 보니, 시가보다 한참 낮은 임대료로 어느 세입자와 맺은 계약이 아직도 8년이나 남았다는 사실을 발견한다면? 참 어느 누구도 원치 않을 일이다. 또는 저가 잡화점 전문점을 들여올 생각으로 작은 소매센터를 샀는데, 알고 보니 이미 어떤 세입자에게 저가 잡화점 독점권을 허락한 조항이 계약 속에 있는 것을 발견한다면? 기가 막힐 노릇이 아니겠는가.

자영自營 창고

자영 창고 산업은 붐을 이루고 있다. 미국에 무엇이든 모아두는 바람이 불었나보다. 매년 저장 공간에 대한 수요가 증가하고 있다. 이미 대형 업체들이 상당한 관심을 끌고 있지만, 소규모 투자자들도 이 사업으로 짭짤한 수익을 보고 있다. 자영 창고 사업은 상당히 높은 수익률

(레버리지 없는 수익률)을 실현할 수 있고, 확장 가능한 창고 부지의 경우 더 많은 수익을 실현할 수 있다. 부지를 소매 점포 등 더 고급용도, 더 나은 용도로 재개발할 때까지, 그러니까 3~10년 동안, 그 땅에 자영 창고를 설치해 수익을 낼 수 있다.

구획區劃 변경으로 수익을?

부동산 투자자들이 수익률을 높이기 위해 애를 쓰면서, 구획 변경과 토지 사용 기회가 점점 더 중요하게 되었다. 임대주택에 한 층을 더 올릴 수 있다든지, 자투리땅을 건축 부지로 헐값에 팔아버릴 수 있거나, 그 집을 성인 집단거주 시설로 전환할 수 있다면, 여러분은 수천 달러를 더 벌어들일 수 있다.

현재 구획 설정이라든지, 규제 범위 안에서 부동산의 사용과 수익성을 향상시킬 수 있을지를 조사하라. 정부에서 부동산 사용규칙을 개정하는데도, 부동산 주인들은 토지 사용 최대 허용치를 깨닫지 못하거나 또는 조사하지 않는 경우가 더러 있다. 개정사항을 알게 됐으면 여러분의 부동산에 (혹은 그 지역에) 더 좋은 용도를 부여하도록 부동산 개발업자와 관료들을 설득할 방법을 모색하라.

부동산과 부동산 관련 주식

앞서 두 챕터와 이 챕터에서 나는 거듭 이야

기했다. 사업가처럼 생각하고, 생각이나 모험심이 부족한 사람들은 발견하지 못할 가능성과 확률에 마음을 활짝 열라고 말이다. 그렇게 한다면 수익 가능성은 몇 배로 증대되고 리스크는 줄어들 것이다. 정보 습득과 노력, 그리고 사업가적 재능을 통해 여러분은 스스로에게 성공적인 결과를 보장할 수 있다. 그렇다고 모든 사람이 사업가처럼 생각하기를 원하거나 또는 투자용 부동산 소유를 원하는 것은 아니다. 만일 여러분이 그런 경우에 해당된다면, 부동산 투자신탁의 지분을 고려해보라고 권한다.

부동산 투자신탁(Real Estate Investments Trusts)이란?

부동산 투자신탁(REIT)은 소득을 창출하는 부동산을 (때로는 모기지론을) 소유한 회사이다. 어떤 REIT는 대형 아파트 단지, 사무실 건물, 쇼핑센터, 자영 창고 시설, 산업용 부동산 등 특정 대상에 집중한다. 또 어떤 REIT는 여러 유형의 부동산을 결합해 소유한다. REIT는 직접 소유에 수반되는 관리 책임을 지지 않고(또는 사업적 기회를 누리지 않고) 부동산에 투자하는 방법이다.

REIT 지분은 어디서 구매할까?

여러 REIT는 뉴욕증권거래소에서 공개적으로 거래된다. 십여 개 이상의 REIT 주식을 소유한 뮤추얼펀드를 구입할 수도 있다. 또 다른 방법은 비공개 REIT에 투자하는 것이다. 일반적으로 비공개 REIT 주식은 재정설계사나 월 스트리트의 주식 중개업체를 통해 구입할 수 있다. (주의: 주요 증권거래소에서 매매가 가능한 상장 REIT 주식과 달리, 비공개 REIT는 유동성이 낮을 수 있다. 여러분이 가진 주식을 쉽사리 팔 수 없을지 모른다는 뜻이다.)

REIT의 혜택

맨해튼의 사무실 건물이나 댈러스의 600실 규모 아파트 단지, 또는 마이애미의 쇼핑몰 같은 걸 구매할 여유를 지닌 개인은 거의 없다. 그렇기 때문에 REIT는 이런 부동산이나 이와 비슷한 수백만 달러 규모의 부동산을 공동 소유할 기회를 제공한다.

아울러 상장된 REIT는 다른 상장주식과 같은 유동성을 제공한다. REIT는 또한 주주들에게 S&P 500의 수익률이나 다우존스 평균 수익률과 비교해 더 높은 배당수익률을 제공한다. 시간이 지나 그들이 소유한 부동산 가격이 상승하면 (인플레이션이나 가치 상승으로), REIT 주가 역시 오르는 경향이 있다. 미 국세청이 정한 여러 가지 조건들을 준수하면, REIT로 실현한 순소득에는 소득세가 부과되지 않는다.

REIT의 리스크

증권 거래 시 주가는 증권시장과 시장의 변덕과 투자자의 분위기에 따라 급격히 오르기도 하고 급격히 떨어지기도 한다. REIT 주가는 그 기반이 되는 부동산 가치보다도 훨씬 더 변동이 심하다. 운용사가 유리하게 부동산을 취득하고 운영하지 못하면, REIT의 주가와 배당금은 떨어질 수 있다. 그러나 전반적으로 지난 30~40년 동안, REIT는 리스크를 감안해도 상당히 유리한 수익률을 주주들에게 제공해왔다.

주택건설업체들과 모기지 업체

REIT 외에도, 상장된 주택건설업체들의 주식을 소유하는 부동산 관련 투자로 수익을 낼 수 있다. 또는 모기지론 거래가 많은 금융기관의 주식을 살 수도 있을 것이다.

주택 건설과 주택담보대출 사업은 주기적으로 크게 오르락내리락 하기 때문에, 이 회사들의 주식 역시 큰 폭으로 오르락내리락 한다. 결과적으로 직접 조사를 통해 어떤 건설업체 또는 어떤 대출 업체가 장기적인 성장과 수익성의 가망을 보이는지 결정한다면, 주기적인 큰 하향세는 큰 수익을 얻을 기회가 될 수 있다. (부정적 분위기가 팽배해 있을 때) 싸게 사라. (활황이 돌아왔을 때) 비싸게 팔아라.

다시 생각해보는 포트폴리오 다각화

주류 언론은 자산 배분을 다루는 기사에서 부동산이 마치 단 하나의 투자 범주를 대표하는 것인 양 쓴다. 이제 여러분도 알겠지만, 이러한 단순한 접근방식은 상당히 핵심을 빗겨간다. 이 챕터에서 설명한 다양한 부동산과 부동산 관련 투자대상(여러 지역의 여러 가지 부동산, REIT 등)을 두루 결합하라. 그러면 상당한 다양성을 달성하면서도 부동산이라는 일반적인 범주에서 벗어나지 않을 수 있다.

부동산으로 수익을 내는 방법은 내가 이 챕터에서 소개한 방법들 말고도 무수히 많다. 수리해서 되팔기, 토지 은행, 토지 개발, 삼중임대차(Triple net lease-세입자가 재산세, 보험료, 유지비 등 세 가지를 모두 부담), 저소득 세재혜택, 할인 어음, 부동산세 담보권/세금 증서 등등. 따라서 재정설계사나 재무상담사가 자산의 5퍼센트 또는 10퍼센트 이상을 부동산에 투자하지 말라고 조언한다면, 그냥 웃어넘기라.

여러분은 분산투자를 원하고, 리스크 조정 후의 수익률을 가능한 한 최고로 얻고 싶다. 오늘날 투자 시장에서 여러분은 부동산으로 이 두 가지 목표를 달성할 수 있다. 대부분의 사람들이 인식하고 있는 것보다 훨씬 더 수월하게 말이다.

INVEST IN W

월 스트리트에 투자하리

ALL STREET:
THE STOCK MARKET PATH TO WEALTH

6단계

: 주식으로 부자 되기

PHILIP A.SPRINGER

주식-채권으로 노후자금 밑천을 16

필립 A. 스프링어

나는 아버지의 지도 아래 열네 살 때부터 주식시장에 투자하기 시작했다. 처음엔 신문배달을 해서 모은 돈으로 주식에 투자했다. 첫 번째 투자에서 번 수익으로 나는 스무 살 때 3개월 동안 유럽에 머물렀다. 두 번째 투자에서 얻은 "전리품"으로는 멋진 자동차를 샀다. 어떤 회사의 주식을 사고, 다른 사람들이 땀 흘려 일해 그 주식의 가치를 높이게 만든다는 아이디어 - 내가 그런 아이디어를 좋아하는 것도 놀랄 일이 아니잖은가? 난 거기에 완전히 매료되었다.

정말 쉽지 않은가? 하긴, 딱히 쉬운 건 아니다.

그 후 수십 년 간 주식에 투자하면서 깨달았지만, 장기적으로 성공하기를 원한다면 투자란 어려운 노릇이다. 모든 것이 제대로 갖춰진 조건하에서 많은 돈을 벌기란 쉬운 일이지만, 시장이 불리하게 돌아가는데 여러분은 준비가 안 되어있다면 훨씬 더 많은 돈을 (훨씬 더 빨리) 잃기 십상이다.

그러나 은퇴 후를 위한 투자나 장기적인 목표를 향한 어떤 투자도 로켓 만들기처럼 복잡하지는 않다. 그렇지만 우리 인생과 마찬가지로, 투자 역시 몇 가지 공식으로 집약될 수는 없는 것. 지금 먹혀들어가는 공식이 내년에는 쓸모가 없을지 모른다. 시장이 변하고, 경제 상황이 변하고, 기업이 변한다. 이것은 아주 좋은 일이다. 투자자가 돈을 벌어서 자신의 재정적 안정을 실현할 방법이 수없이 많다는 뜻이기 때문이다. 천재가 될 필요는 없다. 그저 성공하는 방법을 배우기만 하면 된다.

내 인생의 이 시점에서 나는 유럽 여행이나 멋진 차를 위해 저축하는 수준보다는 훨씬 멀리 성장해있으니, 다행이라고 해야겠다. 따라서 나는 이 챕터에서 은퇴를 위해 재정적 안정을 실현하고 유지하고자 하는 사람들을 위해, 내가 수년 간 투자상담사로 활동하면서 깨달은 점들을 이야기하려고 한다.

우리 아버지도 항상 강조하셨지만, 참으로 "아는 것이 힘"이다. 그렇다고 아버지는 다른 사람들을 통제하는 힘을 말씀하신 건 아니다. "현실의 세계"에 무슨 일이 벌어지든지, 자기 자신의 운명을 헤쳐 나갈 힘을 말씀하신 것이다. 아버지에게 그것은 반드시 학교 교육이 아니라, 주로는 자신의 목표를 달성하기 위해 무엇을 해야 하는지 깨닫는 것이었다. 따라서 투자의 성공은 —다시 말해 재정적 안정을 달성하는 것은— 책으로 배운 지식이 얼마나 되느냐와 상관없이, 열심히 공부하고 노력한 사람에게는 누구나 그 가능성이 열려 있다. 사실 내가 아는 뛰어난 투자자들 중에는 초등학교만 졸업한 사람도 있다. 나는 그에게서 몇몇 유익한 교훈을 배웠다.

출발: 두 가지 스마트한 행동

———————— 아직 그렇게 하고 있지 않다면, 가장 중요한 첫 번째 조치는 물론 이것이다:

——— 합리적으로 할 수 있는 만큼 저축하라. 앞으로 65세나 55세, 또는 45세에 재정적 독립만세를 부르고 싶은가? 그러면 지금은 쓰는 것이 버는 것보다 적어야 한다. 그렇다. 그처럼 간단하다. 병적으로 집착하지는 않되 지출을 줄여라. 적어도 연 수입의 10퍼센트를 저축하라. 20퍼센트 이상을 저축한다면 더욱 바람직한 일. 현재 수입이나 나이, 그리고 미래의 필요에 따라 금액은 달라질 것이다. 투자 포트폴리오의 가치가 연 평균 8퍼센트 오른다면 —이건 합리적인 기대치— 올해 저축하고 투자한 1,000달러는 9년 후면 두 배로 증가할 것이고, 18년 후에는 다시 그 두 배가 되고, 27년 후에는 또 두 배가 되어서, 8000달러에 이를 것이다. 이것이 투자를 키우는 복리의 힘이다.

두 번째로 중요한 행동은:

——— 두 가지 이상의 대상에 투자해 부를 늘리는 것이 얼마나 중요한지 깨달아라. 직장에 다닌다면, 연금제도나 고용자 보험처럼 회사에서 제공하는 저축과 투자 기회를 십분 활용하라. 이런 제도는 중간에 돈을 인출하지 않는 한, 비과세 혜택을 받는다. 게다가 직장을 다니면서 자기 사업을 파트타임으로 하는 경우라면, 간이종업원연금(SEP), IRA, SIMPLE-IRA, 또는 자영업자를 위한 401(k)와 같은 다른 은퇴 연금을 시작하여 조성할 수 있다.

자기 사업체를 운영하고 있다고 해도, 장기투자를 위해 자금 일부를 따로 떼어 두는 것이 현명하다. 그렇다, 사업가들이 자기 사업에 투자하여 사업을 육성하는 게 대체로 부의 창출을 위한 최고의 기회인 것은 사실이다. 그러나 이때 역시 실패의 위험이 높을 수 있기 때문에, 부를 축적하는 길을 다각화하는 것이 바람직하다.

최근 몇 년 사이 유행처럼 번진 착각이 있다. "내 집 마련"이 최고의 투자이며, 은퇴 자금도 거기서 나온다는 착각이다. 그러나 이런 흔한 착각에 현혹돼서는 안 된다. 내 집은 나의 가장 큰 자산이 될 수 있고, 또한 마음의 평화를 얻는 데 큰 도움이 되긴 할 것이다. 그러나 지금 또는 앞으로 집을 팔아 거머쥘 수 있는 돈이 집을 사는 데 든 돈보다 훨씬 많다고 해서, 그것이 횡재했다는 뜻은 아니다. 집을 사고 유지하려면 많은 사람들의 생각보다 비용이 훨씬 많이 들기 때문이다. 해가 가면서 주택담보대출 이자, 세금, 보험, 수리, 보수 등으로 돈이 계속 빠져 나간다. 그뿐인가, 세월이 흐른다고 집값이 항상 오르는 것은 아니니까.

노후를 위한 7가지 "스마트" 투자

여러분의 은퇴가 언제일지 모르겠지만, 난 여러분이 노후에 부유한 라이프스타일을 즐길 수 있도록 올바른 길로 인도하고자 한다. 나는 지난 26년 간 사람들이 노후생활을 위해 튼튼한 재정 기반을 마련하도록 돕는 일을 해왔다. 안타깝게도 사람들이 각종 재정난을 초래하는 착각에 빠지는 것을 너무나 자주 보았다. 다음은 은퇴 후 "재앙"을 만나지 않기 위해 지켜야 할 몇 가지 규칙이다:

■ **시장을 가지고 놀지 말라.** 재정 안정을 위한 투자란 장난이 아니다. 내가 보기에 가장 먼저 취해야 할, 가장 중요한 행동은 바른 태도를 갖는 것이다. 투자 대상과 금융시장을 바라보는 관점을 뜻하는 것이다.

■ **리스크 관리법을 터득하라.** 잘못될 수 있는 일이 무엇인지 인식하라. 필요하다면 위험에의 노출을 적극적으로 줄이자. 반면 시장 조건이 상당히 유리해지면, 즉 리스크가 낮으면, 좀 더 공격적인 태도를 취하라. 여러분을 이끄는 목표는 위험의 관리이지 시장을 앞서려는 노력이 아니다.

■ **감정을 다스려라.** 가격이 오를 때 지나치게 열광하고 가격이 떨어질 때 몹시 당황하는 투자자는 꼭 난관에 빠진다. 맹목적 낙관론자의 말처럼 좋은 상황도 흔치 않고, 귀를 솔깃하게 하는 비관적인 전문가의 말처럼 나쁜 상황도 거의 없다.

■ **투자 시장 자체가 언제나 합리적인 것은 아님을 인식하라.** 매일 전 세계 투자자들의 정보와 심리가 투자 시장을 움직인다. 탐욕과 두려움이란 너무도 인간적인 두 감정이 계속 충돌하면서 시장에 반영된다.

■ **시장 자체가 보내는 메시지에 주목하라.** 신문 헤드라인, 시장 전문가, 또는 TV 사회자에게 쏟는 관심을 대폭 줄여라. 소위 "전문가"들의 즉각적인 분석보다는 시장이 외부 사태 추이에 어떻게 반응하는가가 훨씬 더 중요하다.

■ 투자는 과학이라기보다 기술이라는 점, 그리고 누구나 종종 실수를 저지른다는 점을 받아들여라. 하지만 똑같은 실수를 계속해서 반복하지 않도록 어쩔 수 없이 저지른 실수에서 교훈을 얻으려고 노력하라.

■ 하루의 변동에 현혹되지 말고, 장기적으로 내다봐라. 멀리 내다볼수록, 투자에 대해 침착하게 올바른 선택을 할 가능성이 높아진다. 투자 기간이 짧을수록, 투자 수익을 실현하고 유지할 가능성은 낮아진다.

자, 이제 여러분은 노후를 위한 투자에 어떤 태도로 접근해야 좋은지 잘 알 것이다. 여러분이 실제로 투자를 할 때 답을 찾아야 할 주된 문제는, 개별 주식이나 채권을 운용할 것이냐 아니면 분산투자 수단을 —즉 여러 형태의 뮤추얼펀드를— 운용할 것이냐 하는 것이다. 개별 주식은 뮤추얼펀드보다 수익 실현 잠재력이 더 크지만, 리스크 역시 더 높다.

일반적으로 투자자가 개별 유가증권을 조사하는 데 별 관심이 없고, 그럴 시간이 없어서 전문 지식을 계속 습득하지 못할 바에는 완전히 (또는 주로) 뮤추얼 펀드를 운용하는 편이 좋다고 생각한다. 또한 개인 투자자는 뮤추얼 펀드를 통해, 여러 산업에 걸친 10여 가지 주식 종목으로는 실현할 수 없는 양질의 분산투자를 할 수 있다. 사실 전문 재무상담사인 나 역시 지난 수 년 간 개별 종목과 뮤추얼펀드를 모두 운용하는 것이 바람직함을 깨달았다. 그 때문에 내 고객과 가족은 금융시장의 특정 영역에 대한 내 전문 지식의 덕을 보는 동시에, 다른 영역 다른 전문가들의 능력에서도 이득을 보고 있다.

은퇴를 한 다음에야, 편안한 노후생활을 위한 자금이 충분치 않음을 깨닫게 되는 일은 없어야 한다. 일하는 동안 얼마를 따로 떼 놓고 어떤 대상에 투자할지를 결정하기 위해서는, 우선 필요한 은퇴자금을 계산해야 한다. 보기 16.1은 각자 은퇴자금 목표를 달성하기 위해 매년 저축 금액을 결정하는데 도움이 될 계산표다. 가정을 어떻게 세우느냐에 따라 결과가 크게 달라질 수 있음을 유의하라. 다음은 내가 사용하는 비교적 흔한 가정이다:

- 62세 이후에 은퇴한다.
- 목표는 물려줄 재산 축적이 아니라, 편안한 노후 생활을 위해 충분한 수입을 확보하는 것.
- 은퇴 후에도 일할 때와 거의 같은 과세 대상 그룹에 있을 것이다.
- 은퇴할 때까지 인플레이션에 따라 소득과 저축액이 늘어날 것이다.
- 은퇴 후 지출 역시 인플레이션과 같이 증가되기를 원한다.
- 인플레이션은 매년 평균 4퍼센트로 가정. *주의:* 이것은 여러분에게 한층 더 안전망을 제공하기 위한 보수적인 예측이다. 현재 물가 상승률은 3퍼센트도 안 되니까.

이 외에도 은퇴 시기, 노후 기간, 예상 투자수익률과 같이 몇 가지 가정을 더 세워야 한다. 지금 건강하다면, 수명을 90세까지 잡으라고 권하고 싶다.

위의 가정을 바꿔가면서 아래 계산표를 여러 번 작성해볼 것을 권한다. 그러면 여유가 얼마나 있는지 파악할 수 있다. 1년에 한 번 정도 이 중요한 항목들을 다시 작성해서 걱정 없이 풍요로운 노후 생활을 향해 제대로 가고 있는지 확인하라.

계산표는 www.trumpuniversity.com/wealthbuilding101에서 내려 받을 수 있다. 이제 주식부터 시작해서, 투자 과정을 살펴볼까.

보기 16-1 걱정 없고 풍요로운 노후를 위한 자금 확보 계산표

1단계: ____________________ 원

현재 과세 전 연간 소득

2단계: ____________________ 원

노후에 필요한 연간 소득 (현재 통화가치로). 예상 금액을 적거나, 현 소득의 70~80퍼센트로 잡아라.

3단계: ____________________ 원

국민연금에 의한 연간 소득 금액 (현재 통화가치로)

4단계: ____________________ 원

별도의 고정 연금을 붓고자 계획하는 경우, 이를 통해 받을 것으로 예상되는 연간 수령액 (현재 통화가치로). 고용주에게 예상치를 얻을 수 있다.

5단계: ____________________ 원

2단계 금액 – (3단계+4단계) 금액 차이를 메우기 위해 매년 필요한 금액

6단계: ____________________ 원

노후 생활을 위해 현재 저축하고 있는 금액. 은퇴 계획과 관련된 모든 계좌, 회사가 지원하는 저축계획, 일반 저축/투자 계좌 모두 포함한다. (생명보험은 제외)

7단계:

다음은 인플레이션을 4퍼센트로 잡아 은퇴까지 남은 햇수를 토대로 계산한 인플레 승수乘數(inflation multiplier) 표다. 이 중에서 하나를 선택하라.

은퇴까지 남은 햇수	인플레 승수
1	1.04
2	1.08
3	1.12
4	1.17
5	1.22
8	1.37
10	1.48
13	1.67
15	1.80
18	2.03
20	2.19

8단계: ________________ 원

은퇴 후 목표 연간소득 (2단계×7단계)

9단계: ________________ 원

은퇴 시 연간소득 부족액 (5단계×7단계)

10단계: ________________ 원

은퇴 후 필요하게 될 추가 자금 (9단계×아래 표에서 선택한 적정 승수)

은퇴 후 햇수	노후 생활 중 투자수익률 가정		
	6%	7%	8%
15년	13.17	12.39	11.67
20년	16.79	15.47	14.31
25년	20.08	18.15	16.49
30년	23.07	20.47	18.30

11단계: ________________ 원

확정연금지급보증에 가입돼 있을 경우, 은퇴 시 이 혜택의 가치 (4단계×7단계에서 선택한 승수)

12단계: ________________ 원

현재 마련된 노후자금 밑천의 은퇴 시 가치 (6단계×아래 표에서 선택한 승수)

은퇴까지 남은 햇수	예상 투자수익률				
	6%	7%	8%	9%	10%
1	1.06	1.07	1.08	1.09	1.10
2	1.12	1.14	1.17	1.19	1.21
3	1.19	1.23	1.26	1.30	1.33
4	1.26	1.31	1.36	1.41	1.46
5	1.34	1.40	1.47	1.54	1.61
6	1.42	1.50	1.59	1.68	1.77
8	1.59	1.72	1.85	1.99	2.14
10	1.79	1.97	2.16	2.37	2.59
12	2.01	2.25	2.52	2.81	3.14
14	2.26	2.58	2.94	3.34	3.80
16	2.54	2.95	3.43	3.97	4.59
18	2.85	3.38	4.00	4.72	5.56
20	3.21	3.87	4.66	5.60	6.73

13단계: ________________ 원

은퇴할 때까지 저축하고 투자해야 할 금액 (10단계 + 11단계 − 12단계)

14단계: ________________ 원

매년 저축하고 투자해야 할 금액 (13단계×아래 표에서 선택한 승수)

은퇴까지 남은 햇수	예상 투자수익률				
	6%	7%	8%	9%	10%
1	.9434	.9346	.9259	.9174	.9191
2	.4492	.4429	.4368	.4307	.4248
3	.2852	.2799	.2747	.2696	.2646
4	.2037	.1989	.1943	.1898	.1854
5	.1552	.1508	.1466	.1425	.1385
6	.1232	.1191	.1152	.1114	.1077
8	.0838	.0802	.0768	.0735	.0704
10	.0607	.0576	.0546	.0517	.0490
12	.0459	.0431	.0404	.0379	.0355
14	.0357	.0331	.0307	.0285	.0264
16	.0283	.0260	.0238	.0219	.0200
18	.0228	.0207	.0188	.0170	.0154
20	.0186	.0167	.0150	.0134	.0120

15단계: ________________ %

매년 연간소득 중 저축해야 할 금액의 백분비 (14단계÷1단계)

참고 이 표는 www.trumpuniversity.com/wealthbilding101에서 내려 받아 개인 용도로 쓸 수 있다.

출처 판권: Retirement Wealth Management Inc.의 허가를 받고 사용

좋은 주식 찾는 법

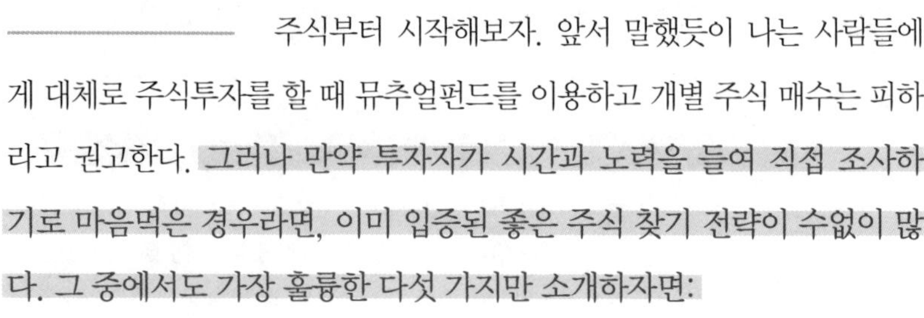

주식부터 시작해보자. 앞서 말했듯이 나는 사람들에게 대체로 주식투자를 할 때 뮤추얼펀드를 이용하고 개별 주식 매수는 피하라고 권고한다. 그러나 만약 투자자가 시간과 노력을 들여 직접 조사하기로 마음먹은 경우라면, 이미 입증된 좋은 주식 찾기 전략이 수없이 많다. 그 중에서도 가장 훌륭한 다섯 가지만 소개하자면:

- 낮은 주가수익비율(PER)이나 낮은 자산 가치 등을 근거로 하여, 저평가된 기업을 찾아라.
- 주당순이익(EPS)이 빠르게 증가하는 성장 기업을 찾아라.
- "인수" 후보가 될 기업을 —더 높은 가격에 매도될 가능성이 있는 기업을— 찾아내라. 이것이 장기적 전략이다.
- 한때 부실기업으로 전락했으나 회생 중인 "타락천사(墮落天使)"에 투자하라.
- 큰 흐름을 읽어라. 거기서 혜택을 받는 기업은 수익성 역시 높을 수 있다.

내가 "입증된" 투자 전략이라고 말할 땐, 오랜 기간 동안 그 전략이 먹혀들었음을 뜻한다. 그러나 금융가에서는 여러 종류의 주식들이 (어떤 경우엔 장기간) 유행하다가도 시들해지기 때문에, 어떤 전략이라도 언제나 효과가 있을 수는 없다. 자산을 싸게 매입하거나 성장속도가 빠른 기업에 집중 투자하는 등 이런저런 접근방법에 초점을 맞추는 전문 투자자들조차도, 전문으로 취급하던 종목이 시장과 부합하지 않으면 전형적인 사이클을 거친다.

예컨대 90년대 말에는 대기업 성장주가 가장 좋은 투자대상이었지만, 최근 몇 년 사이 시장을 이끄는 것은 저평가된 중소기업들이다.

여러분이 주식을 어떻게 선택하든지 간에, 나는 다음 두 가지 사항을 꼭 확인하라고 조언하고 싶다. 우선 선택한 기업은 재정적으로 튼튼해야 한다. 둘째, 종종 발생하는 일시적 주가 하락이나 변화하는 경제상황과 관계없이, 오랫동안 수입과 소득이 지속적으로 성장하는 주식이어야 한다.

우량 기업은 그 크기와 유형이 참으로 다양하다. 내가 말하는 재정적으로 튼튼한 기업이란, 주로 장기 부채가 많지 않아서 가장 융통성이 많은 기업을 가리킨다. 중소 규모의 성장 기업 중 많은 수가 비교적 또는 완전히 부채에서 자유로우며, 놀랍게도 대기업들 역시 많은 수가 사실상 부채에서 자유롭다. 내가 예로 들기 좋아하는 두 기업은 엑손 모빌과 시스코다. 하지만 경제기반이 튼튼해도 상당한 부채를 떠안고 가는 기업들 역시 많다. 그러나 이들은 부채를 무리 없이 관리할 정도로 충분한 캐쉬플로우를 생성한다.

나는 인기 있는 주식에 무작정 뛰어드는 행동을 절대로 하지 말라고 하는 것은 아니다. 대저 인간이란 어느 정도 도박을 좋아하는 법. 다만 그것이 도박이라는 것만 잊지 않으면 된다. 노후자금 밑천을 마련하려고 투자하는 돈은, 잃어서는 안 될 자금이다. 그렇기 때문에 주주에게 이미 수익을 돌려주고 있는 성공적인 기업에 초점을 맞춰야 한다. 신규업체 주식, 화제주話題株, 눈속임 주식 등은 피해야 한다.

여러분 구미에 맞는 주식 선정 방법이 무엇이든지 간에, 시장과 업계와 기업에 대해 조사하는 데 꽤 많은 시간이 걸린다는 사실을 인식하라. 토머스 제퍼슨이 뭐라고 했는지 아는가?

"나는 진정 운을 믿는다. 그리고 열심히 노력할수록 더 큰 행운이 찾아온다는 것을 안다."

나 역시 이 말에 백번 공감한다.

좋은 뮤추얼 펀드 고르는 법

이제 펀드를 살펴볼까. 가진 돈의 전부는 아니더라도 적어도 일부분은 전통적인 뮤추얼펀드에 투자하는 것이 대부분 사람들에게는 가장 좋은 방법이다. 앞서 말했듯이, 뮤추얼펀드를 통하면 투자자가 깊은 정보나 투자 경험이 전혀 없는 회사로부터도 이익을 얻을 수 있다. 시중에 대략 8,100개의 뮤추얼펀드가 있고, 총자산규모는 약 10조 5천억 달러에 달한다. 그 중 약 85퍼센트는 심사숙고의 대상에서 쉽게 제외시킬 수 있으나, 좋은 뮤추얼펀드를 찾아서 계속 투자하는 것은 상당히 가치 있는 일이다.

다음은 내가 뮤추얼펀드를 고를 때 근거로 삼는 지침이다:

- 지난 5년 간 또는 그 이상 투자 결과가 건실한 펀드.
- 중요사항: 기록을 작성한 책임자가 해당 펀드를 계속 담당하는 상태여야 한다.
- 같은 유형의 모든 펀드 중에서 적어도 상위 50%안에 드는 펀드. 상위 25%에 들면 더욱 좋다.
- 나는 어떤 범주에 속한 뮤추얼펀드 중에서 평균보다 낮은 리스크를 택한 펀드에 투자하는 것을 선호한다.
- 펀드를 사서 유지하는 비용이 적은가?

투자 분석 회사인 모닝스타(Morningstar)에 따르면 현재 뮤추얼 펀드의 범주는 약 60개에 이른다. 대기업 위주의 가치주에서 중소기업 위주의 성장주, 그리고 신흥시장 관련주와 고수익 채권에 이르기까지 운용 대상이 다양하다. 상황이 바뀌어도 항상 다른 펀드보다 실적이 좋은 펀드가 있기 때문에, 다른 어떤 요소보다 펀드의 범주가 단기간 실적에 가장 큰 영향을 미칠 수 있음을 깨달아야 한다. 현재 강세를 보이는 투자 스타일을 채택한 보통 펀드는 —예를 들어 저평가된 해외 주식 같은 것은— 인기가 시들해진 우수 펀드보다 높은 실적을 올리는 것이 보통이다. 물론 제반조건이 바뀌지 않는 경우에 그렇다. 헌데 조건이란 항상 바뀌기 마련이다.

수수료에 신경 써라

소요 경비가 적어야 여러분의 이익 기회가 높아진다. 오랜 세월이 지나면 저비용 펀드와 고비용 펀드의 실적은 대략 비슷해진다. 비용 조절은 투자자 자신에게 달린 문제이다. (그렇다고 해서 낮은 수수료가 높은 실적을 보장하는 것은 아니다.)

투자자는 운용수수료나 추가 관리비를 지불하여 괜히 투자금액 중 상당 부분을 잃는다. 중개인, 보험판매원, 대부분의 재정설계사, 기타 영업사원들이 파는 펀드에는 판매 당사자를 보상하기 위한 추가 비용이 항상 덧붙는다는 점을 잊지 마라. "로우드(load)"로 알려진 선취수수료가 있을 수 있고, 여러분이 펀드를 팔 때 그 수익에서 삭감되는 환매수수료가 있을 수 있으며, 또한 일부가 재정상담사에게 지급되는 막대한 액수의 연간 운용비도 있을 수 있다.

여러분이 직접 투자 결정을 내리는 데 어려움이 없다면, 또는 수수료만 받는 재정설계사나 투자상담사에게 의존한다면, 판매경비가 없는 펀드에만 투자하는 것이 일반 원칙이다. 환매수수료가 붙는 펀드는 피하라. 주식형 펀드의 경우 연간 비용이 1.5퍼센트 아래인 펀드를 골라라. 채권형 펀드의 경우, 경비가 낮은 것을 고르는 일은 한층 더 중요하다. 시간이 갈수록 주식보다 채권의 수익이 훨씬 많이 줄어드는 경향이 있기 때문이다. "로우드"가 없고 연 비용이 1퍼센트보다 한참 낮은 채권형 펀드에 치중하라.

상장지수펀드(ETF)의 장점

이제 상장지수펀드(ETF)를 살펴보자. 몇 년 전 월 스트리트가 소개했던 ETF는 현재 가장 인기 있는 투자 수단이다. 미국 내 ETF는 약 430개로, 총자산은 약 4,300억 달러이며, 빠른 속도로 성장하고 있다.

ETF는 미국과 해외의 주가 지수와 주식 부문을 따라가는 일련의 주식 군群이다. 오늘날 모든 주식시장, 모든 산업, 모든 투자 스타일에 대해 ETF가 존재한다. 가장 인기 있는 ETF로는 S&P 500, 다우 존스 공업평균지수, NASDAQ 100 지수, 해외 주가지수에 연동된 것들이다. 또한 홍콩, 브라질, 중국, 인도 등 여러 신흥시장에서 선택된 일단의 보통주에 연동된 ETF도 인기가 좋다.

기존 뮤추얼 펀드에 비해 ETF만의 주된 장점으로 세 가지를 들 수 있는데:

— ETF는 좀 더 유연하게 거래할 수 있다. 일반 주식처럼 거래 시간 중에 변동가격으로 사고팔 수 있다. 뮤추얼펀드는 장이 마감된 후

에만 가격이 결정된다.

- ETF는 보통 활발히 운용되는 뮤추얼펀드보다 (시장지수에 연동된 뮤추얼 펀드보다는 아닐 수 있지만) 세금혜택이 더 많다. 활발히 운용되는 주식형 펀드로 주식을 팔면 일반 계좌에 과세대상인 자본이득이 발생될 수 있다. (과세가 이연되는 은퇴계획은 그렇지 않다.)
- ETF는 대체로 뮤추얼펀드보다 연 관리비가 적다.

ETF에 투자하면 전 세계 여러 지수를 목표로 삼을 수 있을 뿐만 아니라, 비교적 진입이 어려운 종목에 투자할 가능성도 점점 늘어난다. 원자재라든지 개별 외화는 그 좋은 예다. 또한 (가격 하락, 시장 지수, 또는 특정 산업에 운을 걸고) 공매도空賣渡(sell short)를 할 수도 있다. 하지만 여러분은 자신이 무슨 짓을 하고 있는지를 완벽하게 이해하기까지는, 가장 활발히 거래되는 ETF에 투자하고, 진입이 어려운 종목보다 메인스트림 투자를 선택하는 ETF에 투자하라고 조언한다.

자, 이제 채권을 살펴볼 차례다.

채권은 안정적인 대안

채권을 이야기할 때, 개별 채권에 투자하느냐 아니면 채권형 펀드에 투자하느냐 하는 것은 주식의 경우와는 다소 다른 문제이다. 위 질문의 답은 어떤 종류의 채권을 살 것인가와 얼마나 투자할 것인가에 따라 크게 달라진다.

직접 개별 채권을 살 경우, 여러분은 금리와 채권 가격의 변동에 상관없이 꾸준히 안정적인 이자 지급을 보장하는 하나의 수익률(yield)에 갇히게 된다. 그리고 만기일까지 채권을 보유하면, 그 액면가를 돌려받는다. 만기일 전에 채권을 팔게 되면, 그 때 받는 금액은 매매 당시의 금리에 따라 달라진다. 금리가 떨어지면 채권 가격이 올라가고, 금리가 올라가면 채권 가격은 하락한다.

채권형 펀드에 투자한다면, 하나의 수익률에 안주할 수 없다. 채권형 펀드에는 만기일이 따로 없다. 시장 환경에 따라서, 그리고 자금이 펀드로 드나들면서, 포트폴리오가 바뀌기 때문이다. 채권형 펀드는 시간이 갈수록 보유하는 데 더 많은 비용이 든다. 보통 채권형 펀드는 매년 투자액의 약 1퍼센트가 수수료로 빠져나간다. 2만 달러 정도까지 소규모 투자인 경우 운용비용은 그리 많지 않지만, 금액을 더 투자하면 할수록 추가 비용이 더 늘어난다. 10만 달러를 투자할 경우, 채권형 펀드로 벌어들인 연 이자소득 중 무려 천 달러까지 운용비용으로 쓰일 수 있다. 게다가 중개인이 판매한 채권형 펀드는 선취 판매수수료나 이연 판매수수료가 포함되거나 또는 연간 운영 경비가 더 높다. 하지만 채권형 펀드의 장점은 여러 종류의 채권을 보유할 수 있다는 것과 전문가가 운용한다는 것이다. 펀드 운용자들은 어떤 금리가 유리한가에 대한 각자의 견해에 따라 만기일을 늘리거나 줄일 수도 있고, 저평가됐다고 간주되는 채권을 사들일 수도 있다.

투자자가 직접 채권을 구매하는 경우 운용비용은 더 적고 수익률은 더 높지만, 몇 가지 단점이 있다. 재무성발행 유가증권을 제외한, 1만 달러 이하의 무수히 많은 소규모 채권은 매매 비용이 꽤 높다. 구매비용이 채권 가격의 1퍼센트 이상까지 가는 경향이 있고, 판매수수료는 훨씬 더 높다. 또한 분산투자에도 제한이 따른다.

미 재무성 유가증권은 직접 구매하기에 가장 좋은 상품이다. 신용 안정성에서 최고 등급이기 때문에 발행기관의 재정 상태나 사업 전망을 분석할 필요가 없는 증권이다. 그렇기 때문에 전문가의 운용이나 분산이 필요 없다.

재무성 단기채(treasury bills)는 최소가격이 만 달러이다. 2년 만기 그리고 3년 만기 중기채는 최소 가격이 5천 달러이다. 그 밖의 증권들은 최소 가격이 천 달러이다. 재무성 채권은 이윤폭이 낮고 판매수수료가 낮아서 사고팔기가 쉽다. 또한 새로 발행된 재무성 채권은 수수료 없이 직접 살수도 있다. 자세한 내용은 www.treasurydirect.gov를 참조하라.

지방채는 많은 투자자들에게 인기 있는 증권이다. 그러나 사고팔 때 종종 수수료가 높고, 복잡한 분석이 필요하다. 채권형 펀드를 통하지 않고 직접 채권을 사는 것은 다음과 같은 경우로 국한하자:

- 투자액이 5만 달러 이상이어서, 소액 구매에 대한 과중한 수수료 지불 없이도 충분히 분산투자가 가능한 경우
- 재무상태 A등급 이상을 받은 유명 회사의 고품질 채권을 구매하는 경우
- 조금씩 추가로 투자할 계획이 없는 경우
- 만기일까지 채권을 보유할 계획인 경우

지방채나 채권형 펀드는 투자대상 중 매력적인 수익 상품이 될 수 있다. 이자소득은 연방세금 면세 대상이고, 또 구매자가 채권을 발행한 주에 살고 있으면 보통 주세나 지방세 역시 면제받기 때문이다. 이런 채권들은 특히 세율이 높은 주에 사는 고소득층 투자자들에게 인기를 끌고 있다.

지방채는 수익이 낮지만, 만약 과세대상 채권의 이자에서 연방세와 주세

를 제하고 나면, 사실상 수익률 높은 과세대상 채권보다 지방채가 순 이자소득이 더 높다는 것을 깨닫게 될 것이다. 어째서 그럴까? 비과세 채권과 비교해 보면, 과세 채권에 대한 세금 부담이 수익보다 더 클 때가 종종 있다. 투자자가 어떤 세율을 적용받는 계층인가에 따라서, 100퍼센트 과세 채권의 세후 순수익이 비과세 채권의 수익보다 높은지 낮은지가 결정된다.

다음 공식으로 과세 채권과 비과세 채권의 수익을 비교해보자:

$$\text{세금조정수익률 (tax-equivalent yield)} = \frac{\text{비과세 채권 수익률}}{1 - \text{여러분이 적용받는 세율 (연방세 및 주세)}}$$

고소득층 투자자들의 경우에는 세금조정수익률이 높게 나올 것이다. 비과세 채권 또는 펀드의 수익률이 4퍼센트인데, 과세 채권의 수익률은 5퍼센트이고, 여러분이 적용받는 연방세율은 28퍼센트라고 가정하자. 4퍼센트를 0.72(1–0.28)로 나누면 5.55퍼센트가 나온다. 이것은 지방채에 투자할 때 순수익이 더 높다는 뜻이다. 만약 거주 지역에서 이자소득에 대한 주세가 5퍼센트라고 하면, 계산 방법은 4퍼센트를 1–(0.28+0.05)인 0.67로 나누는 것이 된다. 그렇게 되면 세금조정수익률은 5.97이 된다.

지방채나 펀드가 나에게 알맞은 투자대상인가? 그것을 결정하는 데 도움을 줄 간단한 길잡이는:

연방 세율 범주	적절 여부
15퍼센트	부적절
25퍼센트	적절할 수 있음
28퍼센트	상당히 적절

33퍼센트	매우 적절
35퍼센트	매우 적절

모지기나 회사채와 같은 다른 유형의 채권은 특징이 다양하고 폭넓은 분석이 필요한 경우가 종종 있기 때문에, 일반적으로 뮤추얼 펀드를 선택하는 것이 가장 바람직하다.

채권형 펀드에 투자할 경우, 운용비용이 적게 드는 펀드를 선택해서 경비를 최소로 줄일 수 있고 또한 그래야 한다. 업계에서 운용비용이 가장 적은 업체는 뱅가드 그룹이다. 이 그룹은 잘 알려진 채권으로 구성된 다양한 종류의 펀드를 제공하고 있다. 이 그룹 외에도 운용비용이 적은 곳은 피델리티와 T. 로우 프라이스(T. Rowe Price)다. 찰스 스왑(Charles Schwab)과 다른 할인 중개인들은 추가 비용을 받지 않고 또 다른 펀드군의 펀드를 제공한다.

어떤 방식으로 투자를 하든지, 반드시 투자 경비는 낮춰야 한다. 이것이 투자수익률에 큰 차이를 가져올 수 있기 때문이다. 투자 대상이 어떻게 굴러갈지는 장담할 수 없지만, 그걸 위해 지불하는 비용은 조절할 수 있지 않은가.

여러분이 25만 달러짜리 포트폴리오를 갖고 있다고 가정해보라. 연간 투자수익률이 7퍼센트라고 하면, 25만 달러는 10년 후 49만 1787달러가 될 것이다. 하지만 투자비용을 잘 살펴서 수익률을 1퍼센트만 더 올릴 수 있다면, 첫 해 2500달러를 추가로 갖게 될 것이다. 매년 저축액을 재투자하고 투자수익률이 8퍼센트라고 하면, 10년 후엔 9.7퍼센트인 53만 9,731달러를 더 갖게 될 것이다. 앞으로 투자자산이 늘어나면서 20~30년이 지나면 차이가 얼마나 벌어질지 생각해보라.

가치 있는 목표를 달성하기가 쉽지 않듯이, 노후의 재정적 안정을 위한 투자 역시 항상 쉽지만은 않을 것. 그러나 이 챕터에서 일러준 걸 실천하면서 계속 정보를 습득하여 미래에 대비한다면, 틀림없이 기뻐서 덩실 춤을 출 만큼 부와 마음의 평화를 얻게 될 것이다.

더 많은 정보를 원한다면

투자에 대해서는, *월 스트리트 저널*(www.wsj.com)과 *Investor's Business Daily*(www.investors. com)를 읽어라.

주식과 뮤추얼펀드를 조사하려면, www.morningstar.com을 방문해보자.

미 재무성 유가증권에 관심이 있어 직접 구매하고자 할 경우, www.savingsbonds.gov와 www.publicdebt.gov을 찾아보라.

상장지수펀드(ETF)에 대해 알고 싶으면 미국 증권거래소(www.amex.com)와 바클리즈 아이셰어즈(www.ishares.com)를 방문하라.

PHILIP A.SPRINGER

GROW YOUR RETIREMENT NEST EGG WITH STOCKS AND BONDS

PHILIP A. SPRINGER

투자 포트폴리오의 분산

필립 A. 스프링어

17

내가 운영하는 재산관리회사의 고객으로 끌어들이면 좋겠다 싶은 투자자가 있었다. 2001년 9월 초, 뉴저지의 이 투자자가 전화를 걸어왔다. 그는 3백만 달러가 넘는 포트폴리오를 관리하고 있는데 너무 까다로워져서 솔직히 성가실 지경이라고 말했다. 우리는 9월 6일 목요일에 직접 만나 그 투자자의 재산 관리를 우리가 맡는다는 계약서에 서명했다. 나는 당시 시장이 매우 취약하므로, 지금 당장 현금보유고를 늘려야한다고 일러줬다. 다행히 봅의 모든 계좌는 우리가 자산 대부분을 운용하는 찰스 스왑의 계좌였다. 그래서 다음날 봅의 계좌 관리를 바로 시작할 수 있었다. 나는 주식형 뮤추얼펀드 중에서 약 80만 달러가량을 팔아버렸다.

그 다음 주 화요일은 9월 11일. 이날 무슨 일이 벌어졌는지는 모두 잘 알고 있을 것이다.

내가 내부자정보라도 얻었던 것일까? 아니면 미래를 보는 수정구슬이라도 있었던 것일까? 물론 둘 다 아니다. 나는 단지 금융시장이 하는 얘기에 "귀를 기울였을 뿐"이다. 주식시장은 그 해 여름을 힘겹게 난 뒤, 8월 말 급속히 약세로 돌아섰고, 9월 초 매도세가 가속됐다. 대량매도로 인한 주가 급락의 원인이 무엇이었든지 간에, 나는 상황의 심각성을 간파했고, 기존 고객들에게 이미 그랬듯이, 신규 고객에게도 위험을 즉시 줄여주는 것이 급선무임을 알았다. 이미 취약해 있던 금융시장은 9.11 테러의 충격으로 한층 더 나락으로 떨어졌다.

그 후 6개월 동안, 나는 봅의 고정수익 투자상품을 늘리고, 보통주는 더 많이 팔고, 현금보유액은 더 늘렸다. 2002년 3월, 우리는 지정학적 상황의 악화를 우려하여 추가로 봅의 주식투자 비중을 20퍼센트 미만으로 낮추었다. 덕분에 봅은 그 후 6개월 간 계속된 대대적인 주가하락을 대체로 피할 수 있었다. 우리는 2003년 봄 마침내 시장이 다시 활황에 들어설 때까지 계속 몸을 사렸다. 그러나 그 후부터는 현금을 조금씩 줄이면서 주식투자 비중을 꾸준히 늘려나갔다.

내가 이 이야기를 하는 이유는 가끔 투자배분 계획을 옆으로 제쳐놓고 채권이나 현금의 투자 비중을 늘려 위험을 줄이는 것이 상책일 때가 있음을 설명하기 위해서이다. 이것은 시장보다 몇 수 앞서나가는 것과는 아무 상관도 없다. 그것은 불가능하다. 필요하다면 자신을 보호하기 위해 위험을 줄이자는 이야기다.

세계 금융시장은 수익을 낼 수 있는 엄청난 잠재력을 품고 있다. 그러나 투자의 경우도 마찬가지지만, 어떤 상황이든 재정적 리스크를 낮추는 것이 반드시 필요하다. 다행스럽게도 하루아침에 재앙이 금융시장을 강타하는 법은 없다. 위험요소는 점진적으로 쌓인다. 예를 들어, 1987년 10월 19일 다우존스 지수가 22퍼센트 폭락했다. 그러나 지수는 그 전에 이미 9차례에 걸쳐 15퍼센트를 잃은 바 있었다. 방심하지 않은 투자자라면 대참사가 될 시장폭락에 대비할 시간적 여유가 충분히 있었던 것. 단기 급락은 거의 아무런 경고 없이 올 수 있다. 특히 활황일 때 그런 일이 벌어지는 게 사실이다. 그것은 금융시장의 속성이다. 실제로 항상 주의를 기울여야 할 상황은 대규모 손실의 리스크다.

자산배분 먼저, 분산투자는 나중에

그렇기 때문에 나는 이 챕터에서 자산배분과 포트폴리오 분산투자에 대해 논의하고 싶다. 대규모 손실의 위험을 낮추면서 적당한 속도로 부를 증식해나갈 수 있다면, 복리의 힘이 엄청난 결과를 가져올 것이다. 그러자면 투자자산을 배분하고 포트폴리오를 분산하는 일만 똑바로 하면 된다.

수많은 투자자들이 가장 좋은 주식, 또는 가장 좋은 펀드를 찾는 데 엄청 많은 시간을 쓰면서, 자산배분과 투자 분산에는 충분한 시간을 쏟지 않는다. 하지만 역사가 말해주듯, 투자 수익을 결정하는 가장 중요한 단일 요소는 자산배분이다. 자산배분은 리스크와 잠재적 이익에 직결된다. 두 번째로 중요한 요소는 주로 주식투자에 있어 어떻게 투자를 분산할 것인가이다.

여러분에게 가장 효과적인 자산배분 방식은 다음 두 가지 질문에 대한 여러분의 대답에 달려있다:

- **투자를 통해 무엇을 얻고자 하는가?** 자산배분이란 포트폴리오를

주로 주식, 채권, 현금 등 서로 다른 자산 범주로 나누는 것이다. 현금의 일부나 대부분을 언제 생계비로 써야 하는지 결정하라. 주택 구입의 계약금이나 창업자금, 자녀 대학등록금, 또는 은퇴 후 생활비로 쓸 자금이 그런 것들이다.

■ **나는 어느 정도의 리스크를 무릅쓸 용의가 있는가?** 리스크 허용치는 투자의 시간적 지평에 직결될 뿐만 아니라, 좀 더 큰 잠재 수익의 대가로 리스크를 무릅쓰겠다는 개인의 의지와도 직결된다. 알거지가 되더라도 해보겠다는 사람이 있는가 하면, 돈을 잃는다는 생각조차 못 견뎌하는 사람도 있다.

시간적 지평이 길수록, 성장을 지향하는 대상에 투자하는 것이 좀 더 편안하게 느껴질 것이다. 그 이유를 설명해보겠다. 시간이 투자자의 편에 있을 때, 위험은 실질적으로 줄어든다. 시장 상황이나 개별 기업 상황의 피치 못할 변동은 시간이 갈수록 폭이 줄어드는 경향이 있기 때문이다. 게다가 장기적으로 봤을 때, 주식시장은 경제와 기업의 성장에 힘입어 개선되는 것이 자연스런 속성이다. 하지만 불상사가 일어나면 단기적으로는 금전상 회복을 위한 시간적 여유가 없을 것이다. 그렇기 때문에 단기적으로 투자가 필요할 경우, 그 돈에 대한 투자 위험을 최소로 줄여야 한다. 7년에서 10년 동안, 또는 그 이상 필요하지 않은 투자자산이라면 어떨까? 장기적 성장을 위해 투자해 놓으면, 밑천의 가치가 단기적으로 제아무리 요동친다고 해도 마음 편히 지낼 수 있다. 따라서 장기적 요구가 무엇인지 판단하고, 그에 따라 포트폴리오를 조정하라.

필요할 때 조정할 의향도 없이 자산배분을 한쪽의 극단으로 밀고나가는 것보다는 온건-중도 스타일로 배분하는 편이 장기적으로는 훨씬 낫다. 예를 들어 1990년대 말 투자자들은 기술주를 무지막지하게 사들였다. 2000년에 들어서 주식시장이 급락하기 시작했는데 —대공황 이후 최악의 불황— 기술주에 투자했던 투자자들 중 많은 수가 매도를 거부했고, 그래서 더러는 인생을 바꿔놓을 기막힌 손실로 고통을 겪었다.

또 다른 예로 2차 세계 대전 이후 30년 만기 미 재무성 채권을 산 투자자들의 이야기가 기억난다. 그들은 이후 30년 동안 물가와 금리가 상승하면서 그들의 원금과 투자상품의 구매력이 뚝뚝 떨어지는 것을 지켜보았다. 그런데도 많은 사람들은 그들의 "안전한" 채권을 포기하지 않았다.

1980년대 초에는 은행의 예금증서와 통화시장 펀드로 12퍼센트가 넘는 높은 수익률을 만끽한 저축가들이 있었다. "요즘 누가 주식을 원합니까?" 당시 몇몇 사람들이 내게 물었다. 그러나 1993년 경, "리스크 없는" 저축의 수익률은 3퍼센트로 폭락했다. 물가상승률과 이자소득세를 감안하면, 이건 한참 마이너스 성장이었다. 반면 다우존스 평균지수는 850에서 3,600으로 뛰어 올랐다.

모든 사람에게 알맞은 단 하나의 자산배분이란 없다. 그렇기 때문에 대형 중개업체의 직원이 텔레비전에 출연해 "주식에 60퍼센트, 채권에 30퍼센트, 현금으로 10퍼센트, 이런 식으로 배분할 것을 권고한다."고 말해도, 모두 무시하라.

그렇다면 여러분에게 적합한 자산배분은 어떤 것일까?

—— 20대 미혼의 경우. 지금부터 35년 내지 40년 후에 은퇴할 생각으로 투자를 하고 있다면, 85퍼센트 정도를 주식에 투자하는 것이 일반적으로 괜찮다고 생각한다. 나머지는 현금으로 보유한다.

——— 40세 기혼이고, 두 자녀가 있는 경우. 그렇다면 자녀 대학 등록금을 위해, 그리고 자신과 배우자의 노후 생활을 위해 투자하고 있을 것이다. 주식에 70퍼센트, 채권에 20퍼센트를 배분하고, 나머지 10퍼센트는 현금으로 갖고 있다면 일반적으로 적절할 것이다.

——— 결혼해서 배우자와 함께 살고 있고, 앞으로 10년 후쯤 은퇴하려고 생각하는 경우. 주식에 60퍼센트, 채권에 25퍼센트를 배분하고, 나머지 15퍼센트는 현금으로 갖고 있는 게 어떨까.

——— 곧 은퇴할 예정이고, 매년 생계비로 노후자금 밑천에서 약 5퍼센트를 인출해야 하는 경우. 이때는 주식에 40퍼센트, 채권에 40퍼센트를 배분하고, 나머지 20퍼센트는 현금으로 갖고 있으면 좋다.

원래 목표했던 자산배분 조합에 맞게끔 주기적으로 포트폴리오를 재조정할 필요가 있다. 시간이 가면서, 어떤 투자 대상은 다른 투자대상에 비해 빠르게 성장하는데, 이것은 어쩔 수 없는 일이다. 이렇게 되면 자산배분 상황이 애초의 투자 목표나 리스크 수준에서 벗어나게 된다.

여러분은 포트폴리오의 주식 비중을 60퍼센트로 하고 싶은데, 최근 주식시장이 상승하면서 그 비중이 75퍼센트로 껑충 뛰어 올랐다고 가정해보자. 이땐 다음 두 가지 방법 중 하나로 조정할 수 있다. 첫 번째는 주식을 팔아서 그 수익으로 채권이나 현금의 비중을 늘리는 것. 두 번째 방법은 (주식은 그대로 둔 채) 채권에 새로 투자하고 현금보유액도 늘리는 것.

하지만 잠시 이론은 잊기로 하자. 현실을 생각해보는 게 어떨까?

2000년 정점에 이르렀던 주식시장은, 2003년에 다시 회복세가 시작될 때까지, S&P 500 지수가 46퍼센트나 하락했다. 나는 고객의 재정적 안정을 책임진 투자상담사로서 고객을 보호하기 위해 할 수 있는 일은 뭐든지 해야 할 의무가 있었다. 2001년부터 2002년 사이 암흑기 동안, 내 고객들은 각자의 포트폴리오 중에서 무려 60퍼센트를 안전하게 현금으로 보유했다. 덕분에 우리는 살아남았다.

반대 상황도 마찬가지다. 주식 가치가 상대적으로 저평가됐고 비교적 위험이 낮다면, 그리고 2003년에서 2006년까지처럼 증권시장이 느리지만 꾸준히 상승한다면, 주식의 비중을 늘리는 쪽으로 자산배분을 재조정해야 하지 않겠는가? 2006년 어느 시점에 우리 투자의 주식 비중은 80퍼센트 이상이었다. 달콤한 수익의 한 해였다.

내가 말하려고 하는 것은 이것이다. 누구나 균형을 잃지 않고 초연하게 접근하면 장기적으로 금융시장에서 괜찮은 성과를 올릴 수 있다. 그러나 큰 돈을 벌고 싶다면, 위험이 낮을 때는 수익성이 높은 기회를 찾아 나서고, 위험이 높을 때는 적극적으로 자신을 보호하라는 것이다.

미 증권거래위원회(SEC)는 자산배분과 관련해 이렇게 전통적인 지혜를 소개한다:

"대체로 명민한 투자자는 자산 범주의 상대적 성과 때문에 그들의 자산배분을 바꾸지 않는다. 예를 들어 주식시장이 뜨겁다고 해서 주식 비중을 늘리지 않는다. 대신 그럴 땐 자신의 포트폴리오를 '재조정' 한다."

대체로 훌륭한 얘기다. 하지만 항상 옳지는 않다. 그런 예외의 순간에 큰 차이가 생긴다. 역사가 말해주듯, 일반적으로 상승세는 사람들의 기대치보다 더 높이 올라가고 하락세로 인한 피해는 생각보다 더 심할 수 있다. 만약 여러분이 투자에 지나치게 신경 쓰지 않는 쪽을 선호한다면, 시장의 상승세를 이용하거나 하락세에 방어하지 않아도 괜찮을 것이다. 하지만 적극적으로 개입한다면, 상황이 우호적일 때는 잠재적 소득을 향상시키고 상황이 나빠지면 위험수준을 제한하라는 상식에 따라 움직이면 된다.

그 이유는 이렇다: 만약 자신의 재정적 안정을 해칠 손실을 저지하기 위해 초기에 행동하지 않으면, 장기간에 걸친 시장 하락으로 인한 심리적 충격 때문에 너무 늦게 반응할 수 있기 때문이다. 주식을 매입하기 대단히 좋은 때가 왔을 때 팔아재낄 수 있는 노릇이다.

여러 유형의 주식과 채권을 찾아서

이제 투자 포트폴리오 운영에 있어 한 발 더 나아가 분산투자에 대하여 이야기해보자. 자산을 주식, 채권, 현금, 기타 자산으로 배분해야 할 뿐만 아니라, 각각의 자산 범주 내에서도 투자 종목을 여러 가지로 분산해야 한다. 그러면 위험은 줄고 아마도 투자수익률은 향상될 것이다. 여기서 경제 상황과 투자 상황이 바뀌면서 다양한 종목의 주식과 채권은 (채권의 경우는 주식만큼은 아니지만) 실적이 달라진다는 걸 이해하는 게 중요하다. 제16장 '주식-채권으로 노후자금 밑천을'에서 설명했듯이, 다양한 주식과 다양한 투자 접근법의 인기는 오르내림을 반복한다.

미국 주식시장에서 활발히 거래되는 개별 주식은 5천 종이 넘는다. 많은 투자 전문가들은 미국 주식을 투자 스타일에 따라서 9가지 종류로 나눈다. 이 체계에 따르면, 회사주식은 우선 세 가지 부류로 나뉘고, 각 부류는 시가총액(회사가 발행한 보통주의 총액)을 근거로 세 가지 사이즈로 나뉜다.

주식의 세 가지 부류는:

1. 가치주(Value Stock) 일반적으로 주가수익비율(PER)과 주가순자산비율(PBR)이 가장 낮은 주식이라고 정의된다.

2. 성장주(Growth Stock) 가장 빨리 성장하는 회사의 주식인 경우가 많다. 그러면서 가장 비싸기도 하다.

3. 혼합주(Blend Stock) 위 두 부류의 중간에 위치하는 주식이다. 이들 회사는 가치주 회사보다 성장 속도가 빠르고 성장주 회사보다 주가가 낮다.

독립적인 투자연구 기관인 모닝스타 역시 이들 9가지 주식의 리스크를 평가한다. 모닝스타는 대형 가치주(Large-cap value), 대형 혼합주(Large-cap blend), 중형 가치주(Mid-cap value)를 가장 보수적인 (위험이 가장 적은) 세 가지 주식으로 평가한다. 이런 주식은 다양한 수준의 성장과 배당금 수익을 실현하려는 개인 투자자와 뮤추얼펀드의 투자 대상이 된다. 리스크가 중간쯤 되는 주식은 대형 성장주, 중형 혼합주, 소형 가치주이다. 위험이 가장 높은 주식은 중형 성장주, 소형 성장주, 소형 혼합주이다.

모닝스타는 채권 역시 9가지 종류로 분류했다. 핵심적인 특징 두 가지는 금리 변동에 대한 민감성과 채권 발행자의 신용도다. 발행자의 신용도란 투자자에게 이자를 지불하고 원금을 돌려줄 확률을 가리킨다. 하지만 채권은 어떤 종류에 속하든 부도율이 상당히 낮음을 유의하라.

채권의 만기일이 길수록, 금리 변동에 따른 채권 가격의 변화는 더 심해진다. 채권은 만기일에 따라 단기채, 중기채, 장기채로 나뉜다. 우량 채권은 신용등급이 AA이상인 채권이다. 정부채와 최고급 회사채가 여기에 속한다. 투자등급 채권은 신용등급이 A에서 BBB 사이의 채권이다. 신용등급이 BBB 미만인 채권은 투자부적격 등급이지만 수익률은 다른 등급의 채권보다 높다.

모닝스타가 채권 9 종류의 상대적 리스크를 분석한 결과, 단기 우량 채권이 최하위를 차지했다. 리스크가 그다지 높지 않은 채권은 중기 우량 채권과 중기 투자적격 채권, 그리고 단기 투자적격 채권이다. 가장 위험도가 높은 채권은 장기 투자부적격 채권과 장기 투자적격 채권, 장기 우량 채권, 중기 투자부적격 채권, 그리고 단기 투자부적격 채권이다.

주식과 채권의 배분이 이루어진 가운데 신중하게 분산투자하면 세월이 흘러도 지속적으로 상당한 수익을 실현할 수 있고, 회복불능의 대규모 손실을 피할 수 있다. 그뿐만 아니라 '주식에 5퍼센트, 건실한 뮤추얼펀드에 15퍼센트' 식의 배분처럼, 투자 밑천의 자산배분 비중을 그리 높게 책정하지 않으면, 투자자가 장기적으로 편안한 마음을 갖고 투자 대상을 관망할 수 있다.

편안한 마음은 좋지만, 관심을 갖고 지켜봐야 한다. 그렇다, 1982년부터 2000년 초까지 과거 주식시장의 황금기엔, 투자자가 주식을 사서 장기간 보유하고 있으면 일반적으로 수익이 좋았다.

그러나 이제는 상황이 다르다. 오늘날의 투자자들은 경계심을 가지고 지켜보다 미리 선수를 쳐야 할 필요성이 과거보다 많아졌다. 기술 발전에 힘입어 전 세계의 정보를 더욱 쉽게 입수할 수 있고 더욱 빨리 전송할 수 있게 되면서 변화의 속도가 상당히 빨라졌기 때문이다. 정보와 소문, 그리고 여론이 빠른 속도로 퍼져나가면서 투자자들이 혼란스러워하고 오늘날의 금융시장이 불안정해질 가능성 또한 커질 수 있다.

두려운가? 가끔은 그렇다. 그러나 투자자가 참을성을 가지고 대비한다면, 혼란이나 불안정 또는 위기조차도 수익을 낼 수 있는 기막힌 기회를 항상 만들어준다.

지구촌 차원에서 생각하라

지난 몇 년 간 미국 투자자들에게 일어난 가장 큰 변화라고 하면 아마도 그들이 성숙했다는 점과 미국이 아닌 해외의 금융시장에까지 눈을 돌렸다는 점일 것이다. 사실 지난 2004년부터 2006년까지, 미국 이외의 세계의 주식시장들은 대체로 미국의 주식시장보다 꽤 좋은 성적을 거두었다.

이것은 투자자가 투자 포트폴리오의 분배를 계획할 때, 주식이나 채권 또는 현금만을 생각해서는 안 된다는 뜻이다. 직접 구매하든 아니면 펀드를 통해 운용하든, 다양한 규모의 미국 주식에 투자할 뿐만 아니라, 해외 주식도 투자 대상에 포함시켜야 한다. 투자자로서 진지하게 수익을 실현할 생각이라면, 전 세계를 여러 개의 시장이 아닌 하나의 시장으로 볼 필요가 있다.

이러한 방향 설정의 변화가 필요한 이유는 여러 가지다. 미국 인구는 전 세계 인구의 겨우 5퍼센트에 불과하며, 전 세계 자본의 절반 이상이 미국 밖에 존재한다. 아시아, 유럽, 중남미 등에서 경제 성장과 투자 성장의 가능성은 급격히 증가하는 추세이다. 1980년대를 떠올려보면, 전 세계 상장회사의 시가총액 중 약 3분의 2가 미국의 차지였다. 이제는 약 60퍼센트를 해외에서 차지하고 있으며, 전 세계 경제 생산량의 거의 75퍼센트가 미국 밖에서 발생하고 있다.

중국의 급속한 경제발전은 어제오늘의 얘기가 아니다. 중국을 제외한 아시아의 여러 나라 역시 급속한 경제 발전을 이룩했다. 일본은 지난 13년 간 계속된 심각한 경기 침체와 투자 악화에서 마침내 벗어나고 있다. 중남미는 세계에서 가장 놀랄만한 투자 성장 가능성을 선보이고 있다. 오랫동안 경기 침체의 늪에 빠져있었던 유럽 경제조차 이제 나아지고 있다. 유럽 경제는 마침내 일자리를 창출해 회복의 토대가 되고 있으며, 지구촌 경제를 강화하는 데 한 몫을 하고 있다.

해외로 눈을 돌려야 하는 또 다른 이유는 앞으로 두 차례의 자본 대이동을 목격하게 될 것이기 때문이다. 다시 말해 돈이 선진국(미국과 서부 유럽)에서 개발도상국(아시아, 동유럽, 중남미)으로 흘러가고 있다는 얘기다. 게다가 해외의 주식시장들은 대체로 주가수익비율이 미국 시장보다 낮아서, 더 매력적이다. 해외 시장의 이런 저평가는 미국의 대단히 안정적인 정치 상황과 회계 기준 등의 다양한 이유 때문에 필연적인 결과일 때가 많다. 그러나 이제 우리는 미국 기업보다 훨씬 뛰어난 성장을 보이면서 저평가된 건전한 해외 기업들을 전보다 더 많이 보고 있다.

그뿐인가, 이제는 다른 국가에 투자할 효과적인 방법들이 전보다 더 많이 생겼다. 오랜 세월 실질적으로 해외 투자를 할 수 있는 유일한 방법은 뮤추얼펀드와 폐쇄형 펀드뿐이었다. 하지만 최근 몇 년 사이, 전 세계 주식을 대상으로 투자하는 상장지수펀드가 인기를 끌고 있다.

해외 주식에 투자할 수 있는 또 다른 방법으로 미국예탁증권(ADR)이 있다. ADR은 외국 기업의 상장 주식을 대신하는 증권이지만, 미국 증권시장에서 거래된다. 외국 증권시장에서 개별 주식에 직접 투자하는 것은 항상 부담스럽고, 수수료가 높아 비용이 많이 들었다. 오늘날 활발히 거래되고 있으며 누구나 투자 가능한 ADR은 수백여 종이나 된다. 외국 기업들이

ADR을 발행할 때는 미 증권시장의 공시 요건을 충족시키기 위해 회계 기준과 재무공개에 대한 미국의 수많은 규칙을 따르기 때문에, 미국 투자자는 외국 기업들에 대한 정보를 충분히 입수할 수 있다.

해외 주식의 경우, 나라마다 시장 상황이 다르기 때문에 투자 스타일에 따른 주식 구분법이 덜 체계적이다. 그렇다고는 해도 높은 배당금을 지불하는 대형 가치주 기업과 빠른 속도로 성장하는 소형 기업을 구분할 수는 있을 것이다. 일반적으로 서유럽 증권시장이 신흥시장(중국, 인도, 중남미 등)의 시장보다 안정적이다.

해외 주식 중에 골라서 투자할 종목이 많은 것은 부인할 수 없는 사실. 그렇다고 해서 모든 종목에 조금씩 투자해야 한다는 뜻은 아니다. 그보다 나는 채권과 현금 뿐 아니라 여러 주식 종목과 여러 가지 주식형 펀드에 적절히 분산투자하라고 조언하고 싶다. 여기서 '적절히'란 여러분의 상황에 맞는 자산 범주에 한해서 분산투자하라는 뜻이다.

예를 들어, 오랫동안 투자자산이 전혀 필요 없는 성장형 투자자라면, 수익을 위해 채권을 보유할 필요가 없다. 그러나 여러분이 보수적인 투자자라면, 나는 소형 성장주나 신흥시장주에 단 한 푼도 투자하라고 권하지 않을 것이다.

따라서 자신이 어떤 성향의 투자자이냐에 따라 분산투자 방식이 달라진다. 대형 성장주와 중형 가치주, 그리고 유럽 우량주와 같이 특히 성적이 우수한 주식 종목에 비중을 더 많이 두는 투자자도 있을 것이다.

각자의 "타임 라인"을 고려하라

어떤 유형의 주식을 살 것인가? 주식의 경우만큼 중요하진 않지만, 채권은 어떤 종류를 살 것인가? 이 질문에 답하기 위한 또 다른 접근방법이 있다. 다음 지침들을 생각해보라:

- 10년 혹은 그 이상 동안 생계비를 위해 자산을 소모할 필요가 없다면, 장기 성장주에 속하는 주식이나 주식형 펀드에 투자하라.
- 적어도 5년 간 투자를 현금화할 필요가 없다면, "총수익"에 초점을 맞춰라. 즉 배당금도 나오면서 시간이 갈수록 가치가 성장할 것 같은 종목을 선택하라. 나는 이런 범주를 "보수적인 장기 성장"으로 생각한다.
- 5년 내로 써야할 돈이라면, 채권이나 채권형 펀드에 투자하라.
- 1년 내에 쓸 돈이라면, 단기투자신탁, 즉, 머니마켓펀드(MMF)에 투자하라.

자, 그렇다면 이제 투자를 분산하는 법에 대해 더 자세히 살펴보자. 이 이슈는 항상 다양한 관점에서 접근할 수 있고, 또 자신이 원하는 방향으로 가기 위한 분산투자 방법은 여러 가지라는 점을 유념하라. 경직된 사고 대신 유연한 사고가 필요하다. 투자는 학문이 아니라 기술이라는 점을 기억하자.

개별 주식이나 주식형 펀드를 보유한 투자자라면 적어도 다음 세 가지 종류, 즉 대기업 주식과 중소기업 주식, 그리고 해외 주식을 보유해야 한다.

세 가지 전형적인 상황을 위한 제안을 하자면:

- **장기 성장을 위해 투자하는 경우** 국내 주식과 성장주 펀드에 포트폴리오의 60퍼센트, 해외 주식이나 펀드에 30퍼센트, 현금으로 10퍼센트
- **성장과 수익을 위해 투자하는 경우** 국내 주식에 50퍼센트, 해외 주식에 20퍼센트, 고정수익 투자에 15퍼센트, 현금으로 15퍼센트
- **주로 수익을 위해 투자하는 경우** 국내 주식에 40퍼센트, 해외 주식에 15퍼센트, 고정수익 투자에 25퍼센트, 현금으로 20퍼센트

포트폴리오가 성장하면서 분산투자의 다음 단계는, 전과 다른 방식을 채택하는 주식이나 펀드를 사는 것이다. PER이나 PBR이 낮은 가치주, 굳건한 수익 성장세를 보일 것으로 기대되는 기업의 주식, 견고한 수익 성장을 보이며 합리적인 가격으로 팔리는 주식에 투자하는 것이다.

젊은 투자자는 수익 성장에 초점을 맞출 테고, 이제 막 은퇴한 사람은 가치에 관심을 갖겠지만, 양쪽 모두 합리적인 가격에서 웬만큼 성장이 기대되는 종목에 투자할 수도 있다. 상대적으로 젊은 투자자는 중소기업의 주식에 투자하려는 반면만, 노년층은 주로 대기업 주식에 투자하려고 할 것이다. 잠재 수익을 높이거나 리스크를 낮추는 또 다른 방법은 각자의 상황에 따라 비교적 공격적이거나 보수적인 수단을 선택하는 것이다.

수익 지향의 투자에 대해 잠시 이야기해보자. 수익 지향의 투자는 과거에 비해 성적을 내기가 쉽지 않다. 알다시피 1980년대 초 금리가 떨어졌고, 그런 연유로 투자수익률도 떨어졌다. 이런 하락세는 2003년에 바닥을 칠 때까지 계속되었다. 그 후 금리는 조금씩 회복되고 있으나 여전히 상대적으

로 낮은 편이다. 내가 이 글을 쓰는 시점에, 일반적으로 위험이 거의 없거나 완전히 없다면 투자 수익률은 4.5퍼센트에서 5퍼센트 정도 될 테고, 리스크가 더 높다면 약 7퍼센트까지 될 것이다.

이런 전반적인 상황이 바뀌기 전까지는, 내 생각에는, 수익 지향의 투자자에게 가장 좋은 해결책은 *수익 다각화 프로그램(diversified income program)*을 따르는 것이다. 이 프로그램을 따르면, 고수익 보통주부터 우선주, 부동산 투자신탁, 고수익 채권, 중기채 등 다양한 원천으로부터 필요한 배당금과 이자를 얻게 된다.

또한 미 재무성 중기채는 다양한 만기일의 "사다리"를 세울 수 있는 가장 이상적인 수단이다. 이런 "사다리"는 여러분의 유연성을 높여주고, 원금을 압박하는 금리 상승에 대한 보호막을 제공한다. 예를 들어 향후 7년에 걸쳐 매년, 또는 2년에 한 번씩 (2008년, 2010년, 2012년 등), 만기일이 돌아오는 중기채를 살 수 있을 것이다. 어떤 만기전략을 선택하든지, 매년 또는 2년에 한 번씩 만기된 중기채에서 나온 수익으로 새 중기채를 당시 시장 가격에 사서 재투자할 수 있다. 이렇게 하면 수익률이 오를 경우 실제 소득도 늘어날 것이다.

나한테 알맞은 투자 스타일

이제 다섯 가지 다른 상황을 예로 들어, 각 상황에 알맞은 투자가 무엇인지 구체적으로 살펴보겠다. 여러분은 이 다섯 가지 중 하나의 상황에 처해있거나 그와 비슷한 상황에 처해있을 것이다. 우선 주의사항 한 가지: 어떤 투자대상도 영원히 성적이 좋을 순 없다. 이 글이 읽힐 때 즈음 내 제안이 이미 철 지난 이야기가 될 위험을 줄이기 위해, 나는 장기간 뛰어난 실적을 거둔 펀드 매니저들이 운용한 "로우드 없는" 뮤추얼펀드만을 가지고 이야기할 생각이다. 하지만 투자하기 전에 직접 펀드를 점검해야 한다. 비록 개별 주식이나 채권 구매를 선호한다고 해도, 투자에 대해 효과적으로 배울 수 있는 방법은 관련 펀드의 웹사이트에 들어가 그들이 보유한 포트폴리오를 조사하는 것이다.

■ **25세 미혼** 10퍼센트 정도는 현금으로 따로 보유한다. 그러고 나서 장기 성장을 위해 투자해야 한다. 다음과 같은 방식으로 자산을 투자하라.

대기업 성장주와 혼합주: 15퍼센트

중형 성장주와 혼합주: 20퍼센트

소형 성장주, 혼합주, 가치주: 25퍼센트

해외 주식: 30퍼센트

현금: 10퍼센트

■ **어린 자녀를 둔 35세 기혼. 자녀 교육비와 부부의 은퇴자금을 위해 투자 중** 각각의 목표가 앞으로 꽤 훗날의 일이기 때문에, 장기적 성장을 바라보고 지속적인 투자를 해야 한다. 여전히 1번 상황에 속하여, 25세 미혼의 경우처럼 60-30-10 비율로 포트폴리오를 유지할 수 있다. 단 범주의 혼합비와 각 범주 내 종목 선택에 있어, 좀 더 보수적으로 투자하라.

대기업 성장주, 혼합주, 가치주: 25퍼센트

중형 성장주와 혼합주: 20퍼센트

소형 성장주, 혼합주, 가치주: 15퍼센트

해외 주식: 30퍼센트

현금: 10퍼센트

■ **대학 진학이 가까워진 두 자녀가 있는 45세** 자녀 교육을 위해 떼어 놓은 자산은 좀 더 보수적인 펀드로 옮길 수 있다. 예를 들어 금리 변동에서 보호받기 위해 단기채권형 펀드로 옮겨라.

그러나 은퇴까지는 적어도 10~20년이 남은 상태. 따라서 그때까지 필요 없는 자산은 성장위주 투자에 계속 둬야 한다. 2번 상황에 속한다.

대기업 혼합주와 가치주: 25퍼센트

중형 성장주, 혼합주, 가치주: 15퍼센트

소형 혼합주와 가치주: 10퍼센트

해외 주식: 20퍼센트

채권: 15퍼센트

현금: 15퍼센트

■ **은퇴가 다가온 50대 후반** 여전히 성장과 수익이라는 두 마리 토끼를 모두 잡는 투자를 해야 한다. 그러나 좀 더 보수적인 범주, 그리고 더 보수적인 종목에 투자하라.

대기업 혼합주와 가치주: 30퍼센트

중형 혼합주와 가치주: 20퍼센트

해외 주식: 20퍼센트

채권: 15퍼센트

현금: 15퍼센트

■ 70세. 앞으로 20년 이상 거뜬히 살 것 같음 주식형 펀드 비중을 줄이고 싶을지도 모른다. 그러나 고수익과 현금 보유에 초점을 맞추는 은퇴자라고 해도 주식을 일부 보유해야 한다. 장기적인 관점에서 그리고 물가상승에 대비해서, 충분히 자본을 늘릴 필요가 있기 때문이다. 3번 상황에 속한다.

대기업 혼합주와 가치주: 30퍼센트

중형 가치주: 10퍼센트

해외 주식: 15퍼센트

채권: 25퍼센트

현금: 20퍼센트

아래에 미국 주식 종류별로 내가 가장 선호하는 주식형 뮤추얼펀드 세 곳을 소개한다. 아울러 해외 주식 관련 펀드도 다섯 곳을 열거한다. 고위험/고수익 펀드에서 가장 보수적인 펀드 순서로 나열했다.

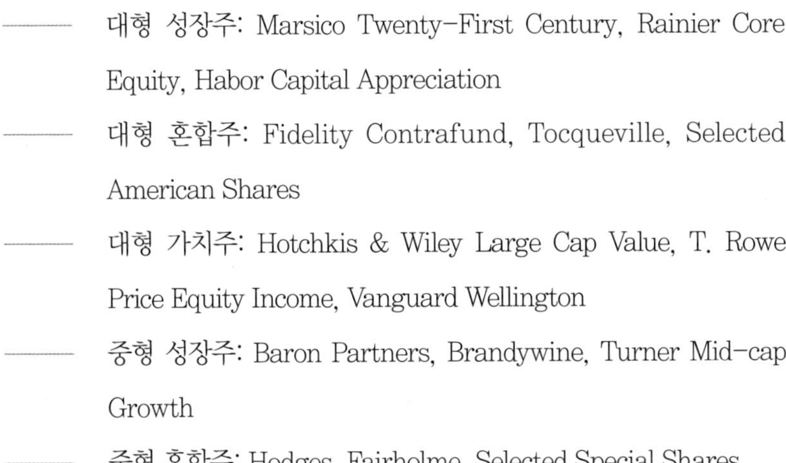

- 대형 성장주: Marsico Twenty-First Century, Rainier Core Equity, Habor Capital Appreciation
- 대형 혼합주: Fidelity Contrafund, Tocqueville, Selected American Shares
- 대형 가치주: Hotchkis & Wiley Large Cap Value, T. Rowe Price Equity Income, Vanguard Wellington
- 중형 성장주: Baron Partners, Brandywine, Turner Mid-cap Growth
- 중형 혼합주: Hodges, Fairholme, Selected Special Shares

- 중형 가치주: Third Avenue Value, Vanguard Selected Value, Gabelli Asset
- 소형 성장주: Baron Growth, Janus Venture, Excelsior Small Cap
- 소형 혼합주: RS Partners, Royce Value Plus, Keely Small Cap Value
- 해외 주식: Artisan International, SSGA International Stock, Mainstay ICAP International Value, USAA International, Harbor International

개인적으로 포트폴리오 운용을 위한 워크시트를 원할 경우, www.trumpuniversity.com/wealthbuilding101을 참조하라. 부를 축적하기 위해 금융시장에 성공적으로 투자하는 것은 참으로 가치 있는 능력이다. 특히 연구와 학습을 통해 얻게 되는 그런 다각적인 정보가 필요한 일이라 매력적이기도 하다. 투자와 공부, 이 둘 사이의 균형을 잘 유지하고, 흔들림 없는 결연한 의지와 참을성만 조금 갖춘다면, 그것으로 충분하다.

PHILIP A.SPRINGER

DIVERSIFY YOUR INVESTMENT PORTFO LIO

PHILIP A.SP ER

PROTECT Y

UR WEALTH:

7단계

: 내 재산은 내가 보호

.J. CHILDERS

돈을 절약하는 세금 전략

18

J. J. 칠더즈

세미나에서 강연을 할 때, 공항에서 줄을 서서 기다릴 때, 심지어는 교회에서 예배를 드릴 때 – 내가 어디서 무얼 하고 있든, 언제나 똑같은 불평을 듣게 된다. 내가 자산 보호와 세금 전문 변호사라고 소개하면, 늘 사람들 눈이 반짝반짝 빛난다. 그러나 "여러분은 자산을 보호하기 위해 어떤 일을 하고 계십니까?" 라고 물으면 하나같이 멍한 표정이 된다.

이제는 하도 멍한 표정을 봐서 으레 그러려니 한다.

내가 이야기한 사람들은 하나도 예외가 없다. 자기는 세금을 너무 많이 내고 있으며, 세금을 줄이고 싶단다. 그러나 절세를 위해 해야 할 일을 기꺼이 하는 사람은 거의 없다. 여러분들도 "뭣 땜에 신경 써?" 라고 생각할는지 모르겠다. 하긴, 벤저민 프랭클린도 이렇게 꼬집지 않았던가?

"이 세상에서 확실한 것은 오로지 죽음과 세금뿐!"

뭣 땜에 신경을 써야 하냐고? 이 나라에서 개인 재산을 갉아먹는 커다란 요인 중 하나가 바로 세금이니까. 내가 읽은 수많은 보고서에 따르면 미국인의 경우 의식주보다 세금으로 더 많은 돈이 빠져나간다고 한다.

세금 규모를 컨트롤할 수 있다면 삶에 큰 변화를 가져올 수 있고 부자가 되는 길로 들어설 수 있다. 그러나 매년 소득 중 불필요한 세금으로 빠져나가는 돈을 줄이려는 행동을 취할 자세가 돼 있지 않다면, 여러분은 첫 발을 내딛을 수도 없다. 세금을 상당히 줄일 방법은 있지만, 본인이 직접 그 일을 해야 한다. 그걸 대신해 줄 사람은 아무도 없다.

대다수의 사람들에게, 세금은 자신이 관리하기 나름이라는 사실을 깨닫는 것 자체가 어렵다. 뭔가 잘못되면 남 탓하기가 훨씬 쉬운 법이다. 내 얘기를 믿지 못하겠다면, 내가 하는 말을 잠시 생각해보라. 그러고 나서 다음과 같이 스스로에게 물어보라. "세금을 줄이기 위해 올해 난 무슨 노력을 기울였지?"

놀라움은 여기서 끝나지 않는다. 사람들이 세금에 대해 얼마나 무지한지, 나는 깜짝 놀랐다. 납세자들 대부분이 오로지 소득세에만 신경 쓰고, 나머지 세금은 무시한다. 대개의 미국인들은 사실 해마다 소득세 신고를 손꼽아 기다린다. 소득세 신고는 환급을 의미하고, 환급은 곧 즐거움이기 때문이다. 우리는 환급금으로 휴가를 간다. 할부금을 갚는다. 자녀를 학교에 보낸다. 최신식 AV 장비를 구입한다. 나는 "어떻게 하면 환급금을 더 많이 받을 수 있을까요?"라는 질문을 자주 받는다. 글쎄, 대답은 간단하다. "세금을 더 많이 내세요." 세금을 많이 내면 그만큼 많이 돌려받는다. 이것은 수백만 납세자들이 수긍하는 단순한 수학공식이다. 그러나 그들은 아주 중요한 문제를 간과하고 있다. 환급금은 이미 정부에 낸 돈이라는 점이다. 진짜 물어봐야 할 질문은 다음과 같은 것이다.

"어떻게 하면 세금을 덜 내고, 내가 번 돈을 합법적으로 좀 더 많이 지닐 수 있을까요?"

여러분이 세금에 대한 실무지식을 충분히 얻어서 '더 많은 세금을 내서' 환급금을 늘리는 것보다 훨씬 나은 전략을 각자 생각해낼 수 있도록 돕는 것이 이 챕터의 목적이다. 납세자 대부분이 세금에 대한 이해가 부족하다. 따라서 몇 가지 기본적인 사실들부터 시작해보자. 다음 퀴즈를 풀면서 자신이 세금에 대해 얼마나 알고 있는지 평가하고 자신이 세금공제 가능성을 최대로 살리고 있는지 파악하라. 스스로 점검해봄으로써 힘들게 번 돈을 필요 이상으로 정부에 바치지 말고 조금이라도 더 보존할 수 있다. (아래 퀴즈의 상당 부분은 미국에만 해당하는 사항일 수 있다. 그러나 세금과 절세의 기초지식을 얻기에 도움을 주리라고 본다. – 역자 주)

보기 18–1 **세금 퀴즈**

1. 세금공제 받을 수 있는 업무용 차량 비용을 산정할 때, 승용차의 2006년도 마일 당 표준 공제액은 얼마인가?

a. 마일 당 1달러　　b. 마일 당 0.25달러
c. 마일 당 0.35달러　　d. 마일 당 0.445달러

2. 2007 과세연도의 경우, 개인사업자는 처음 얼마의 소득에 대해서 사회보장세를 내는가?

a. 4만 2500달러　　b. 6만 달러
c. 7만 2500달러　　d. 9만 7500달러

3. 법인이 아닌 소기업 운영자를 위한 세금공제 연금은 무엇인가?

a. 401(k) 계획
b. 로스 IRA(개인은퇴계좌)
c. SEP 계획
d. 403(b) 계획

4. 2007년 개인사업자의 경우 건강 보험료의 몇 퍼센트를 공제받는가?

a. 25퍼센트
b. 45퍼센트
c. 50퍼센트
d. 100퍼센트

5. 개인 납세자에게 적용되는 최고 연방세율은 얼마인가?

a. 36퍼센트
b. 39.6퍼센트
c. 35퍼센트
d. 50퍼센트

6. 다음 중 사업주의 개인 소득세율로 과세되지 않는 사업체는 어느 것인가?

a. 개인회사
b. 파트너십
c. 일반법인 (S 법인체 제외)
d. 유한주식회사

7. 세무당국의 감사에서, 여러분의 사업을 입증하기 위해 제시할 가장 좋은 증거는 무엇인가?

a. 영수증과 취소된 수표
b. 전산 처리된 기록
c. 회계사가 내놓은 재무제표
d. 목격자의 증언

8. 재고가 있는 모든 사업체는 발생주의 회계법으로 매매를 기장해야 한다.

(그렇다/아니다)

9. 현금 기반으로 판매하는 영업사원 제임스는 2006년 4/4분기 판매에 대한 수수료를 2007년 2월에 받았다. 이 수수료는 2006년 신고에 포함돼야 한다.

(그렇다/아니다)

10. 현금 기반으로 일하는 납세자는 공제될 금액이 이미 예전에 수입으로 잡혀있지 않는 한, 대손貸損으로 인한 공제를 요구할 수 없다.

(그렇다/아니다)

정답

1. d-표준 마일리지 공제는 마일 당 0.445달러이다.
2. d-97,500달러
3. c-SEP
4. d-100퍼센트
5. c-35퍼센트
6. c-일반법인(S 법인체 제외)
7. a-영수증과 취소된 수표
8. 그렇다-재고가 있는 사업체는 현금주의 회계법을 사용해서는 안 된다.
9. 아니다-일반적으로 보상금은 수령한 해에 소득으로 신고해야 한다.
10. 그렇다-현금 기반으로 일하는 납세자는 보통 그런 공제를 받을 수 없다. 통상 돈을 받아야만 비로소 소득에 포함되기 때문이다.

참고 위 퀴즈를 www.trumpuniversity.com/wealthbuilding101에서 내려 받아 개인 용도로 쓸 수 있다.

내가 당면하고 있는 상황을 이해하라

여러분은 현재 15퍼센트나 25퍼센트 세율을 적용받는다고 회계사가 말해줄 수는 있지만, 그렇다고 해서 그걸로 이야기가 끝나는 건 아니다. 봉급을 한번이라도 받아봤다면, 고용주가 여러분의 급료에서 세금을 이미 공제했음을 알 것이다. 그러나 빠져나간 그 세금이 정확히 무엇인지 아는 사람이나, 어떤 세율로 원천과세가 되는지 아는 사람은 거의 없다. 우리는 세금을 제하고 받는 "순"소득을 가지고 사는 데 익숙하다. 법에 따라 우리의 고용주가 우리 대신 세금을 지불해야 하고 우리 급료에서 원천징수해야 하기 때문에, 우리는 우리가 번 돈을 100퍼센트 받지 못한다. 나는 우리가 진정으로 세제개혁을 원한다면, 세금 원천징수 제도를 폐지하고 모든 납세자가 급료를 받을 때마다 직접 정부한테 수표를 끊도록 해야 한다고 종종 이야기해왔다. 여러분이 그렇게 한다면, 즉 원천과세를 얼마나 납입하는지 직접 보게 된다면, 하루라도 빨리 세금을 줄이고 싶은 마음이 놀랍도록 간절해질 것이다.

급료를 받기도 전에 빠져나가는 세금을 살펴보면, 일반적으로 4가지 유형이 있다:

- 소득세
- 사회보장세
- 국민건강보험료
- 지방세

일부 주에서는 또 다른 세금을 원천 징수하기도 하지만, 이 챕터의 목적에 맞게 우리는 위 4가지의 원천징수에만 초점을 맞추겠다.

—— *소득세* 고용주에게 제출하는 소득세 신고양식의 내용을 기반으로 원천 징수되는 세금이다. 알다시피 결혼 유무, 부양가족 수, 항목별 공제(모기지론 이자, 지방 세금, 기부금 등)에 따라 개인 세율이 정해진다. 현재 연방 소득세율의 범위는 0퍼센트부터 35퍼센트까지이다.

—— *사회보장세* 현재 급여명세서 양식에 기입된 임금에 6.2퍼센트 세율을 적용해 원천 징수되는 세금. 면세점은 9만7500달러다. 여기에 고용주가 6.2퍼센트를 추가로 납입하여, 총 세율은 12.4퍼센트이다. 개인사업체를 운영하는 경우는, 미 국세청이 자영업자를 종업원 겸 고용주로 생각하기 때문에, 12.4퍼센트를 운영자가 모두 납입해야 한다.

—— *국민건강보험료* 봉급자의 경우 소득의 1.45퍼센트가 원천 징수되고, 또한 고용주가 1.45퍼센트를 납입한다. 사회보장세와 달리 이것은 면세점이 없다. 급료가 많든 적든, 벌어들인 돈에는 한 푼도 빠짐없이 이 세금이 부과된다. 그러나 자영업자의 경우에는 사회보장세처럼, 종업원으로서 1.45퍼센트를 그리고 고용주로서 1.45퍼센트를 납입한다. 모두 2.9퍼센트를 납입해야 하는 것이다.

사회보장세(12.4퍼센트)와 국민건강보험료(2.9퍼센트)를 합친 것을, 자영업세 또는 FICA세(연방보험료납입법에 의한 세금)라고 하며, 모두 15.3퍼센트에 달한다.

내가 이 숫자들을 강조하는 이유는 지금 독자들 중 상당수가 수익을 실현하여 부를 축적할 새로운 방법을 모색하고 있음을 잘 알기 때문이다. 여러분 중에는 창업을 준비하면서 새 사업으로 생계유지가 될 때까지 직장을 계속 다니려는 사람들도 있으리라. 그러나 자영업자가 됨으로써 지불해야 하는 추가 세금은 새 사업을 시작하는 데 큰 걸림돌이 된다.

나는 독자들 대부분이 미국의 다른 근로자들처럼 소득세율 25퍼센트 계층에 속할 거라고 가정한다. 잠시 여러분이 25퍼센트 계층에 속하며 이제 막 창업을 했다고 가정하자. 이 말은 여러분이 벌어들인 소득에 25퍼센트 세율이 부과될 것이라는 뜻이다. 여기에 자영업세까지 포함하면, 적어도 40.3퍼센트를 납입하게 될 것이다. 그뿐인가, 지방세까지 감안하면 50퍼센트 이상을 납입해야 할 것이다.

세금에 대한 실무 지식을 습득하는 것은, 모든 세금의 납부를 피하기 위한 것이 아니라 법이 허용하는 만큼 세금을 피하자는 것이다. 소득의 여러 유형과 각 유형에 대한 과세방법을 이해함으로써, 어렵게 번 돈을 조금이라도 더 보존할 수 있다. 아는 것이 힘이라고 하지 않는가. 이 경우엔 아는 것이 곧 돈이다.

모든 소득이 똑같이 만들어지는 건 아니며, 더욱 중요한 점은, 모든 소득에 똑 같은 세금이 부과되는 것도 아니라는 사실이다. 이 점을 자세히 이해하기 위해, 다음 가상의 사례를 살펴보자.

■ 토니와 베티 부부의 과세표

사례 1

상황_ 토니와 베티는 부부다. 두 사람의 연봉을 합치면 7만 달러이다.
항목별 공제와 세금면제 액수는 2만 달러다.
그들이 거주하는 주의 소득세는 7퍼센트.

연방 소득세	6,800달러
주정부 소득세	3,500달러
사회보장세 및 건강보험료	5,355달러
총 세금 부담	15,655달러 (22퍼센트)

사례 2

상황_ 토니는 어느 굴착회사의 직원으로 한 해 5만 5,000달러를 번다.
베티는 패션 디자이너로 회사에 다니며 매년 6만 달러를 번다.
항목별 공제와 세금면제 액수는 3만 달러다.
그들이 거주하는 주의 소득세는 7퍼센트.

연방 소득세	14,870달러
주정부 소득세	5,950달러
사회보장세 및 건강보험료	8,798달러
총 세금 부담	29,618달러 (26퍼센트)

사례 3

상황_ 토니는 굴착회사를 운영하는 개인사업자로, 한 해 순익은 5만 5천 달러다. 베티는 패션 디자이너로 개인 사업을 운영한다. 한 해 순익은 6만 달러.
항목별 공제와 세금면제 액수는 3만 달러다.
그들이 거주하는 주의 소득세율은 7퍼센트.

연방 소득세	12,839달러
주정부 소득세	5,950달러
사회보장세 및 건강보험료	16,249달러
총 세금 부담	35,038달러 (30퍼센트)

사례 4

상황_ 토니는 어느 굴착회사에 사무실 건물을 임대해주고, 과세대상 순익이 5만 5000달러를 번다.
베티는 부동산에 투자해서 6만 달러의 자본이득을 올렸다.
항목별 공제와 세금면제 액수는 3만 달러다.
그들이 거주하는 주의 소득세율은 7퍼센트.

연방 소득세	8,875달러
주정부 소득세	5,950달러
사회보장세 및 건강보험료	0달러
총 세금 부담	14,825달러 (13퍼센트)

위 사례들을 면밀히 살펴보면, 깜짝 놀랄 만한 차이가 있음을 알게 될 것이다. 사례 2의 경우, 토니와 베티의 소득은 사례 1의 소득에 비해 64퍼센트 증가했다. 7만 달러에서 11만 5,000달러로 증가한 것이다. 그러나 총 납세액은 1만 5665달러에서 2만 9618달러로 거의 두 배나 껑충 뛰어올랐다. 사례 3의 경우, 부부는 사례 2의 경우와 소득은 같으나, 세금은 훨씬 많이 낸다(35,038달러). 그러나 사례 4를 보면, 부부는 사례 2, 사례 3과 동일한 소득을 벌어들이지만, 세금은 훨씬 적게 낸다.

이유가 뭐냐고? 소득의 유형이 달라지면 과세 방법도 달라지기 때문이다. 이 점을 깨닫게 되면 돈을 버는 방법과 부를 축적하는 방법을 결정할 때 선택의 폭이 넓어진다. 이제 소득의 여러 유형을 살펴보자.

근로소득(earned income) 개인의 용역을 제공한 대가로 받은 것이다. 소득세와 자영업세(사회보장세와 국민건강보험료)가 모두 부과된다.

근로소득의 가장 일반적인 유형은 임금이다. 자영업자의 순익 역시 근로소득으로 간주된다. 근로소득은 과세율이 가장 높기 때문에 가능한 한 이 소득을 최소화하거나 피해야 한다.

수동적 소득 또는 투자소득(passive income) 개인의 용역 이외 다른 방법으로 실현된 소득이다. 수동적 소득에는 소득세가 붙지만, 자영업세는 부과되지 않는다. 가장 일반적인 수동적 소득은 부동산 임대료. 이것은 개인 용역의 가치가 아닌 부동산 가치에서 실현된 소득이다. 수동적 소득은 또한 자기 비즈니스에 개입함으로써, 또는 개입하지 않음으로써, 발생할 수도 있다. 유한합자회사처럼 특정 사업체도 수동적 소득을 생성할 수 있다. 이 점에 대해서는 나중에 좀 더 살펴볼 것이다.

포트폴리오소득(portfolio income) 투자상품을 통해 실현된 소득이다. 이런 소득은 이자, 배당금, 양도소득(자산매각 소득) 등이다. 여기에는 소득세가 부과되지만 자영업세는 붙지 않는데, 이런 점에서 수동적 소득과 비슷하다. 그러나 수동적 소득과 포트폴리오소득에는 한 가지 큰 차이가 있다. 양도소득이 생길 때 포트폴리오소득의 세율이 더 낮다. 현재 포트폴리오소득 세율은 최고 15퍼센트이다.

머지않아 이런 특혜적 세율은 사라질 것으로 보인다. 따라서 지금 그 혜택을 충분히 이용하라. 고액 납세자들은 이런 사실을 이미 잘 알고 있어서 이 혜택이 그냥 사라지게 놔두지 않는다. 여러분도 그래야 한다. 양도소득세가 높아서 못 팔고 계속 붙들고 있는 투자 대상이 있는가? 전체 수익률을 극대화할 수 있다면, 바로 지금이 매도할 적기일 것이다.

이연移延소득(deferred income) 지금 당장 세금을 납부하지는 않으나 미래의 어느 시점에는 납부해야 하는 소득이다. 노후연금은 이연소득을 실현하는 쉬운 방법이다. 연금에 납입하는 금액에 대해서는 당장 공제를 받지만, 세금은 은퇴 후 돈을 인출할 때 납부한다. 그때까지는 아직 많은 세월이 남았기를 바란다. 여러분은 그때가 되면 지금보다 훨씬 낮은 세율계층에 속해 있을지도 모르니까.

소득세법 1031항에 의한 교환거래 역시 과세가 연기되는 이연소득을 실현하는 방법이다. 부동산을 팔아 이익을 낸 후, 곧장 다른 부동산을 매입하면, 양도소득세 납부를 연기할 수 있다. 이 방법을 이용하려면 몇 가지 요건을 갖춰야 한다. 그래서 세법에 밝은 투자자들은 눈치 빠르게 소득세법 1031항 교환거래에 대해 자세히 연구한다.

비과세소득(tax-free income) 말 그대로 세금이 부과되지 않는 소득이다. 비과세소득을 실현할 수 있는 방법들을 알아두는 것이 현명하다. 여러분의 소득이 늘기 시작했다고 치자. 잘된 일이다. 그러나 이제 세금도 더 많이 내야 한다. 연방소득세 35퍼센트와 주정부 소득세 7퍼센트를 합해 총 42퍼센트를 소득세로 납부해야 한다. 오랫동안 유리한 단기시장 금리를 찾아 헤매다, 마침내 이자율 6퍼센트의 상품을 찾았다고 하자. 아뿔싸, 이자소득의 대부분(약 40퍼센트)은 소득세로 잃게 되고, 결국 애초에 바라던 수익률의 절반이 조금 넘는 3.6퍼센트 수익률을 얻게 된다. 비과세 투자상품은 세금 공제 투자상품에 비해 수익이 낮을 수도 있다. 미국 근로자들이 가장 잘 알고 있는 경우가 주택 매매 시 연방 정부로부터 받는 일회성 혜택이다. 만약 그 주택이 최근 5년 중 2년 동안 —연속적이든 아니든— 주된 거주지였다면, 양도소득 중 미혼의 경우 25만 달러까지, 그리고 부부의 경우

5만 달러까지는 세금이 부과되지 않는다. 집을 팔아서 자신의 포트폴리오에 수 천 달러 이상의 비과세소득을 추가하는 것은 단번에 부를 늘릴 수 있는 똑똑한 조치가 아니겠는가.

내가 여러분에게 소득의 여러 유형에 대한 간략하게 설명한 것은, 소득 실현 방법을 달리함으로써 납부할 세금의 액수를 바꿀 수 있음을 여러분이 이해하도록 돕기 위한 것이다. 여러분이 피고용인으로 일하고 있다면, 납부할 세금 유형이나 세금 액수를 통제할 수는 없지만, 자신이 벌어들이는 소득의 속성을 바꾸면 세금을 상당히 줄일 수 있다. 토니와 베티의 경우를 다시 떠올려보라. 사례 2, 3, 4의 경우 두 사람의 소득액은 모두 동일했다. 그러나 그들이 낸 세금은 놀랍게도 큰 차이가 났다. 나는 고객들에게 과세 특혜를 받을 수 있는 유형의 소득을 실현할 방법을 찾으라고 지속적으로 권유한다. 여러분도 그럴 수 있도록 도움을 주고 싶다.

세금을 바꾸는 것이 더 많은 돈을 버는 것

현재의 납세 상황을 개선하고 싶다면 뭔가를 바꿔야 한다는 점을 여러분이 지금쯤 깨달았기를 바란다. 앞에서 우리는 소득 유형에 따라 어떤 혜택을 받을 수 있는지를 살펴보았다. 이제 납세자의 지위를 바꿈으로써 어떤 혜택을 받을 수 있는지 살펴보려고 한다.

납세자의 지위에 대한 실무 지식은 여러분이 대폭적인 절세 방법을 강구하는 데 도움이 될 것이다.

■ **개인 납세자** 우리는 개인 납세자라는 지위에 익숙하다. 납세자로서 맨 처음 갖게 되는 지위가 바로 개인 납세자니까. 그러나 이 지위를 바꾸지 않는다면, 소득세율이 그대로 적용될 것이다. 게다가 창업을 하거나 사업체를 인수하게 되면, 15.3퍼센트의 자영업세도 부과된다. 분명히 선호할 만한 지위는 아니다. 현재 납세 상황에 만족한다면, 여기서 읽기를 멈춰라. 만족하지 않는다면, 다음으로 넘어가라.

■ **무한책임사원** 무한책임사원은 세법상 개인 납세자와 지위가 똑같다. 다시 말해서 어떤 세율을 적용받든 간에 그 세율이 그대로 적용된다. 게다가 15.3퍼센트 자영업세까지 부과된다. 단순히 다른 사람들과 동업을 하는 것은 그 비즈니스에서 생긴 소득에 대한 절세에 도움이 되지 않는다.

예를 들어, 여러분이 소득세 신고를 위해 회계사에게 급료명세서를 제출했다고 가정해보자. 명세서에 기입된 소득은 3만 달러. 열심히 일했고 비용도 제대로 냈으나, 아무도 여러분을 부자라고 생각하지 않는다. 회계사가 여러분과 여러분의 가족을 위해 항목별 공제를 하고 나면, 미납 소득세는 없고 이미 지불한 소득세는 모두 환급 받을 공산이 크다.

이제 여러분이 개인 사업을 운영한다고 가정해보자. 회계사에게 소득과 지출 영수증을 모두 제출한다. 회계사가 항목별로 공제하고 나니, 순소득은 3만 달러. 다시 말해 납부해야 할 소득세가 없다는 뜻이다. 그러나 주택담보 대출이자나 기부금 같은 지출로 세금공제를 받을 수 없고, 소득 3만 달러에 대해 15.3퍼센트의 자영업세 4,500달러를 납부해야 한다. 한 해 3만 달러를 버는 사업자에게 4,500달러는 큰돈일까? 내 생각엔 크다. 나는 여러분이 한 해 3만 달러보다 훨씬 더 많은 돈을 벌고 싶기 때문에 이 책을 읽고 있을 것이라고 생각한다. 지금부터 이 문제를 차근차근 풀어나갈 수 있기를 빈다. 다함께 해결책을 찾아보자.

■ **유한책임사원** 유한책임사원은 사업에 투자는 했으나 운영에는 관여하지 않는 사람이다. 사업 소득 중 그들의 몫은 용역의 제공이 아닌 투자를 기준으로 정해진다. 따라서 유한책임사원은 자영업세를 내지 않는다. 유한책임 합자회사를 이용하는 여러 방법에 대해선 몇 시간씩 논의할 수도 있지만, 그것은 매우 복잡한 일이다. 여러분이 유한 책임 합자회사를 이용해 자영업세를 상당히 줄일 수 있음을 깨닫기만 해도 여기서 우리의 소기의 목적은 달성된 것이다.

■ **S기업 주주** S기업 주주는 미 연방 세법상 별도의 납세자로 분류되어 있다. 사업주가 직접 일하는 소기업의 경우, 이것은 아주 높은 인기를 누리고 있다. 일인 사장 기업이나 일반 합자회사와 달리, S기업 주주는 이런 소기업을 활용하여 자영업세를 상당히 줄일 수 있다. S기업 주주는 스스로에게 지불한 봉급에 대해서만 자영업세를 납부하면 되기 때문이다. 이것은 개인 납세자나 무한책임사원과 같이 "기본으로 정해진" 지위와 비교해서, 세금을 상당히 줄이는 좋은 기회가 될 수 있다.

■ **C법인** C법인은 소득 분할이라는 개념을 활용해 절세할 수 있는 기회가 있다. 소득이 늘어날수록 납부할 세금도 늘어난다. C법인 소득은 5만 달러까지는 15퍼센트 세율이 적용된다. 다시 말해서 여러분이 35퍼센트 개인세율 적용을 받고 있다면, 소득 중 일부를 법인소득으로 전환함으로써 세금을 상당히 줄일 수 있다는 뜻이다. 법인을 이용해 절세효과를 가져올 수 있다. 그러나 이 방법이 자신에게 적합하다고 결정하기 전에 조세 전문

가에게 자문을 구하라.

■ **유한책임회사 구성원** 유한책임회사(LLC)에 대한 간단한 언급이 없다면, 이 챕터는 완전할 수 없을 터. 유한책임회사는 합자회사와 법인이 결합된 것이지만, 다른 유형의 납세자와 달리, LLC 설립의 토대가 되는 법은 연방법이 아닌 주법이다. 이 때문에 LLC의 과세방법을 놓고 연방정부와 주정부 간에 상당한 의견충돌이 있다. 그렇지만 어쨌든 LLC소득에 대한 세금은 납부해야 한다. 현재 국세청은 LLC를 무한책임 합자회사와 동일하게 취급하고 있다. 따라서 LLC 주주는 절세 효과를 거의 내지 못하고 있는 실정이다. 내 이야기가 여타 조세 전문가들의 이야기와 대립될지는 모르나, 어쨌든 국세청은 LLC를 그런 식으로 보고 있다. 이런 입장은 수동적 소득(임대료 등)에 절세효과를 낼 수 있지만, 사실상 여러분이 인적 기여를 하는 사업에는 전혀 도움이 되지 않는다.

나의 절세 비법 실행에 옮기기

세금을 대폭 줄이는 방법이 얼마나 많은지 깨닫는 데 도움이 될 만한 좋은 정보들을 내가 여러분에게 제대로 소개했기를 바란다. 국세청의 과세는 소득 유형에 따라 그리고 납세자의 지위에 따라 달라진다. 절세의 전략을 실천하기 전에 이런 차이를 분명히 이해해야 하는 것은 바로 이런 이유 때문이다.

내가 여러분에게 줄 마지막 조언: “오늘 당장 시작하라!” 이제 불평만 할 게 아니라 세금을 줄이고 더 많은 돈이 나를 위해 쓰이도록 만들어야 할 때이다. 여러분이 취할 수 있는 조치는 여러 가지이나, 진짜 중요한 점은 여러분에게 도움이 되는 조치를 지금 시작해야 한다는 것이다. 우선 납세자의 지위를 바꾸고 그런 다음 세금 걱정이 가장 적은 은신처, 즉, 소규모 사업체를 소유하고 운영하는 길을 모색하라. 그러면 여러분은 부유해지는 길로, 아니 그보다 중요하게, 부를 유지하는 길로 들어서게 될 것이다.

J. J. CHILDERS

상속도 미리 계획하면 이득 19

J. J. 칠더즈

세금 이외에도 여러분이 그토록 열심히 쌓아올린 부를 지키는 데 방해가 되는 요인이 크게 두 가지가 더 있다. 이 챕터에서 우리는 그 두 가지 장애물을 정면 돌파해서, 여러분이 어렵게 번 자산을 여러분이 원하는 방식으로 여러분의 후손들에게 분배해주는 유산 상속계획을 세우고 실현하기 위한 기틀을 다질 것이다.

우선 첫 번째 방해물은 재산이 한 세대에서 다음 세대로 넘어갈 때 등장하는 정부의 가차 없는 공격이다. 이 챕터에서 여러분은 여러분 재산을 후손에게 양도하는 데 걸림돌이 되는 세금과 수수료, 기타 요인들을 어떻게 다룰 것인가 하는 문제의 해결책으로, 세상에 거의 알려지지 않은 억만장자들의 비법을 배우게 될 것이다.

두 번째 방해물은 여러분 스스로 유산 상속계획을 세우지 않으려는 저항감이다. 사람들은 대부분 유산 상속계획이 뭔지도 모르고, 상당수는 유산 상속계획이란 억만장자들만의 전유물이라고 잘못 생각한다. 유산 상속계획의 필요성을 깨달은 사람들이라고 해도 기껏 유언장을 작성하는 정도의 조치만 취하는 경우가 많다. 유언장이 유산 상속계획의 일부인 것은 틀림없지만, 그게 전부는 아니다.

어떤 주제를 이해하기 위해서는 여섯 개의 기본 질문을 던지는 법. "누가", "무엇을", "언제", "어디서", "왜", "어떻게"를 자문하라. 유산 상속계획도 예외는 아니다. 유산 상속계획을 생각할 땐, 이렇게 물어보자:

1. 대체 누구에게 유산 상속계획이 필요한가? 누가 상속을 받을 건가?
2. 어떤 자산을 남길 것인가?
3. 상속계획을 세우기 위한 도움을 어디서 받을 것인가?
4. 자산이 언제 이전되어야 하는가?
5. 공식적인 상속계획이 왜 필요한가?
6. 나의 유산 상속계획의 목표를 어떻게 달성할 수 있는가?

그러고 나서 다음 문제를 생각해보라. 많은 미국인들이 내는 세금 중에 세율이 가장 높은 것은 우리가 죽을 때 유산에 부과되는 세금이다. 적절한 상속계획을 세워두지 않고 사망한 경우, 상속인이 사망자의 가족이든 아니면 사망자가 후원하고자 하는 자선단체이든, 상속인은 사실상 피상속인의 사망 후 유산에 대한 세금을 어쩔 수 없이 납부해야 한다. 그렇게 되면 살아생전 열심히 일해서 모은 자산이 바닥나거나, 바닥은 아니더라도 상당히 줄어든다. 만약 유산 상속계획을 적절하게 세워 뒀다면, 과도한 세금의 충격을 최소화하고 후손들의 미래를 바꿔줄 수 있다. 그러면 단절되지 않는 유산을 만드는 셈이고, 그것은 훌륭한 선물이 될 것이다. 이제 시간을 내서 다음 질문들에 대해 대답해보라. 그런 다음 성공적인 유산 상속계획을 세우겠다고 결심하라.

다음의 상속계획 퀴즈(보기 19.1)는 wwww.trumpuniverisyt.com/wealthbuilding101에서 내려 받을 수 있다.

보기 19-1 상속계획 퀴즈

1. 상당한 금액의 생명보험에 가입했는가? **그렇다 / 아니다**

2. 여러 곳에 부동산이나 기타 유형자산을 보유하고 있는가? **그렇다 / 아니다**

3. 당신이 힘들여 축적한 자산의 수혜자를 직접 결정하고 싶은가, 아니면 정부에 위임하고 싶은가? **그렇다 / 아니다**

4. 올해 상속세 면제 대상이라서 유산 상속계획에 대해 걱정할 필요가 없다는 이야기를 들었는가? 또는 그렇게 믿고 있는가? **그렇다 / 아니다**

5. 당신이 사망 시 당신의 지시에 따라 보살핌을 받았으면 하는 미성년 자녀가 있는가? **그렇다 / 아니다**

6. 당신의 사망 및 장례와 관련해 가족들이 애도 기간 중에 신경 쓰지 않도록 특별히 요구하는 사항이 있는가? **그렇다 / 아니다**

7. 당신을 맡은 의료진에게 당신이 원하는 바를 말할 수 없는 처지인 경우의 의료행위와 치료에 대해 결정권을 갖고 싶은가? **그렇다 / 아니다**

8. 5년 이상 된 생전신탁(living trust), 유언장, 또는 기타 상속계획을 현재 보유하고 있는가? **그렇다 / 아니다**

9. 유산의 일부를 당신과 직접적인 관계가 없거나 계승할 위치에 있지 않은 사람이나 단체(대자나 대녀, 가족의 친구, 의붓딸이나 의붓아들, 사촌, 자선단체, 출신교 등)에 남기고 싶은가? 그렇다 / 아니다

10. 가족 중 특별한 보살핌을 제공해주고 싶은 웃어른이나 자녀, 또는 의붓자식이 있는가? 그렇다 / 아니다

11. 과거의 관계나 혼인으로 인해 자산과 상속자가 뒤엉킨 복합가족이나, 가능한 한 마찰이나 혼동 없이 그들을 일정한 방식으로 정리하고 싶은가? 그렇다 / 아니다

12. 재정적 책임감이 없는 것 같아 상속재산의 관리인이나 관리 지침이 필요하다고 느끼는 상속자나 수혜자가 있는가? 그렇다 / 아니다

13. 사후에도 계속해서 통제하고 싶은 자산이 있는가? 아니면 그럴 만한 자산을 매입할 예정인가? 그렇다 / 아니다

위 문항들 중에 세 개 이상에 "그렇다"고 답하는 경우, 상속계획을 시작할 것을 심각하게 고려해야 한다. 위 문항들 중에 다섯 개 이상에 그렇다고 대답한 경우, 지금 당장 유산 상속계획을 세워야 한다.

내가 가장 많이 듣는 질문은 이거다:

"정말 유산 상속계획이 필요한가요?"

유산 상속계획과 관련한 일반적인 오해 중 하나는 자산이 많지 않으면

상속계획을 걱정할 필요가 없다는 것이다. 내가 확실히 이야기하겠다. 자산을 소유한 사람은 누구나 유산이 있기 때문에 모든 사람이 유산 상속계획을 세워야 한다. 유산이 크든 작든, 사망 시 여러분의 자산이 법에 의해 적절히 분배되도록 하려면 어떤 식으로든 상속계획을 마련해야 한다. 가족이나 여러분이 후원하는 자선단체나 자선운동에 자산을 남기고 싶다면, 적절히 작성된 상속계획에 여러분의 소망을 구체적으로 기술해야 한다. 그렇지 않으면, 법정이 여러분의 소원과 배치되는 방식으로 자산을 배분하고 부양가족을 돌보도록 판결을 내릴 수 있다. 정부의 소망은 여러분 각자의 소망과 일치하지 않을 공산이 크다.

상속계획에 대한 또 다른 오해: 그런 계획은 상속세를 피하려는 목적에서만 필요한 것이라는 생각이다. 많은 유산이든, 규모가 크지 않은 유산이든, 주정부와 연방 정부의 상속세나 양도세가 부과된다. 하지만 그것이 모든 유산에 어느 정도 계획이 필요한 진정한 이유는 아니다. 정말 중요한 이유는:

- 내 자산이 내가 원하는 곳으로 이전되도록 하기 위해서
- 죽지는 않았지만 금치산자로 선고 받는 경우, 자산을 컨트롤하기 위해서
- 사후에 자산을 관리하기 위해서
- 상속인이 받을 감정적 부담이나 재정적 부담을 최소화하기 위해서
- 상속인들이 유산을 놓고 싸움을 벌일 가능성을 최소화하기 위해서
- 자선단체에 기부할 금액을 늘리기 위해서
- 유언장 검인의 비용과 시간 지연을 피하기 위해서
- 미성년 자녀의 후견인을 위해 또는 고령자들을 보살피기 위해서

보다시피 이런 문제들은 부유한 사람들뿐만 아니라 모든 사람에게 해당되는 아주 중요한 고민들이다.

사람들이 유산 상속계획을 미루려고 하는 또 다른 이유는, 인생의 '황혼기'에 이를 때까지 그런 계획이 꼭 필요하지 않다는 잘못된 믿음 때문이다. 이처럼 사실과 거리가 먼 것이 또 있을까. 인생의 단계에 따라 상속계획의 전략은 달라져야 한다.

우리 인생의 우선 중요한 일들이 대개 그렇듯이, 삶의 경험이 바뀌면서 상속계획 역시 바뀐다. 우리가 청년일 때는 상속계획에 별 관심이 없다. 이 시기에는 사실상 자산도 없고, 배우자나 자녀도 없기 때문이다. 이때는 경력을 쌓아 출세하는 것이 초미의 관심사이다. 그러나 우리가 뿌리를 내리기 시작하면서, 상속계획은 점점 더 중요한 것이 된다.

우리의 경험과 자산이 늘어나면서, 상속계획에 대한 우리의 전략 역시 바뀐다. 다음 단계에 들어서면, 가장 큰 관심사는 우리가 사망할 경우 어린 가족들이 살아갈 수 있도록 토대를 마련해주는 것이다. 이 나이 때 우리는 자산이 그리 많지 않을 터이니, 생명보험에 대해 생각해봐야 한다. 이 시기에 보험료는 다소 싸니까 말이다. 죽음에 대해 생각하고자 하는 사람은 없다. 하지만 포괄적인 유산 상속계획을 통해 우리에게 의존하고 있는 사람들을 위해 살아갈 토대를 마련해두는 것은, 부모로서 또는 사업주로서 마땅히 해야 할 책임 중 하나이다.

여러분의 자녀가 자라고, 원컨대 여러분의 자산도 늘어나면, 유산 상속계획도 커져서 좀 더 복잡해져야 한다. 수혜자 명단이 길어질 수도 있다. 출신교나 교회, 또는 자선단체 등이 명단에 덧붙여지기 시작할 것이다. 이 챕터 끝에서 살펴보겠지만, 자선운동이나 자선단체 기부와 관련해서는 세금 혜택이 주어지기도 한다.

마침내 인생의 황금기에 도달하면, 여러분은 상속의 수혜자를 많이 덧붙이고 싶을지 모른다. 또한 여러분의 장례와 매장에 대해, 또는 금치산자가 되거나 더 이상 스스로를 돌볼 수 없게 되었을 때 받을 수 있는 보살핌에 대해, 자신이 바라는 소망을 세세히 적고 싶을지도 모른다. 이렇게 인생의 막바지와 관련된 문제를 다루는 것은 어느 누구라도 유쾌하지 않을 것이다. 그러나 장차 여러분의 소망이 확실히 이루어질 수 있도록 하는 유일한 길은, 지금 그 일을 하는 것이다.

일단 상속계획이 제대로 세워졌다고 해서, 모든 일이 끝나는 것은 아니다. 이삼 년에 한 번씩, 또는 상황이나 희망사항이 바뀌었을 경우에는 매년, 자신의 상속계획을 검토하여 바라는 바가 제대로 반영되도록 해야 한다. 시간이 가면서, 여러분의 자산도 함께 늘어나고 변화할 수 있다. 거기에 맞춰 여러분의 상속계획 역시 변화해야 한다.

자, 여기서 마지막 한 마디: 오늘, 나의 소망이 반영된 상속계획을 세워 앞으로 일어나기를 바라는 일을 지시할 수 있다. 하지만 내일이면 나에게 그럴 기회가 없을지 모른다.

상속계획을 위한 도구

이제 효과적인 유산 상속계획에 필요한 몇 가지 도구들을 살펴보자. 상속계획 중 가장 대중적인 유언장에 대해서는 많이들 들어봤을 것이다. 유언장이란 유언을 쓰는 사람의 의사를 적은 간단한 문서로서, 자신이 죽으면 법원이 어떻게 자산을 분배하며, 어떻게 부양가족을 위한 생활수단을 마련해주기를 바라는지, 개괄적으로 담고 있다. 여기서 한 가지 문제는 유언장의 유언들이 실현되려면 비용도 많이 들고 시간도 오래 걸리는 유언장 검인檢認(probate)이라는 과정을 거쳐야 한다는 점이다. 여기서 법원은 과연 유언자의 의사가 지켜져야 할 것인지 여부를 결정한다. 유언장은 사실상 유언자가 자기 재산이 어떻게 분배되기를 바라는지에 대한 생각을 적어 법원에 제출하는 제안서일 뿐이다. 다음 절에서 우리는 유언장 검인을 피해야 하는 이유에 대해 좀 더 자세히 살펴볼 것이다. 상속계획에서 유언장이 별 도움이 안 된다면, 무엇이 도움이 될까? 바로 신탁(Trust)이다. 신탁은 하나의 계약이다. 어떤 사람(신탁자)이, 제삼자(수혜자)가 혜택을 받을 수 있도록 재산을 보유 및 관리할 것을 지시하면서, 다른 사람(수탁인)에게 재산을 넘겨주는 것이다. 유산 상속계획을 위한 신탁에는 여러 종류가 있다.

■ **취소가능 생전신탁 (Revocable Living Trust)** 이런 유형의 신탁은 개인이나 부부(신탁자)가 그들의 명의로 된 자산의 법적 권한을 수탁인에게 이전한 것이다. 신탁 증서에 적힌 계약 사항에 따르면, 수탁인이 신탁 재산을 관리하게 돼 있다. 그러나 대부분의 경우, 신탁자 자신이 최초 수탁인으로서 살아있는 동안은 이 신탁을 완전히 컨트롤한다. 다시 말해, 신탁을 설정한 사람이 신탁의 계약 사항을 이행하면서 어느 때든 지속적으로 자산을 사고팔거나 이전할 수 있다는 것이다. 게다가 신탁자는 임종 시 자산 양도를 취소하거나 변경할 수 있다. 또한 부부 신탁자는, 법정 자격이 주어지는 한, 두 사람이 모두 살아 있는 동안 수탁인을 바꿀 수도 있다.

우리에게 취소가능 생전신탁의 가장 큰 장점은 유언장 검인을 피할 수 있다는 점이다. 생전신탁이 없다면, 여러분의 유산(개인 자산, 사업 이권, 사후 보험금, 정부 혜택 등)은 유언장 검인 과정을 거쳐야 할 것이다. 검인이란 정확히 무엇일까? 그리고 어째서 검인을 피하는 것이 좋을까? 유언장 검인은 개인의 사망 후 사망자의 법적, 재정적 문제를 최종적으로 마무리 짓기 위한 법적 절차이다. 유산 중에 자산과 부채를 파악하여, 빚은 상환되고, 세금은 납부되며, 관련 비용(예컨대 변호사 비용)도 지불된다. 그런 다음 남은 자산이, 유언장에 적힌 대로, 수혜자들에게 분배되는 것이다. 만약 유언장이 없다면, 남은 자산은 주법州法에 따라 배분된다.

얼핏 유언장 검인은 멋지고 깔끔한 절차처럼 들린다. 그리고 개념적으로는 그게 사실이다. 그러나 일단 변호사와 회계사, 그리고 법원이 개입하게 되면, 검인 절차는 한 마디로 악몽이 된다. 유언장 검인이 야기하는 문제들을 볼까:

—— 처리 비용, 법률 수수료, 부채, 법원 관련 비용 등으로 유산의 가치가 최대 10퍼센트까지 줄어들 수 있다. 결국 여러분이 의도했던 것보다 훨씬 적은 유산이 수혜자에게 남는 것.

—— 여러분이 유언장을 남기든 말든 상관없이, 여러분이 아닌 법원이 유산을 최종적으로 분배하고 부양가족의 후견인을 선택하는 결정을 내릴 수 있다.

—— 상속자는 몇 달 동안, 심지어 몇 년 동안 유산을 받지 못할 수 있다. 유언장이 검인을 받아야 한다면, 상속자는 경제적 어려움을 겪을 수도 있다.

—— 여러분의 자산 내역은 공적 기록이 된다. 그렇게 되면 여러분의

자산은 상속자의 채권자, 친구, 이웃, 전 배우자 등에게 공개되고, 그런 사람들은 검인 과정을 악용하여 "유언장에 이의를 제기"하거나 유산을 요구할 수 있다.

——— 여러분의 유언장이 검인을 받아야 하는 경우, 그걸로 끝나는 것이 아니다. 검인 비용 외에도 유산 상속세, 재산세, 소득세, 회계 비용, 법률 비용 등 추가 비용이 들어가고, 그 때문에 상속 유산은 계속 줄어들 것이다.

해결책은 없을까? 검인을 택하지 않으면 된다. 만약 생전신탁을 설정해 운영하지 않으면, "기본관행"으로 설정된 검인 절차를 꼼짝없이 밟아야만 한다. 신탁을 설정하라. 신탁을 설정하면, 여러분이 사랑하는 사람들과 수혜자에게 반드시 여러분이 원하는 대로 자산이 이전된다.

이제 유산 상속세를 합법적으로 줄일 수 있는 —아니, 어쩌면 완전히 없앨 수도 있는— 몇 가지 방법에 대해서 이야기해보자.

취소가능 생전신탁은 상속계획에서 가장 흔히 사용되는 신탁일 것이다. 부부가 신탁을 함께 설정한 경우, 유언장 검인을 피할 수 있을 뿐만 아니라, 소위 "A-B 조항"이라는 것을 통해, 4백만 달러까지 상속세 면제도 받을 수 있다. 적절히 운영 중인 신탁이 없다면, 오직 2백만 달러까지만 상속세가 면제된다.

■ **자선잔여慈善殘餘 신탁(Charitable Remainder Trust; CRT)**

역시 상속계획에 많이 사용되는 신탁은 자선잔여 신탁이다. 이 신탁의 주요한 목적은 세 가지:

——— 내가 선택한 자선단체가 혜택을 받는다.
——— 해당년도에 세금 공제를 받는다.
——— 자신과 배우자에게 평생 소득이 생긴다.

부자들은 자신과 배우자, 자녀, 그리고 손자들까지도 평생 먹고 살 충분한 돈이 있다는 사실을 깨닫고는, 자선잔여 신탁을 설정하여 자선단체에 혜택도 주고 불필요한 세금도 줄이는 경우가 종종 있다. 이 신탁은 자선단체에 혜택이 돌아가도록 신탁 재산(부동산, 주식, 채권, 기타 투자상품, 현금, 사업 이권 등)을 기부하는 것이다. 이렇게 되면 살아있는 동안 여러분과 여러분의 배우자는 기부한 재산의 공정한 시장가격만큼 소득세를 공제받고, 또 CRT로부터 소득도 얻는다. 부부가 모두 사망하면, 자선단체가 신탁 재산을 이어받는다. 이것은 자기 자신을 위해 이로울 뿐만 아니라 가치 있는 명분에 일조할 수 있는 훌륭한 방법이다. 이것이야말로 진정 "윈-윈" 상황 아닌가.

■ **한정치산자限定治産者 신탁(Spendthrift Trust)** 상속계획에 많이 사용되는 또 다른 신탁은 한정치산자 신탁이다. 이 신탁은 주로 미성년자 자녀, 재정상 책임을 질 수 없는 성인 자녀, 또는 재정적으로 자녀에게 의존하고 있거나 자신의 재정을 관리할 수 없는 노부모를 위해 설정된다.

이 신탁에 수탁된 자산은 수혜자의 재산이 되고, 수혜자는 신탁에서 발생한 소득만을 수령한다. 수혜자가 이 자산을 절대로 수령할 수 없기 때문에, 채권자 역시 자산을 수령할 수 없다. 따라서 신탁자의 자산이 보호되는 혜택이 있다.

■ **취소불능 생명보험 신탁(Irrevocable Life Insurance Trust, ILIT)** 여러분이 상당한 규모의 생명보험에 가입돼 있다면, 이런 유형의 신탁(ILIT)을 고려해볼 만하다. 이 경우엔 신탁이 생명보험의 소유주로 설정되고, 따라서 보험금은 과세 대상인 유산으로 들어가지 않고, 신탁으로 유입되기 때문에 상속세를 피할 수 있다.

만약 누가 준 것인지 기억이 나지 않는 작은 규모의 생명보험 증권을 여러 개 가지고 있다면 (회사로부터 받았거나, 저당권 대신이거나, 클럽이나 특정 단체에 회원 등록하면서 가입한 개인 보험 등) 그 중에 규모가 큰 것들을 ILIT로 설정하는 것이 현명할 것이다. 규모가 작은 것들이 금방 쌓여서 상속세 면제 대상에서 벗어날 수 있기 때문이다. 이런 유형의 신탁은 복잡하기 때문에 상속세 문제를 피하려면 적절한 방법으로 설정해야 한다. 이 분야에 유명한 전문가 또는 전문 기업에게 자문을 구하라. ILIT가 부적절하게 설정되거나 운영되면, 보험금이 취소되거나, 또는 더 나쁜 경우 보험금이 후손에게 상속되는 유산에 포함될 공산이 크다. 이렇게 되면 규모가 커진 자산 때문에 유산이 상속세 면제 상한선을 벗어날 경우, 후손이 물려받는 유산은 과세 대상이 된다.

■ **증여(gifting)** 증여는 유산 상속계획에서 자주 사용되는 또 다른 방법이다. 평생 동안 상속자나 수혜자에게 매년 증여하는 것으로, 죽기 전에 과세 대상인 유산에서 자산을 떼어 이전하는 방법이다.

매년 한 명의 상속인에게 상속세 없이 증여할 수 있는 액수에는 한계가 있다. 하지만 증여를 적절히 이용하면, 과세 대상인 재산에서 수천 달러를 효과적으로 빼낼 수 있다. 또한 증여자는 상속인에게 현금이나 자산을 증여해 대학 등록금, 주택 마련 비용, 또는 손자 양육비와 같은 주요한 지출에 보탬이 되는 기쁨을 느낄 수도 있다. 또 이것은 자기 자신을 돕는 동시에 남도 도울 수 있는 방법이다. 즉, 이 또한 "윈-윈" 상황이란 얘기다.

결코 잊지 말자, 상속계획을 세울 때는 전문가의 지도가 필요하다. 법은 자주 바뀌고, 도구는 지극히 복잡할 수 있다. 실수 하나 때문에 상속계획이 없느니만 못하게 되어 많은 스트레스와 지출을 유발할 수 있다. 상속계획의 전문가와 평생 좋은 관계를 유지하는 것은, 부를 축적하기 위해 "해야 할 일" 목록에 반드시 들어가야 할 항목이다. 적절히 준비하여 이행만 한다면, 상속계획은 여러분이 상속자에게 줄 수 있는 아주 소중한 선물이 될 수 있다.

청사진을 그리기에 앞서

이 챕터 첫머리에서 말했듯이, 유산 상속계획을 위한 절차를 밟기 전에 여섯 가지 질문에 대해 먼저 생각해보라. (공식적인 상속계획이 왜 필요한가? 내 상속인 또는 수혜자는 누구인가? 어떤 자산을 남길 것인가? 누구한테서 상속계획을 위한 도움을 받을 것인가? 자산은 언제 이전되어야 하는가? 내 상속계획의 목표를 어떻게 달성할 수 있는가?) 이것은 매우 중요한 문제이다. 그렇기 때문에 내가 다시 한 번 언급하는 것이다. 일단 자신의 목표를 정했으면, 이제 차분하게 앉아 자신의 재정적 위치에 대한 자세한 청사진을 그릴 차례이다.

유산 상속계획의 5단계

다음은 유산 상속계획을 만들고 유지하는 데 필요한 기본적-연속적인 5단계이다:

1, 문서화 재정 전문가와 함께 자신의 물질적 자원과 자산에 관련된 모든 서류를 모은다. 이와 더불어, 가족 구성원이나 미래 상속자의 개인 습관과 재정적 습관, 그리고 주위 사정까지 살펴라. 가능한 한 객관적으로 각자의 과거 행동과 앞으로 예상되는 행동, 가족구성의 변화 (결혼, 출산, 이혼, 사망 등), 재정적 상황과 책임까지 고려하라.

▼

2, 분석 수집한 자료들을 분석해 여러분의 목표와 비교하라.

▼

3, 공식화 몇 가지 계획을 후보로 선정한 후, 각 계획에 대해 스스로 반대의견을 내서 실효성을 비교 판단하라. 목표에 도달하는 데 도움이 될 계획을 하나 선택하라.

▼

4, 이행 이행하지 않는다면 어떤 계획을 성공으로 이끌 수 있겠는가?

▼

5, 검토 및 개정 주기적으로 검토하라. 평균적으로 3년 내지 5년마다 개정하라. 인생에 변화가 생기면 그에 맞게 자주 개정하라.

이제 전문가의 도움으로 상속계획을 세웠고, 이행했고, 자금까지 제공했으니, 변화하는 상황이 반영될 수 있도록 자주 검토하는 것을 잊지 마라. 이에 못지않게 중요한 것은 상속계획을 세워두었음을 다른 이들에게 알리는 것이다. 여러분이 의료 지시서나 사망선택 유언사망선택유언(living will): 식물인간으로 있기보다는 죽기를 원한다는 뜻의 문서 – 옮긴 이을 취소가능 생전신탁의 일부로 포함했다 하더라도, 아무도 그것을 담당 의사에게 전달하지 않는다면 아무 소용없는 일이 될 것이다. 이와 마찬가지로, 장례나 매장에 관한 여러분의 유언이 장례식이 끝난 후에야 밝혀진다면, 아무짝에도 쓸모없는 것이 된다. 신탁 증서 복사본 한 부를 여러분의 상속계획 전문가에게 보관케 하고, 원본은 안전한 곳(은행의 대여금고, 개인 금고, 내화성 서류 캐비닛 등)에 보관하라. 또 주치의에게 의료 지시서 복사본을 여러 장 주고, 어떤 유형의 수술 또는 치료를 받든지, 그 전에 해당 병원에 지시서를 제출하라.

여러분의 소망이 이루어지도록 하는 가장 간단하고 상식적인 방법은, 사랑하는 사람들에게 여러분의 소망을 이야기해두는 것이다. 구체적인 것까지 모두 말하라는 건 아니지만, 상속계획을 세워 두었다는 사실과, 그 계획을 도왔던 전문가가 누구인지 정도는 알리는 것이 반드시 필요하다. 또한 가족의 내력과 관련된 것들을 포함해 값나가는 물건, 그리고 현금이나 무기명채권과 같은 유동자산을 모두 목록에 적고 설명을 덧붙여라. "비상금"을 책상이나 서랍의 비밀 공간에 숨겨두는 것도 나쁘지 않다. 그러나 여러분이 죽고 나서 돈을 숨겨둔 재산이 팔리거나 폐기처분된다면, 그 "비상금"은 어느 누구에게도 도움이 되지 못할 것이다.

요약하자: 유산 상속계획은 누구에게나 필요하다. 계획을 세우고, 그러고 나서 계획에 맞게 자산을 이전하라. 취소가능 생전신탁처럼 간단할 수도 있고, 또는 개인의 목표와 필요에 따라 좀 더 복잡하고 혜택이 더 많은 자산잔여 신탁, 취소불능 생명보험 신탁, 증여, 한정치산자 신탁 등을 이용할 수

도 있다. 여러분은 이런 계획을 세움으로써 법을 활용하여 사후에 사랑하는 사람들에게 생활비와 보살핌이 계속 제공되도록 할 수 있다. 여러분의 자산을 앞으로 다가올 세대에게 계속 전달될 유산으로 만들라.

생각해보라. 상속계획은 지금 그리고 다가올 미래에 여러분의 재산을 보호하기 위해 취할 수 있는 굉장히 효과적인 방법 중 하나다.

벤저민 프랭클린이 말하지 않았던가.

"계획을 세우지 않는 것은 실패를 계획하는 것이다."

지금 당장 여러분의 상속계획을 세우기로 결심하라. 여러분의 삶이, 그리고 여러분이 사랑하는 사람들의 삶이, 크게 달라질 것이다.

J. J. CHILDERS

PROFIT FROM AN ESTATE PL AN

J. J. CH RS

J. J. CHILDERS

내 자산은 내가 보호

20

J. J. 칠더즈

우리는 이 책의 마지막 챕터에서 부를 쌓는 데 영향을 크게 미치는 현상 한 가지를 살펴볼 것이다. 사실 여러분이 주의를 기울이지 않으면, 여러분의 노력이 눈 깜짝할 사이에 모두 물거품처럼 사라질 수 있다.

아니 그보다 현실적으로는 판사의 판결 한 마디에 물거품이 될 것이다. 나는 지금 "소송訴訟 폭주暴注"라고 불리는 현상에 대해 이야기하는 것이다. 내가 읽은 한 기사에 따르면 미국에서 매주 법원에 새로 신청되는 소송은 7,500건이 넘는단다.

부를 쌓기란 어려운 일이다. 그러나 자산을 지키기는 더욱 어려운 노릇이다. *자산보안 시스템*을 설정하여 자신의 사업과 자산을 안전하게 지킴으로써 법적 위협으로부터 스스로를 보호하지 않는다면 말이다.

잠시 읽기를 중단하고 생각해보라. 여러분은 스스로를 보호하고 있는가? 부를 축적하느라 너무 바빠서 하찮은 소송으로부터 자기 자신을 보호하지 못하는 건 아닌지? 만약 그렇다면, 수표장을 들고 다니는 편이 나을 것이다. 설사 소송에서 이긴다고 해도, 자신을 보호하는 비용은 최소 5만 달러에서 많게는 수백만 달러까지 드니까 말이다.

어째서 그렇게 많은 개인이나 비즈니스가 고소를 당할까? 답은 간단하다. 돈 때문이다.

예를 들어보자. 여러분이 자동차 사고를 당해 팔이 부러져서 일주일간 회사에 출근하지 못했다고 생각해보라. 분명히 병원비도 지불해야 하고, 급료는 안 나올 테고, 그 때문에 육체적 · 정신적 고통도 발생할 것이다. 여러분은 사고를 낸 사람에게 피해보상금을 받을 권리가 있다고 생각할지 모른다. 그러면 변호사 사무실을 찾아갈 것이다. 변호사는 소송 사건을 맡을지 말지를 결정하는데, 이때 중요한 요인은 여러분의 얼마나 고통을 겪었느냐가 아니라 사고를 낸 사람을 고소해 얼마를 받아낼 수 있느냐이다.

이제 상황을 역으로 설정해볼까. 여러분이 트럭 운수 회사를 운영하고 있는데, 회사 트럭 중 한 대가 어떤 차와 가벼운 접촉사고를 냈다고 치자. 사고 현장에서 자가용 운전자는 어떤 외상도 입지 않았으나, 집으로 돌아간 후 외상이 있는 척하기로 작정할 수 있다. 때때로 이런 것은 개인 상환 소송이라고 불린다. 이런 시나리오에서 자가용 운전수의 변호사는 여러분의 자금 규모를 보고 소송을 하는 것이 좋은지 어떤지를 결정한다. 불행히도 여러분의 주머니 사정이 대다수 변호사들의 비공식적인 제소提訴 기준이 된다. 그렇기 때문에 여러분은 만반의 준비를 해야 한다.

원고가 여러분의 자산에 손을 댈 수 있을지를 판단할 때, 변호사는 이런 것들을 판단한다:

—— *자산에 손을 댈 수 있는가?* (여러분 재산에 저당을 설정하거

나, 여러분의 미래 봉급을 압류하거나, 자산의 매도를 강요할 수 있는가?)

- *자산을 찾아낼 수 있는가?* 많은 경우 주도면밀한 개인이나 사업체는 친구 또는 배우자 명의로 자산을 보유하거나, 법인 또는 신탁에 이전해버려 —심지어는 자산이 해외에 있는 경우도 있다— 자산을 찾아내기가 어렵다.

- *내 상대인 원고가 승소할 수 있는가?* 이것은 최종적으로 고려하는 사항이다. 그 답이 긍정이라면, 여러분은 만반의 준비를 하는 편이 좋을 것이다.

자산 보호 계획을 세울 때 첫 번째로 가장 간단히 할 수 있는 조치는 기존의 "압류 면제법"을 이용하는 것이다. 압류 면제법은 특정 재산에 대해 채권자가 압류를 할 수 없게 한 법이다. 가장 일반적인 압류 면제법은 *주택 압류 면제법*이다. 채권자가 여러분을 고소한 경우나 여러분이 파산한 경우에, 여러분의 주택은 어느 정도 금액까지는 보호를 받는다. 이 기준 금액은 주마다 다르다. 이 밖에도 다른 유형의 압류 면제를 들자면:

- 퇴직연금 압류 면제
- 봉급 압류 면제
- 개인연금 압류 면제
- 직업 상 도구 압류 면제(연장, 컴퓨터, 책 등)
- 가재도구 압류 면제
- 주정부가 명시한 압류 면제 (변호사에게 문의할 것)

위와 같은 압류 면제법을 활용하는 목적은 두 가지:

1. 압류 면제되는 자산이 무엇인지 파악하여 그 소유권을 갖기

내 집을 내 명의로 등기해 주택 압류 면제를 주장하는 것이 그 전형적인 사례이다.

2. 면제될 자격이 없는 자산을 면제되는 자산으로 전환하기

보통 압류 면제가 안 되는 자산을 처분하고, 그 돈을 주택에 투자하는 방법을 쓴다. 이 방법은 다소 복잡한데다, 부정행위로 여겨질 만한 행동은 삼가도록 주의해야 한다. 부정행위 중 하나인 허위 양도에 대해서는 후반부에서 살펴볼 것이다. 주의: 자산의 이전이나 전환에 대한 법규는 주마다 크게 차이가 난다. 따라서 이 전략을 이용할 때는 항상 변호사에게 자문을 구하라.

이제 몇 가지 구체적인 요소들을 살펴보자. 어떤 유형의 사업체가 여러분에게 적합한지를 판단하기 전에, 우선 이처럼 다른 종류가 어떤 의미인지를 이해하자.

- 개인 사업 (일인 사업)
- 일반 합자회사
- C법인
- S법인
- 유한책임회사
- 유한 합자회사

하나씩 차례대로 살펴보자.

개인 사업 사업체 중 가장 일반적인 구조다. 회사 설립과 유지가 간단하고 비용이 적게 들기 때문이다. 또 사업주는 법정 요구사항을 준수할 필요가 없다. 주정부 사무국에 사업체를 등록하거나 연례보고서를 제출하지 않아도 된다. 명백히 법인이나 유한책임회사 같은 사업체로 특별히 등록하지 않는 한, 자동으로 개인 사업이라고 간주된다.

얼핏 보기엔 이런 유형의 사업체가 바람직해보일지는 모르지만, 나는 이런 유형의 사업체를 권장하지 않는다. 사업과 관련된 부채나 배상책임을 사업주가 개인적으로 모두 책임져야 하기 때문이다. 다시 말해 개인 사업주는 자산을 노리를 채권자로부터 자신을 보호할 방법이 없다. 따라서 개인 사업은 상당히 위험하다.

일반 합자회사 개인 사업과 유사하나, 사업주가 두 명 이상이고 이들이 모두 회사 경영에 참여한다. 개인 사업과 마찬가지로, 일반 합자회사의 채권자 역시 합자회사의 각각의 사업주에게 자산을 요구할 수 있다.

C법인과 S법인 법인이란 소유주(주주)와 분리된 법적 실체다. 일반적으로 법인은 주주들이 법인을 해산하기로 결정하지 않는 한, 또는 법적 소송으로 인해 강제 해산되지 않는 한, 영구히 지속된다. 자산이 보호되기 때문에 많은 이들이 법인을 선호한다. 일반적으로 말해서 법인은 주주와는 별도로 법률이 인정한 "사람"이므로, 모든 부채 상환과 배상의 책임은 오로지 법인에 부과된다.

유한책임회사(LLC) 우리가 다룰 또 다른 유형의 사업체. 이는 합자회사, 개인 사업, 그리고 법인이 혼합된 복합적 형태이다. 일반 합자회사나 개인 사업의 소유주들과 마찬가지로, LLC 소유주들은 개인소득세 신고 시 사업 수익이나 손실을 기록해 보고한다. LLC는 별도의 과세 대상 업체가 아니기 때문이다. 그러나 법인과 마찬가지로, 특정 소유주가 초래한 부채와 배상 책임과 관련해 LLC의 다른 소유주는 책임을 지지 않으며, 해당 소유주만 책임을 진다.

유한 합자회사 마지막으로 살펴볼 사업체 유형. 앞서 설펴본 일반 합자회사를 떠올려보라. 일반 합자회사는 모든 동업자가 회사 경영에 참여할 권리가 있고, 또한 회사의 부채와 배상책임을 동업자 개개인이 모두 책임진다. 그러나 유한 합자회사는 동업자들이 (무한책임사원 제외) 회사의 경영에 참여하지 않고, 단지 "리스크만 떠안고" 자본을 투자한다. 무한책임사원은 회사를 관리하면서 부채와 배상책임을 직접 책임지지만, 유한책임사원은 경영권이 없고 대신 자신이 투자한 금액만큼만 책임을 진다.

어떤 유형의 사업체가 여러분에게 적합할지를 결정할 판단기준은 여러 가지다. 결혼 여부, 나이, 자녀 유무, 소유 사업체의 개수 등에 따라 달라진다. 결정을 내리기 전에 회계사나 변호사와 논의하라. 그러면 각 사업체의 법과 조세 관련 내용들을 적절히 일러줄 것이다. 보기 20.1은 자산 보호 퀴즈이다. www.trumpuniversity.com/wealthbuilding101에서 내려 받을 수 있다.

보기 20-1 개인 재정 계획의 취약성을 판단하기 위한 자산 보호 퀴즈

1. 합자회사나 개인 사업을 경영하는가? 그렇다 / 아니다

2. 내 명의로 된 임대부동산이 있는가? 그렇다 / 아니다

3. 나의 부가 향후 5년 내 상당히 늘 것으로 기대하는가? 그렇다 / 아니다

4. 개인 명의로 등기-공시된 자산이 있는가? 그렇다 / 아니다

5. 주정부의 주택 압류 면제 상한선이 나의 주택 투자지분보다 낮은가? 그렇다 / 아니다

6. 소득세와 상속세가 절감되게끔 재산을 늘리고 싶은가? 그렇다 / 아니다

7. 내가 지닌 부의 가치를 보호할 배상책임보험에 가입했는가? 그렇다 / 아니다

8. 자체적으로 장비를 소유한 사업체를 운영하는가? 그렇다 / 아니다

9. 노후생활을 대비해 상당한 자산을 저축해 두었는가? 그렇다 / 아니다

10. 의술이나 부동산처럼 위험이 높은 직업에 종사하는가? 그렇다 / 아니다

■ 생전신탁에 속한 자산

- 개인 주택
- 퇴직연금 계좌
- 자가용, 트럭, 모터사이클, 보트 등 개인의 이동이나 오락을 위한 운송수단
- 보석, 가구, 전자제품 등 개인 물품
- 주식이나 채권과 같이 개인 투자를 위해 가지고 있는 투자 계좌 또는 자산

■ 법, 유한책임회사, 그리고 유한 합자회사의 소유가 돼야 할 자산

- 주 거주지로 사용되지 않은 부동산 일체
- 소유한 사업체 일체 (개인 사업이든 합자회사이든 상관없음)
- 임대부동산
- 직업과 관련된 도구 (예컨대 레스토랑 장비, 차량, 사무실 장비, 사업하는 데 주로 사용되는 기타 자산 등)
- 비즈니스 재고품 (1년 이내 세 개 이상의 부동산을 사고 팔 예상이라면, 부동산도 포함된다)

겹겹이 자산 보호 계획을

이제 각각의 사업체마다 자산 보호의 혜택을

어느 정도 이해했으니, 지금 당장이라도 하나의 사업체에 자산을 몽땅 밀어 넣고 싶은 마음이 굴뚝같을 것이다. 하지만 조금만 더 참아라. 내 경험상, 여러 사업체를 활용하는 것이 현명한 방법이다. 자산 보호 전략을 제대로 세우기 위해서는 여러분의 사업체를 "겹겹이 싸서" 자산을 최대한 안전하게 보호해야 한다.

"겹겹이 싼다는" 건 무슨 뜻일까? 나는 이 개념을 설명할 때마다, 이미 많은 이들이 들어봤음직한 비유를 사용하기 좋아한다. 한 바구니에 계란을 모두 담는 것은 현명한 방법이 아니라는 얘기를 들어봤을 것이다. 만약 그 바구니 하나를 잃으면, 계란을 전부 잃게 될 테니 말이다. 자산을 최대로 보호하기 위해 여러 사업체를 "겹겹이 싸는" 것도 이와 비슷하다. 합법적 사업체를 하나 세웠다가 고소를 당하더라도, 판결을 받은 사람은 피고의 개인 자산에 손을 댈 수 없다. 그러나 사업체의 자산에는 손을 댈 수 있다. 따라서 하나의 사업체에 여러분의 "계란"을 모조리 담으면 자산보호라는 요새에 큰 구멍이 뚫린다.

그럼 몇 개의 사업체를 사용해야 할까? 그것은 아래 사항에 따라 달라진다.

—— 보호하고자 하는 자산은, 나의 순 자산 가운데 어느 정도인가?

—— 나는 그 자산에 대해 지분을 얼마나 가지고 있는가? 예를 들어 임대 건물이 세 채 있는데, 세 채 모두 100퍼센트 근저당이 설정돼 있다고 치자. 이 경우, 세 채를 전부 하나의 사업체에 넣어두어도 해될 건 별로 없다. 사업체가 고소를 당할 경우 임대료 이외에 잃을 것이 없으니까. 그러나 지분 비중이 높은 재산이 있다면, 별개의 사업체 재산으로 전환하는 것이 현

명한 방법이다.

— 내 자산을 어떻게 사용하는가? 리스크가 높은 자산이 하나 이상 있는가? 예를 들어 세 가지 사업, 즉, 아이스크림 노점상, 꽃가게, 그리고 다이너마이트 공장을 운영 중이라고 가정하자. 이 중에서 고소당할 가능성이 제일 높은 사업은 무엇일까? 물론 다이너마이트 공장이다. 그 자산은 별도의 사업체에 따로 보유해야 한다.

여기서 요약: 여러분은 자산을 보유하기 위해 여러 사업체를 설립할 수 있다. 게다가 다음과 같은 전략을 이용할 수도 있다:

— *하나의 사업을 하나 이상의 사업체로 소유하라.* 회계사가 조세 때문에 회사를 유한 합자회사로 만드는 것을 권했다고 가정해보자. 앞서 살펴본 내용을 떠올려 보면, 유한 합자회사에는 그 부채와 배상책임을 개인이 책임지는 무한책임사원이 적어도 한 명은 있다. 경영참여라는 관점에서 보면, 우리는 모두 무한책임사원이 되고 싶어 하지만, 배상책임이라는 관점에서는 그렇지 않다. 그러나 만약 무한책임사원이 여러분이 관리하는 법인이라면, 여러분은 경영권을 유지하면서 동시에 법인의 유한 책임 보호를 받을 수 있다.

— *한 사업체가 다른 사업체를 소유하게 하라.* 이렇게 하면 자산을 보호할 수 있을 뿐만 아니라 절세 계획에도 도움이 된다. 그러나 일을 적절히 이행하지 않으면, 부정적인 결과를 초래할 가능성이 있다. 그렇기 때문에 이런 구조를 설정할 때는 변호사나 회계사에게 자문을 구해야 한다.

피해야 할 함정들

법인을 이용하는 경우, 자신의 명의로 된 자산을 법인 명의로 옮길 때 피해야 할 함정들을 잘 숙지하자. 여기서 함정은 허위 양도를 말한다. 소기업의 사업주들은 항상 이 한 가지 문제 때문에 곤경에 빠지곤 한다. 일단 고소를 당하면, 자신의 명의로 된 자산을 사업체 명의로 옮길 수 없다. 자산 보호 계획은 소송으로 이어질 수 있는 불미스러운 일이 발생하기 전에 이행될 때 합법적이고 윤리적인 것이다. 이미 소송으로 이어질 수 있는 행동을 저질렀다면, 또는 이미 고소를 당했다면, 달리 조치를 취하기엔 때가 너무 늦었다. 이 시점에 자산을 양도하면 사기로 간주될 수 있다.

주의하지 않으면 그토록 열심히 일해서 모은 재산을 날려버릴 함정들이 널려있다. 전형적인 예로 어떤 사람이 법인을 설립한 후 사업 활동은 전혀 않고, 아예 지불할 의사도 전혀 없이 가구, 옷, 전자제품 등 개인 용품을 법인 카드로 구매하는 경우 이런 함정에 빠질 수 있다. 법인의 채권자들은 "법인의 베일을 벗겨" 민사소송을 제기할 수 있기 때문이다.

비록 사업체의 자산을 개인 자산과 별도로 떼어 놓았어도, 부정하게 회사 자산을 이용할 경우, 유한책임회사나 유한 합자회사에서 보장하는 자산 보호 능력이 상실될 수 있다. 정관定款에 명시되지 않은 사업을 위해 법인을 이용하거나 또는 법인의 권한으로는 체결할 수 없는 계약을 체결한 경우, 회사 자산을 이용한 부정행위에 속한다.

또 기억해야 할 것은, 우리가 지금 오직 민사 책임에 대해서만 이야기하는 게 아니라는 사실이다. 법인을 부정하게 이용하면 형사 처분을 받을 수도 있다. 법 위에 있는 사람은 아무도 없다. 반드시 규칙을 지켜야 한다. 만에 하나 유혹이 생기면, 문제를 일으켰다가 빠져나오는 것보다는 애초 문제를 멀리하는 것이 훨씬 쉬운 일임을 상기하라.

기록 보관

반드시 법에 따라 사업체를 운영하도록 하라. 무엇보다 적어도 1년 단위로 회사 기록을 보관하라. 회사를 매각하기로 결심했거나, 또는 회계감사를 받게 됐을 때, 제대로 보관한 회사 문건이 무엇보다 귀중한 자원이 된다. 회사 기록에는 창업 기록과 연간 기록이라는 두 가지 유형이 있다. 창업 기록에는 정관, 그리고 간부들이 회사구조를 수립하는 데 필요한 각종 문서들이 포함된다. 연간 기록에는 주주총회 의사록과 특별회의 의사록이 포함된다.

보험: 최후의 보루

내가 종종 듣는 질문 중 하나는, 보험이 자산 보호에 충분한 수단이 될 수 있느냐 하는 것이다. 내 대답은 이렇다: "상황에 따라 다르지요." 보험금은 보험약관에 따라 지급된다. 이런 점을 염두에 두고, 만약 여러분이 자산 보호를 보험에 의존할 생각이라면, 다음 두 가지 질문을 스스로에게 던져보라:

내 보험은 어떤 사건들을 보상해주는가? 일반적으로 보험의 보상범위는 정해져있다. 처벌적 손해배상금을 비롯해 고의적 행위 혹은 태

만으로 인해 발생한 손해의 경우는 단 한 푼도 지급받지 못한다.

——— *내 보험금은 어느 한도까지 지급되는가?* 보험금 액수의 한도는? 또 그 정도면 자산 보호에 충분한가?

종업원 한 명이 고의로 제3자에게 상해를 입혔고, 배심원은 회사 측이 1백만 달러를 배상할 책임이 있는 걸로 판결했다고 가정해보자. 또 배상책임보험의 보상 한도는 5만 달러이고, 회사의 가치는 2십만 달러라고 치자. 이런 경우 보험회사는 "제삼자 행위"를 카버하지 않을 가능성이 상당히 높다. 설사 제삼자 행위를 카버한다고 하더라도, 5만 달러를 제외한 나머지 벌금은 회사가 지불해야 한다. 이 말은 여러분이 그 전에 자산 보호를 위한 다른 대책을 마련해두지 않았기 때문에 개인적으로 75만 달러를 책임져야 한다는 뜻이다. 이 경우 여러분은 회사 자산과 개인 자산 모두를 잃을 가능성이 높다.

자산 보호를 위해 꼭 필요한 조치들

자산 보호의 성공 여부는 여러분이 마련한 자산보안 시스템의 안전성에 달려 있다. 이 점을 인식하고, 여러분이 직면할 소송이 여러분의 개인 자산과 회사 자산을 송두리째 앗아가지 못하도록 다음 다섯 가지 조치를 취하라:

1, 전략을 세워라 아무리 조심해서 도덕적으로 행동하고 사업을 경

영해도, 고소당할 가능성은 아주 높음을 깨달아라.

2. 전략의 목표를 달성하는 데 도움 되는 전문가들을 물색하라 자산 보호의 구조 및 방법에 모두 능한 변호사와 회계사가 틀림없이 필요할 것이다.

3. 목표의 우선순위를 정하라 전반적인 재정 상황을 평가하되, 다른 재정 계획의 목표에 부정적인 영향을 미치지 않도록 하라. 하나의 사업체에서 다른 사업체로 자산을 이전하면 세금이나 상속계획에 어떤 영향을 미칠지 고려하라. 만약 개인 주택을 유한 합자회사 명의로 이전하면, 자산 보호는 되겠지만 세금 면제는 받지 못하게 된다.

4. 자신의 재산을 측정하라 보유 자산 중에 위험한 자산은 무엇인가? 앞으로 자신의 재산이 어떻게 변할 것으로 예상하는가?

5. 미리미리 계획을 세워라 일단 고소를 당한 후에는 자산 보호 시스템을 마련할 수 없다. 안타깝게도 사람들은 너무 늦게 자산을 보호할 방법을 생각하는 경우가 종종 있다.

마지막으로 한 마디: 튼튼한 자산 보호 시스템을 갖추는 것은 평생의 과업이다. 자산과 각 자산의 취약점을 정기적으로 점검할 때, 필요한 보호 대책을 적절히 마련할 수 있다.

자산 보호의 세계에서는 법과 자본주의가 교차하는데, 여러분이 준비가 제대로 돼 있지 않으면 두 요소가 충돌한다. 이 챕터에서 살펴본 모든 자산 보호 전략들은 사업적으로나 법적으로 타당하기 때문에, 이들을 적극 활용하도록 하라. 이러한 법률들이 제정된 이유는, 돈을 받아 마땅한 채권자나 원고에게 돈을 주지 않으려는 것이 아니라, 경제 성장을 촉진한다는 딱 하나의 목표를 염두에 두었기 때문이다. 때때로 자본주의는 상당히 두려운 것일 수 있다. 그러나 훌륭한 자산 보안 시스템은 여러분을 제대로 보호할 수 있다. 이런 보호책이 없다면 어느 누구가 새로운 무엇인가를 창조하려 하겠는가. 사업은 대담하게 밀고 나가되, 자신을 보호할 올바른 수단을 이용하여 스마트하게 행동하라.

좀 더 자세한 내용을 원한다면

법률 서적 전문 출판사인 Nolo Press의 웹사이트 www.nolo.com과 인터넷 법률 연구 그룹(The Internet Legal Research Group)의 웹사이트 www.ilrg.com, 또는 내가 운영하는 웹사이트 www.secretmillionaire.com을 참조하라. 자산 보호에 대한 자세한 내용은 내가 저술한 책 《*Trump University Asset Protection 101*》(2007년 10월 John Wiley & Sons에서 출간)을 참조하라.

역자소개

이 근애

서울 출생. 건국대학교 화학과 졸업. 이화여대 통번역 대학원 한영과 졸업.

출판 번역 작가로 활동 중. 역서로는 〈테크니칼러 판타지 여행〉이 있다.

'번역은 세상을 탐험하는 또 하나의 길이요, 모험담을 함께 나누는 길이라' 고 생각하며 신나게 작업 중이다.